HISTOIRE

DES ABBAYES DE

DOMMARTIN

ET DE

SAINT-ANDRÉ-AU-BOIS

Ordre de Prémontré, au diocèse d'Amiens.

PAR

le Bon Albéric de CALONNE

ouvrage orné de sept planches —

OUVRAGE COURONNÉ PAR LA SOCIÉTÉ DES ANTIQUAIRES DE PICARDIE

ARRAS
SUEUR-CHARRUEY, LIBRAIRE-ÉDITEUR,
PETITE-PLACE, 31.

1875.

ABBAYES
DE
DOMMARTIN
ET DE
SAINT-ANDRÉ-AU-BOIS.

JUSTIFICATION DU TIRAGE

430 Exemplaires sur papier ordinaire
70 Exemplaires sur papier vergé et numérotés.

HISTOIRE

DES ABBAYES DE

DOMMARTIN

ET DE

SAINT-ANDRÉ-AU-BOIS

Ordre de Prémontré, au diocèse d'Amiens,

PAR

le Bon Albéric de CALONNE

MEMBRE DE LA SOCIÉTÉ DES ANTIQUAIRES DE PICARDIE
ET DE LA COMMISSION DES ANTIQUITÉS DU PAS-DE-CALAIS.

OUVRAGE COURONNÉ PAR LA SOCIÉTÉ DES ANTIQUAIRES DE PICARDIE

ARRAS
SUEUR-CHARRUEY, LIBRAIRE-ÉDITEUR,
PETITE-PLACE, 31.

1875.

Sur les confins de la Picardie et de l'Artois, non loin des villes de Montreuil et d'Hesdin, s'élevaient jadis les abbayes de Saint-Josse-au-Bois ou Dommartin et de Saint-André-au-Bois, fondées au XIIe siècle par les sires de Beaurain, en faveur de l'ordre de Prémontré.

Intimement liés dès leur origine, ces monastères ont subi les mêmes vicissitudes ; ils ont connu les mêmes joies, les mêmes afflictions, et leurs annales révèlent des détails du plus haut intérêt pour l'histoire de la province.

Les archives du Nord et du Pas-de-Calais nous ont fourni une riche moisson de documents inédits concernant les débuts et les progrès de ces pieux établissements. Nous les avons complétés à l'aide des volumineuses chroniques rédigées par les moines. Ces moines, qu'ils se nomment Nicolas Lédé, Antoine Boubert ou Ignace Crépin, Jacques Humetz, Bruno Bécourt ou Guilleman, racontent, avec le charme d'une simplicité admirable, les événements qui s'accomplissent de leur temps et les moindres particularités de la vie du cloître. Parfois même ils signalent en rougissant les faiblesses de leurs frères, afin d'être autorisés à publier la piété et l'inépuisable charité qui ont toujours été de tradition à Dommartin comme à Saint-André.

Nous suivrons l'ordre chronologique, indiquant les faits qui ont marqué l'administration de chacun des abbés, n'hésitant pas à enregistrer les noms souvent très-obscurs de beaucoup de nos aïeux, qui ajoutèrent aux libéralités des châtelains de Beaurain, et permirent aux disciples de saint Norbert d'accomplir dans nos contrées l'œuvre civilisatrice dont la société moderne recueille les fruits.

Une scrupuleuse exactitude est le seul mérite de ce travail, où l'on trouvera fidèlement dépeinte la physionomie du couvent et le récit toujours émouvant des longues guerres pendant lesquelles Anglais et Espagnols, Bourguignons et Huguenots vinrent successivement ruiner et incendier les environs des abbayes, exiler les religieux et les emmener captifs.

Puissent ces pages rencontrer des lecteurs bienveillants ! Puissent ces lecteurs oublier les imperfections de l'ouvrage et songer seulement au double but que nous nous proposons : intéresser les amateurs de notre histoire locale et diminuer les préjugés répandus contre les institutions monastiques par des écrivains qui les ont trop fréquemment jugées sans les connaître !

PREMIÈRE PARTIE.

HISTOIRE

DE L'ABBAYE DE

SAINT-JOSSE-AU-BOIS

OU

DOMMARTIN

ENTRÉE de L'ABBAYE de DOMMARTIN

HISTOIRE

DE

L'ABBAYE DE DOMMARTIN

MILON

Ier ABBÉ. — (1121-1131).

Saint Josse naquit en 593, sur les marches du trône de Bretagne ; arrivé à l'âge de l'adolescence, il abandonna furtivement le palais de son père, et renonçant aux honneurs que l'avenir lui réservait, il accompagna, jusqu'à Paris, des pèlerins qui se rendaient à Rome. Le désir de suivre plus parfaitement la vocation divine l'ayant déterminé à s'adonner d'une manière exclusive aux pratiques de la pénitence et à la contemplation, il quitta ses compagnons et se dirigea vers le Ponthieu, cherchant, au sein des forêts qui couvraient le pays, les endroits les plus sauvages, les solitudes les moins accessibles. Le duc Haymon gouvernait alors la contrée ; informé de la présence du saint étranger, il le manda à sa cour, lui offrit une bienveillante hospitalité et parvint à le retenir quelque temps ; mais d'inévitables distractions rendirent bientôt insupportable au pieux solitaire la résidence opulente où il ne pouvait satisfaire son amour du recueillement. Il voulut s'enfoncer dans les bois et obtint de son hôte, la terre nommée Brahic. C'est là, qu'il construisit sa première cellule en 643. Après avoir passé huit années dans cet ermitage, Josse obtint de son bienfaiteur un autre endroit, nommé Runiac, Rimiac, ou Rimac. Il y établit une chapelle qu'il dédia à saint Martin : à Brahic s'élèvera le monastère primitif de Saint-Josse-au-Bois ; Runiac deviendra l'abbaye de Dommartin.

Josse habitait une hutte couverte de feuillages, qui lui servait d'oratoire et d'abri contre l'intempérie des saisons ; de nombreux visiteurs accouraient, séduits par la renommée des vertus du pieux anachorète, et se pressaient autour de lui, afin de sauver leur âme et de gagner le ciel sous la direction de cet homme de Dieu. L'éloquence de ses discours était grande, mais combien plus persuasive encore se révélait l'éloquence de ses exemples ! Une charité excessive lui faisait oublier l'exiguïté de ses propres ressources : quatre misérables s'étant un jour présentés à lui, reçoivent les quatre portions de son dernier pain, malgré les remontrances du disciple Wilmar, lorsque soudain apparaissent, sur la rivière d'Authie, quatre barques chargées de vivres et dirigées par une main invisible : le Seigneur récompensait la foi vive de son serviteur par un prodige dont le souvenir s'est perpétué d'âge en âge dans les armoiries de l'abbaye de Dommartin qui adopta : *trois barquettes d'or (2 et 1) sur fond d'azur.*

On s'accorde à dépeindre sous de bien sombres couleurs

les différentes stations qui furent occupées par saint Josse, en Ponthieu (1).

Cependant on osait affronter un désert vraiment redoutable et s'aventurer dans l'épaisseur de la forêt pour le voir et l'entendre jusqu'au moment où, effrayé de la réputation que lui attiraient ses austérités, Josse s'éloigna de nouveau, et vint au lieu où fut ensuite fondée l'abbaye qui glorifia son nom (2).

Autour de la modeste chapelle, dédiée plus tard à saint Josse, s'étaient groupées quelques cellules habitées par ses disciples. Après que leur maître les eut abandonnés ils continuèrent les traditions de la vie cénobitique qu'ils avaient reçues de lui. Ils faisaient une large part à la prière, au jeûne, à la mortification ; le silence n'était interrompu que par le chant des psaumes, et le travail des mains était le seul délassement autorisé pour ces hommes vertueux soumis à la règle de saint Augustin. Tels sont les débuts de la pieuse famille de chanoines qui se recruta et se perpétua trois siècles, sans annales, sans illustra-

---

(1) « *Sciant in loco ubi ecclesia canonicorum sancti Judoci fundata est, antiquitùs tam vastum et horribilem fuisse Eremum ut cunctis penè transeuntibus solitudo horrorem incuteret.* » P. Cart. de Dommartin, folio 7.

(2) Abbaye de Saint-Josse-sur-Mer. — Ordre de saint Benoit. — Ce qu'on appelait primitivement la celle de Saint-Josse, était un hôpital destiné à recevoir les pèlerins qui affluaient à son tombeau, doté de biens considérables par Charlemagne, qui en attribua l'administration au célèbre Alcuin. Plus tard, Loup abbé de Ferrières l'obtint à titre de bénéfice. Ruiné par les normands, la « celle » devenue l'abbaye de Saint-Josse fut rétablie au X° siècle par Sigebrand, secondé par le comte de Ponthieu. 34 prélats la gouvernèrent après lui jusqu'en 1530 ; elle tomba alors en commande. Etienne Moreau, pourvu de l'abbaye de Saint-Josse en 1620, devint évêque d'Arras. C'est le plus illustre des abbés commandataires.

tion, mais cependant agréable à Dieu qui voulait, à son heure, étendre la renommée de leurs successeurs.

Milon, fils de Pierre et d'Emma (1), que l'on croit être la sœur de Dreux, seigneur de Selincourt, en Picardie, vint à Saint-Josse dans les premières années du XII° siècle, et y trouva de nombreux religieux qui vivaient sans autre but bien déterminé que celui de travailler à la sanctification de leurs âmes. Il résolut de leur donner une mission plus étendue et se rendit à Laon, attiré par la réputation de saint Norbert qui songeait à fonder la grande milice de Prémontré (1).

L'évêque de Laon, Barthélémy, favorisait de tout son pouvoir les travaux apostoliques de Norbert ; il l'avait autorisé à bâtir un couvent dans la vallée de Prémontré près de Coucy. C'est là que, le jour de Noël 1120, le saint patriarche, entouré de quarante clercs et d'une multitude de frères laïques, consacra par les trois vœux de religion prononcés selon la règle de saint Augustin, l'ordre fameux qui devait embrasser, dans un même esprit et avec la même ardeur, la tranquillité de la vie contemplative et les sollicitudes de la vie active.

« *Anno milleno centeno, bis quoque deno,*
« *Sub patre Norberto fundatur candidus ordo.*

Le costume était blanc ; les Prémontrés portaient en

---

(1) Hugo, *annales ordinis Præmonstratensis*, t. I. — *Bibliothecæ ordinis Præmonstratensis, auctore Joanne Lepaige, Vita Milonis primi abbatis ecclesiæ S. Judoci in nemore.* — P. Borée, *portrait historique de al'bbaye de Saint-Jean d'Amiens*, fol. 120. — J. Corblet, *Hagiographie du diocèse d'Amiens*, t. III, fol. 277.

(2) D'après Aubert Lemire « chron. Præmonst. fol. 23 ». Milon aurait été envoyé à Saint-Josse par saint Norbert pour être le premier supérieur des religieux de son ordre qu'il y avait déjà établis.

voyage le manteau et le chapeau également blancs. Un rochet à larges manches, l'aumusse et le bonnet carré formaient l'habit de chœur ; l'hiver on revêtait la chape traînante avec chaperon bordé d'hermine. La règle prescrivait l'abstinence continuelle des aliments gras, le jeûne rigoureux pendant plusieurs mois de l'année et l'office de nuit.

Milon, l'un des quarante clercs, rapporte les nouveaux statuts à ses frères de Saint-Josse ; il leur parle avec enthousiasme de l'éminent prélat qui les a rédigés et les enrôle à sa suite sous les blanches couleurs de Marie. Le monastère de Saint-Josse-au-Bois, ainsi désigné à cause des forêts qui l'environnaient, prend dès lors, sous sa direction, une importance notable ; Oilard de Soibermetz l'enrichit du fief compris entre la chapelle primitive de Saint-Josse, la seigneurie de Douriez et le chemin de Beaurain ; ce fief relevait de messire Hugues de Beaurain, vassal lui-même de Foulques de Ponches ; Enguerran de Montreuil-Maintenay était le seigneur dominant : tous trois eurent pour agréable la liberalité du seigneur de Soibermetz. Vainement ses héritiers, Eustache et Rorgon de Tortefontaine, essayèrent de la contester car obligés de se soumettre et frappés d'excommunication, ils firent amende honorable à Montreuil, dans l'appartement de Riquier, abbé de Saint-Sauve, en présence de beaucoup de gentilshommes et de bourgeois, 1137 (1).

L'évêque d'Amiens, Enguerran, s'empressa d'encourager l'établissement des enfants de St-Norbert dans son

---

(1) *P. Cart. de Dommartin*, fol. 7 et seq. — Toutes les chartes rapportées dans le cours de cette histoire, sans indication spéciales, sont extraites du *Grand Cartulaire de Dommartin* ou du *Petit Cartulaire de Dommartin*. Voir appendice, n° 1.

diocèse. A sa requête, l'archevêque de Reims, leur avait adressé, dès 1125, des lettres de confirmation reconnaissant leurs priviléges, et ratifiant la paisible jouissance des biens accordés par messires Enguerran de Montreuil, Hermanfroid de Cugny, Rorgon de Tortefontaine, Hugues du Pont, Dreux de Selincourt, Wiart d'Argoules, et Beaudouin de Caïeu (1).

A la mort de Jean de Commines (2), évêque de Thérouanne, le comte de Flandre présenta aux suffrages des chanoines et du peuple son frère Baudouin, dont le caractère et la conduite ne méritaient pas cette distinction ; l'archevêque de Reims refusa de ratifier l'élection déjà consommée, et obtint que le chapitre, revenant sur sa décision lui substituât l'abbé de Saint-Josse-au-Bois. Fort de la protection de son parent, Baudouin ne voulait pas se soumettre ; le pape dut prononcer, et Milon prit possession du siége épiscopal de la Morinie en 1131.

Le nouvel évêque, aussi heureusement doué des talents qui donnent l'aptitude aux fonctions les plus élevées, que des qualités qui caractérisent le véritable saint, demeura moine par le cœur, par la vie de pénitence surtout ; son humilité excessive égalait l'ardente charité de saint Bernard et la foi vive de saint Norbert (3).

Milon quitta bien à regret sa chère cellule de Saint-

---

(1) *Appendice.* Nº II.
(2) Meyerus. *Annales rerum Belgicarum* 1580, fol. 49.
(3) *In Norberto eminet fides, in Bernardo charitas, in Milone humilitas.*
Norbertus radiante fide, Bernardus amore ;
Demissi cordis Milo nitore micat.
Tergemino si sole potest splendescere tellus.
Splendere illorum tempore visa fuit. « P. Borée, fol. 180 ».

Josse. Ennemi du bruit, c'était en secret, qu'il eût voulu travailler à son salut ; mais la Providence ne pouvait laisser ignoré celui que les historiens s'accordent à signaler comme l'un des premiers hommes de son siècle par l'humilité et par la science. Il justifia, et au-delà, les espérances que l'Eglise avait conçues de ses qualités ; les plus sages règlements, les établissements les plus utiles datent de son épiscopat, dont la mémoire a été longtemps bénie dans le vaste diocèse de Thérouanne. Vingt-sept années de bienfaits lui concilièrent la reconnaissance du peuple qui l'honora du titre de bienheureux et à sa mort, arrivée le 16 juillet 1158, le clergé lui choisissant un successeur, désigna Milon II, son neveu, abbé de Ruisseauville, pour continuer l'œuvre de l'illustre prélat (1).

ADAM.

IIe ABBÉ. — (1131-1166).

Adam (1) naquit à Metz, d'une famille noble ; sa mère portait le nom de Franchilde. Fier de la richesse de ses parents, il montrait un naturel intraitable et s'adonnait à de coupables plaisirs. Dans l'espoir de réformer sa conduite, on le confia à Raoul et à Anselme, qui dirigeaient à Laon, une école célèbre jusque dans les plus lointaines contrées de l'Europe. Un jour saint Norbert se fit entendre à la nombreuse jeunesse qui se pressait autour des chai-

(1) Une composition de Diepembeck gravée par François Hubert, représente Milon, debout, avec la crosse, tenant un bouquet de lis et foulant aux pieds un paon, symbole de l'orgueil.
(2) *Biblioteca ordinis præmonstratensis* lib. 2, fol. 170. — J. Corblet, *Hagiographie*, t. I, p. 11.

res ; il parla de la gravité du péché et prêcha le mépris des biens du monde. Sa parole fut si entraînante, qu'Adam se sentit touché de la grâce, et abandonna sur le champ la vie du siècle pour le suivre à Prémontré.

L'austérité du jeûne, la ferveur de l'oraison domptèrent bientôt la fougue du nouveau converti ; envoyé par ses supérieurs à Saint-Josse-au-Bois, il s'appliqua spécialement à l'étude des Saintes Ecritures et mérita l'estime de ses frères, au point que le vénérable Milon, appelé à l'évêché de Thérouanne, le chargea de gouverner après lui la communauté naissante.

Adam remplit avec éclat les devoirs de son ministère, et comme l'affectueuse bonté qui l'inspira toujours ne l'empêchait pas de maintenir la discipline avec une scrupuleuse sévérité, l'abbaye atteignit sous son active impulsion le plus haut degré de splendeur. Elle devint comme la pépinière d'où partirent successivement les premiers cénobites fondateurs des maisons de (1) :

1122. — Marcheroul, diocèse de Rouen. Ulric, 1er abbé. Fondateur : Ansculfe de Montchevreuil.

1127. — Saint-Jean, diocèse d'Amiens. Eustache, 1er abbé. Fondateur : Guy, châtelain d'Amiens.

1131. — Saint-Pierre-de-Selincourt, diocèse d'Amiens. Gaultier, 1er abbé. Fondateur : Gaultier Tyrel, sire de Poix.

1135. — Saint-André-au-Bois, diocèse d'Amiens. Anscher, 1er abbé. Fondateur : Enguerran de Beaurain.

1136. — Sery, diocèse d'Amiens. Raoul, 1er abbé. Fondateur : Anselme de Cayeux.

(1) *Gallia christiana*, t. X, col. 849, 1354, 1362, 1367, 1371, et t. XI, col. 556-755-944.

1140.—Saint Just, diocèse de Beauvais. Jehan, 1er abbé. Fondateur : Odon III, évêque de Beauvais.

1143. — La Luzerne, diocèse d'Avranches. Tancrède, 1er abbé. Fondateur : A. de Subligny.

1155. — Blanchelande, diocèse de Coutance. Fondateur : Richard de la Haye.

1158. — Saint-Jean de Falaise, diocèse de Séez. Robert, 1er abbé. Fondateur : Henri II, roi d'Angleterre.

Fatigante énumération à coup sûr ! mais pourquoi faut-il que les moines ne se soient jamais fatigués de fonder, de construire et d'édifier ! Ces abbayes, filles de Saint-Josse-au-Bois, étaient soumises à la maison mère, dont le supérieur conserva toujours juridiction et droit de visite ; Dommartin fut la plus importante maison de l'ordre après les quatre grandes églises de Prémontré, Saint-Martin-de-Laon, Floreffe et Cuissy.

A la fin du XIIIe siècle, la nouvelle congrégation était des plus florissantes ; mais, ce qui est préférable au nombre incalculable des disciples de Norbert, c'est l'esprit de Dieu, et le désir de la perfection chrétienne qui étaient répandus dans les différentes colonies de Prémontré. Ces religieux, disent les chroniques, se concilièrent l'estime générale par le recueillement, la modestie, la pénitence, non moins que par le zèle des missions apostoliques.

Chacun d'eux recherchait avec complaisance les habits et les meubles les plus vils, les emplois les plus humiliants. Au premier avertissement, ils se prosternaient aux pieds de celui qui les reprenait de leurs fautes, afin que le scandale fut réparé par une satisfaction publique.

Oraison fréquente, lecture assidue, silence inviolable, obéissance aveugle, charité excessive ; ces vertus étaient soutenues par un jeûne austère et l'abstinence perpétuelle, par une lutte permanente contre les servitudes de la chair. Quel spectacle admirable, s'écrie un historien de St-Norbert, quel spectacle admirable, offre cet effort constant de la volonté consacrée pour dégager l'âme humaine des biens de la terre, et lui faire prendre son essor vers les régions célestes où elle retrouve son immortelle grandeur !

Les vides laissés, au sein de la communauté de Saint-Josse, par les émigrations incessantes, se comblaient aussitôt, tant était grande la foi au XIIIe siècle, tant était grande aussi la réputation de l'abbé Adam. Il accueillait avec bonheur les novices qui accouraient de toutes parts, et il dut songer à remplacer la chapelle devenue trop petite, et les bâtiments conventuels désormais insuffisants ; la Providence lui suscita alors des ressources vraiment inespérées.

Eustache Colet, de la puissante famille des seigneurs de Beaurain, possédait, non loin de Saint-Josse, le vaste domaine de Dommartin, comprenant des prairies, des bois, des marais, un étang et des moulins ; on y voyait les ruines d'un vieux château (1) près de l'église dédiée à saint Martin, alors desservie par les moines de Marmoutiers. Ces moines exerçaient, de temps immémorial, les droits curiaux dans la vaste paroisse qui en dépendait. Constamment inquiété par les remords qu'éveillait en lui le souvenir des désastres que l'imprudence de ses ancêtres avait attirés sur l'église de Saint-Riquier, Eustache

---

(1) Le pigeonnier actuel a été construit sur les bases du vieux château de Dommartin.

tenait à offrir une expiation éclatante. Enrichir une abbaye déjà existante lui eut fait décerner le titre glorieux de bienfaiteur, mais il voulait attacher son nom à un nouvel établissement, et il mit pour condition, en abandonnant à Adam le fief de Dommartin, qu'il renoncerait à Saint-Josse-au-Bois, et se fixerait désormais, avec ses disciples, à Dommartin. De concert avec sa mère Agnès et avec Bertrand, son héritier, il substitua les religieux à tous ses droits (1153) ; la cérémonie eut lieu, en grande pompe, dans la chapelle des Templiers « des Portes ? » Il se réservait la moitié des produits et la faculté de construire, près de l'ancien château, une grange destinée à les renfermer. A cet acte solennel assistèrent les parents du bienfaiteur : Aléaume d'Amiens, Guy, Ursus et Henry de Caumont ; puis, Baudouin de Cayeux, sa mère Heldefride, et Helfroid son frère ; Ibert des Auteux, Gilbert de Rambures, Bernard de Boufflers, Guy de Cokerel, Jehan de Mourihier, Guy de Gaspènes, etc. (1).

Thierry, évêque d'Amiens, ratifia cette donation considérable dans la maison prévôtale du Kaisnoy, dépendance de Saint-Josse, qui était gouvernée par le moine Gombert, lequel deviendra plus tard le chef de la communauté. Il déposa sur l'autel, en présence d'Eustache, de sa mère et de Bertrand, le symbole de l'investiture. Ces mots : « *Hoc super altare positum* » ne doivent pas s'entendre d'un parchemin écrit ou d'un acte en forme, mais bien du signe

(1) La concession d'Eustache Collet se composait du terrain situé entre le bois de Corbessau au nord ; les marais et le vivier à l'est et au midi ; l'église de Dommartin et l'Epinette à l'ouest. Cette église occupait l'emplacement actuel de la charbonnerie ; on voyait encore les arcades du portail au milieu du siècle dernier. « Humetz, *Chron.*, et appendice, nº III.

conventionnel qui accompagnait la formule d'investiture ; ordinairement l'inféodation avait lieu par la tradition d'un bâton, quand la terre inféodée était un bois ou une forêt ; par un brin de paille (*per festucam*), quand c'était une terre cultivée ; par une motte de gazon (*per cespitem*), quand c'était un marais ou une prairie. Or, toute donation à une abbaye étant censée faite à Dieu, on croyait sans doute, remarque le savant M. Bouthors, en en déposant le signe sur l'autel, lui donner plus de force qu'en la remettant aux mains de l'abbé. Le prélat fit rédiger des lettres cyrographiques, constatant la libéralité d'Eustache et de sa famille ; chacune des parties reçut de sa main un des exemplaires de ce titre écrit en double et divisé, comme de coutume, par le milieu, de manière que l'authenticité de l'acte pût être prononcée par le rapprochement des lettres majuscules. Une nombreuse assistance était réunie au Kaisnoy : on y remarquait les abbés de Saint-Jean d'Amiens, de Selincourt et de Saint-Just venus en toute hâte pour témoigner de la part joyeuse qu'ils prenaient à l'extension de leur chère maison de Saint-Josse-au-Bois.

Il fallait, avant de songer à commencer les constructions, obtenir amortissement et sauvegarde du comte de Ponthieu et du châtelain de Beaurain (1) ; il fallait encore s'assurer de la renonciation aux droits curiaux de la part des moines de Marmoutiers ; l'an 1156 intervint entre le prieur de Maintenay (2) agissant en leur nom, et l'abbé Adam une

---

(1) Humetz, *loc. cit.*
(2) *Prieuré de Ste-Marie-de-Maintenay.* — Fondé par Euguerran I, seigneur de Montreuil-Maintenay, vers 1140. — augmenté en 1217

transaction stipulant que les chanoines réguliers de Saint-Josse-au-Bois posséderont désormais l'administration spirituelle de la paroisse de Dommartin et Tortefontaine (1), de l'Eglise d'Alconnay (2) et du fief de Soibermetz, sous la condition d'une redevance modique. Ils abandonneront en échange : le tiers de la dîme qu'ils perçoivent aux terroirs de Saint-Remy (3), Capelle (4), Hébécourt et Kerrin ou Kerrieu (5), leurs droits au bois de « Mosench » (6) et toutes les dîmes qu'ils prélèvent dans la paroisse de Douriez.

Quatre ans suffirent à l'installation des nouveaux bâ-

par Hugues Kiéret. — En 1237 par Bernard de Moreuil. — En 1237, par Simon comte de Ponthieu. — En 1248, par Guillaume de Maisnière. — *Cf. archives du Pas-de-Calais, titres du prieuré.*

(1) Tortefontaine- — Tortafontana. — *Appendice n° IV.*

(2) *Alconnay* L'Eglise de St-Etienne d'Alconnay, élevée sur la limite de Dommartin et de Rapechy au lieu dit : Moustier St-Etienne ou Cloquier St-Etienne, a été démolie au début du XVIII° siècle ; mais le champ voisin et le chemin qui y conduit se nomment encore St-Etienne. — On y a trouvé en 1850 en terrassant la route d'Auxy-le-Château à Nempont, des vestiges de fondations et des ossements.

(3) *Le prieuré de St-Remy-au-Bois,* gouverné en 1153 par Hévolyn, a été réuni à celui de Maintenay par Mre Enguerraud de Montreuil, en 1250. — *Cf. archives du Pas-de-Calais, loc. cit,*

(4) *Capelle* (de Capella) fief au terroir de Douriez possédé au XVII° siècle par le chapitre de Douriez.

(5) *Hebecourt.* — Hubecurt. — Helbecorth. — Helbecort.—*Tit. des XII° et XIII° siècles.* Kerrin. — Quierriu. — Kirreu. — Kierriu. — Kieriu.— Querrieu. *Tit, des XII° et XIII° siècles.* Hugues de Hestruz assisté de Robert Kiéret, de Hugues de Croy, de Eudes de Dourihier et de Robert de Soibertmez donna vers 1153 tous ses droits « *Apud Kerrin et Helbecort* » aux moines de St-Josse-au-Bois, qui les échangèrent en 1156 avec le prieur de Maintenay. Celui-ci les posséda toujours. Ces deux localités formèrent le noyau principal du village de Saulchoy, canton de Campagne-les-Hesdin, arr. de Montreuil.

(6) Bois de *Mosench.*—Terroir de Maintenay, au lieu dit aujourd'hui les Mousans.

timents et tout étant prêt à Dommartin pour recevoir la communauté, le moment arriva de quitter à jamais la résidence primitive, résidence pleine d'incomparables souvenirs, et de dire un dernier adieu à l'antique et modeste oratoire où reposaient les cendres d'un grand nombre de pieux religieux qui avaient sanctifié cette terre bénie, et de quelques-uns de leurs bienfaiteurs (1). Le 31 décembre 1161, les fils de St-Norbert, confiants dans les desseins de la divine providence se rendent processionnellement à Dommartin, précédés de leur abbé. L'évêque d'Amiens, Thierry, y vint l'année suivante accompagné de l'abbé de Saint-Acheul, pour encourager leurs admirables travaux (2). L'église abbatiale, achevée peu de temps après, fut consacrée le 9 avril 1163, sous l'invocation de la très-sainte Vierge et de Saint-Josse.

Les abbayes de Valloires et de Dommartin étaient rivales, et le voisinage de leurs possessions devint un éternel sujet de collision et de discorde. Les Prémontrés, avaient fait construire à *Mezoutre* une grange pour l'exploitation de leurs terres. Les Cisterciens, qui y possédaient des biens considérables, s'en offensèrent, et, grâce à l'intervention de Guarin, évêque d'Amiens, il fut réglé qu'elle serait détruite incontinent et reconstruite dans un lieu où elle nuirait moins à leurs intérêts.

Ces querelles menaçant de se renouveler fréquemment, l'assemblée capitulaire de 1142 où figura le célèbre abbé de Clairvaux, St-Bernard, décida qu'à l'avenir un moine Cistercien ne pourrait passer à l'ordre de Prémontré sans

(1) Voir planche II.
(2) *Cart. de Valloires, f° 128.*

Pl. II.

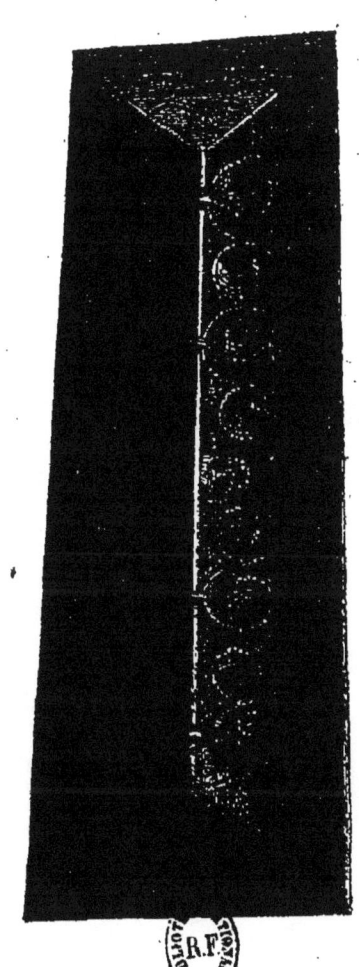

le consentement exprès des supérieurs ; qu'il y aurait toujours entre leurs abbayes au moins la distance de quatre lieues, eu égard au système de mesure usité dans chaque province ; que les fermes rivales seraient établies à deux lieues au moins ; que les différends respectifs ne seraient plus réglés par arbitres, mais toujours déférés à la connaissance du chapitre général des deux ordres.

Quantité de chartes portent la signature du second abbé de Saint-Josse-au-Bois(1); souvent on recourait à sa grande expérience et la loyauté de son caractère, jointe à une rare érudition, le rendait l'arbitre du Ponthieu. Les historiens de Prémontré vantent sa piété angélique et sa dévotion pour la sainte mère de Dieu ; ils vantent encore le grand attrait de ses exemples. Adam se montrait sévère pour lui-même, plein de bonté pour le prochain, il était véritablement le père de ses religieux.

Il ajouta la terre de Bamières aux possessions de l'abbaye par suite de la donation de messires Oilard de Ecmicourt, Richard de Rollencourt, Eustache de Maisonchelles, Vaultier Becket et Bernard de Bailleul, qui la tenaient en fief par moitié d'Eustache Colet et du comte de Ponthieu (1138).

Adam est qualifié du titre de bienheureux, on ne lui rendit cependant pas de culte public; l'épitaphe, consacrée à sa mémoire, fait allusion au jour de sa mort, arrivée le 31 mai 1166.

L'une des sept chapelles du chœur de l'église de Dom-

---

(1) *Cf : Les cartulaires de Saint-André-au-Bois, Archives du Pas-de-Calais ; de St-Jean d'Amiens et de Valloires, Archives de la Somme ; de Saint-Pierre-de-Selincourt, Bibliothèque d'Amiens.*

martin avait été dédiée à St-Josse, mais les pèlerins se rendirent toujours plus volontiers à l'oratoire primitif abandonné par Adam : chaque année, au jour de la Trinité, la communauté allait y vénérer les reliques insignes renfermées dans un buste d'argent, produit de l'offrande des fidèles (1). La révolution a tenté d'abolir la dévotion séculaire au « bon saint Josse » ; l'impiété renversa le sanctuaire, mais l'emplacement où il s'élevait demeura l'objet de la vénération publique. Il y a peu d'années, M. Verlingue y a fait élever une chapelle qui fut solennellement bénite le 3 juin 1860, par M. Braquehaye, curé-doyen d'Hesdin ; plus de cinq mille personnes assistaient à la cérémonie et saluèrent avec bonheur le rétablissement du pèlerinage traditionnel à l'ermitage de Saint-Josse, au berceau de la célèbre abbaye de Dommartin (2) !

GOMBERT.

IIIe ABBÉ. — (1167-1170.)

Gombert reçut en 1167 la crosse de Dommartin. Son illustre prédécesseur y avait fait graver ces mots : *Onus, non honor*.

---

(1) Ce buste a été enlevé en 1793 par ordre du district de Montreuil, avec deux autres statues d'argent. La pesée des trois objets produisit 106 marcs d'argent. *Archives du Pas-de-Calais, District de Montreuil, liasse 58.*

(2) Le dimanche de la Trinité, 1791, dom Crassier, célébra la dernière messe à 6 heures du matin, dans la chapelle de St-Josse, démolie en 1793. Les matériaux ont été employés à la construction de fours à St-Rémy et à Mourier. — La statue du saint, soustraite au pillage, soigneusement gardée pendant la révolution, a été placée en 1836, dans l'église de Mourier. *Notes de M. Levrin, ancien curé de Tortefontaine.*

C'était effectivement une lourde et difficile mission d'administrer à la fois le spirituel et le temporel d'une abbaye importante; la nécessité pour le supérieur de ménager à ses enfants les moyens d'existence en même temps qu'il les dirigeait dans les voies de la perfection, donna naissance à une institution très-répandue au Moyen-Age : celle des *Avoués* ; l'avoué d'une église ou d'un monastère tenait ordinairement dans le monde un rang distingué, et se déclarait le défenseur et le protecteur des intérêts temporels; des barons, des ducs, des comtes ne dédaignaient pas ce titre, dont souvent ils abusaient, il est vrai, en s'attribuant les redevances qu'ils avaient touchées comme fondés de pouvoir. Le comte de Flandre et son père Thierry d'Alsace acceptèrent d'être les avoués de l'abbaye de Dommartin pour les biens situés entre les rivières de Canche et d'Authie (1), à la sollicitation de Gombert qui termina sa carrière au mois de mai 1170. (2)

ANSCHER.

IV° ABBÉ, — (1170-1176.)

Saint Norbert avait statué que tous les ans il y aurait réunion en chapitre général; les abbés et les prévôts des différentes maisons devaient se rendre à Prémontré, afin de conférer avec le général et de rendre compte de leur

---

(1) *Inventaire de la chambre des comptes de Lille*, t. I, f° 44, n° 94 et 1er *cart. d'Artois*, pièce 292.
(2) Lédé, *notes mns.*, f° 30.

administration. 23 prélats assistaient à l'assemblée de 1172, et prononcèrent une sentence favorable aux religieux de St-Jean-d'Amiens contre ceux de Furnes; Anscher était du nombre. (1)

Mathieu, comte de Boulogne, octroya vers le même temps à l'abbaye de Saint-Josse-sur-Mer, une charte souscrite par de nombreux témoins, parmi lesquels figure encore Anscher (2). Il régissait la communauté au moment où le saint archevêque de Cantorbéry tomba frappé au pied des autels, par les sicaires du roi d'Angleterre, Henri II. Thomas Becket, qui avait entrepris de défendre les immunités ecclésiastiques, trouva la mort au retour de l'exil ; il conserva, vis-à-vis de ses assassins, un courage invincible et ses dernières paroles furent pour recommander à Dieu la cause de l'Église. — 29 décembre 1170.

Le Célerier de la cathédrale de Cantorbéry, nommé dom Guarin, distribua aux pauvres les vêtements de la victime. Un clerc, ayant eu en partage le rochet encore maculé de sang, essaya vainement de faire disparaître ces traces du crime et, ne pouvant s'en servir, il le rapporta au célérier après avoir coupé l'extrémité d'une des manches. Un prêtre, qui avait eu autrefois des relations suivies avec les abbayes de St-Bertin, de St-Josse-sur-Mer et de Dommartin, vivait alors reclus et solitaire à Dorobernie. Il sut que l'on distribuait à tout venant les vêtements du martyr et pria une femme dévote de lui obtenir un de ces précieux objets. Dom Guarin le con-

---

(1) Lédé, *notes mns.*, f° 243.
(2) *Cart. de St-Josse-sur-Mer*, f° 4.

naissait et crut lui être agréable en lui envoyant le rochet et un morceau de cilice dont Thomas Becket était revêtu au moment du supplice.

A quelque temps de là, Frère Guillaume, religieux de Dommartin, chargé d'une mission en Angleterre, passa à Dorobernie afin de visiter le solitaire. Il séjourna « dans sa logette » et s'entretint longuement avec lui du meurtre du saint archevêque, il eut même la consolation d'emporter, en quittant son hôte, les reliques (le rochet et une partie du cilice) dont celui-ci se dépouilla volontiers, au profit de l'église de Dommartin.

Le 7 juillet 1171, le frère Guillaume était de retour : il rapportait un trésor incomparable, source de bénédictions pour l'abbaye. L'évêque d'Amiens, Thibaut d'Heilly, vint aussitôt le vénérer et ordonna de le déposer sur l'autel d'une chapelle spécialement dédiée à Saint-Thomas, qui fut l'objet d'un pèlerinage fameux. On ne tarda pas à constater des prodiges éclatants opérés par le simple attouchement des précieux vêtements. La renommée s'en répandit au loin, le grand prieur de Cantorbéry vint lui même à Dommartin, accompagné de religieux et de gentilshommes s'assurer de l'authenticité du rochet : elle fut reconnue incontestable, car le clerc, heureux possesseur de la portion d'une des manches, la rapprocha du vêtement et elle s'y adapta parfaitement. (1.)

Une association de prières s'établit dès lors entre les abbayes de Dommartin et de Cantorbéry ; le 10 juin, les

---

(1) *La vie de Saint-Thomas, archevêque de Cantorbie,* contenant une belle et mémorable histoire du roy et du royaume d'Angleterre, avec les constitutions royales qui ont causé son exil et son martyre, ensemble les miracles advenus par son intercession en l'abbaye de

religieux de Dommartin célébraient un obit solennel pour leurs frères de Cantorbéry, décédés pendant l'année, et chaque année aussi, alternativement, les moines s'envoyaient des députations qui entretenaient d'excellents rapports entre les deux monastères ; F. Henri de Maigneulx, curé de Tortefontaine et un autre, qui se rendirent en Angleterre, en 1507, furent les derniers délégués, suivant cet ancien usage; ils rapportèrent « de la chemise « de saint Thomas, laquelle estoit de poil de cheval et « du manteau duquel il s'affuloit, allant aux champs, « nommé *vestis pluvialis*. »

L'église de Dommartin se glorifiait encore de posséder une partie du crâne du saint Martyr, une aube, un amict, un fhanon lui ayant appartenu et enfin l'anneau d'or qu'il avait remis à l'évêque de Thérouanne, Milon, lorsque celui-ci et l'abbé de St-Bertin le conduisirent jusqu'à Soissons, pendant son exil en France ; (1) Ce précieux anneau, renfermé dans une châsse de grand prix, fut dérobé au XVIe siècle par un faux pèlerin. Le rochet est aujourd'hui conservé dans le trésor de la cathédrale d'Arras.

Dommartin, près de Hesdin en Artois. — à St-Omer, de l'imprimerie Charles Boscard, au nom de Jésus.

L'auteur est F. Charles Ducandas, prieur de Dommartin et frère de l'abbé de Saint-André, Noël Ducandas. — Cf. f°s 220 et seq. : « Comment le roquet a été apporté. — Comment le roquet fut ap-« prouvé estre celui dont estoit vestu Saint-Thomas lorsqu'il fût « martyrisé. »

(1) « Et n'est à oublier que nous tenons par tradition des anciens « que saint Thomas a séjourné à Domp-Martin, comme à St-Bertin, ce-« pendant que ses messagers qu'il avait envoyés en Angleterre fus-« sent de retour, aussi, y a t-il plusieurs villages à l'environ qui « gardent précieusement les calices avec lesquels il a sacrifié à Dieu « et célébré la sainte messe. — *La vie de Saint-Thomas... loc. cit.*

HUGUES DE ALESTE.

V⁰ ABBÉ. — (1176-1179).

Robert de Soibermez, investit l'abbaye de Dommartin de certaines dîmes de ses domaines; c'est le seul événement de la prélature de Hugues d'Aleste, qui mourut en février 1179, après avoir contribué de tout son pouvoir à étendre le culte de St-Thomas de Cantorbéry. (1)

GAULTIER DE WERCHIN.

VI⁰ ABBÉ. — (1179-1189).

Jean, comte de Ponthieu, se plaisait à rançonner les moines ; il persécuta les Prémontrés de Dommartin, les Bernardins de Valloires et probablement tous ceux de ses domaines; le roi d'Angleterre intervint pour faire cesser des violences que l'excommunication n'avait même pu arrêter, le comte rentra enfin en lui-même et promit satisfaction, mais les abbayes ne se contentèrent pas de sa parole, et prièrent le roi de la garantir : « Je déclare prendre l'église de Saint-Josse-au-Bois (2) sous ma haute

---

(1) *Gallia Xna*, t. X, col. 1349. — Borée, *loc. cit.*, fol. 65, cite Hugues comme étant originaire de Thalest en Angleterre.

(2) On a continué à désigner l'abbaye sous le nom de Saint-Josse-au-Bois, même après sa translation à Dommartin.

protection, et je considérerai et punirai comme faits à moi-même tous préjudices ou dommages qui lui seraient causés; j'ordonne à mes baillis de lui rendre partout et toujours bonne et prompte justice. » Ainsi s'exprimait le roi Philippe-Auguste, au mois d'avril 1185. (1) A quelque temps de là, le comte de Flandre, Philippe d'Alsace, que nous avons vu se constituer l'avoué de notre abbaye, tombe dangereusement malade au château de Ruholt, d'où il se fait transporter à Lamotte-au-Bois; désespérant de recouvrer jamais la santé, il songe à invoquer la puissante intercession de St-Thomas; il demande les prières des moines, envoie de nombreux présents à leur chapelle, et, bientôt après, il entre en convalescence. Une statue de cire de la grandeur du comte, déposée par lui au sanctuaire de St-Thomas, rappela longtemps sa pieuse reconnaissance, (2) et le P. Ignace ajoute que le comte de Ruholt, c'est ainsi qu'il désigne le comte de Flandre, donna à l'abbaye de Dommartin « son domicile de Niepe. » (3).

GUILLAUME Ier.

VIIe ABBÉ. — (1189-1195).

Toute sa vie bon, pieux, magnifique, Philippe d'Alsace étendit jusqu'en Picardie la protection qu'il ne cessa d'accorder à la religion; Dommartin ne pouvait être oublié

---

(1) *Archives du Nord.* — 1er cart. *d'Artois,* pièce 272.
(2) Dom Devienne, *Hist. d'Artois,* 2e p. fol. 125.
(3) P. Ignace, *Hist. des maieurs d'Abbeville.*

après le miracle que nous venons de raconter : il l'affranchit de la rente payée en reconnaissance de son avouerie, rente qui sera désormais employée à l'achat du pain et du vin des autels. Les lettres données à cette occasion sont datées d'Alost, 1190, et confirmées par le roi de France. Guillaume Ier assistait au chapitre de Prémontré qui régla, sur l'arbitrage des prélats de Saint-Jean d'Amiens et de Saint-Just, le différend survenu entre son abbaye et celle de Saint-André. Il abdiqua (1) deux années avant sa mort survenue en septembre 1197. (2)

PIERRE Ier DE HARCHIES.

VIIIe ABBÉ. — (1195-1201).

Au mois de février 1198, l'évêque d'Amiens, Thibaut, adjuge à Saint-Josse-sur-Mer l'exercice du droit de vicomté sur Longpré, hameau dépendant de la Calotterie et propriété de l'abbaye de Saint-Sauve, en présence des abbés de St-Jean d'Amiens et de Dommartin ; (3) celui-ci est incontestablement Pierre de Harchies ou de Orchies, (4) dont l'administration dura cinq années.

GUILLAUME II DE BOMMY.

IXe ABBÉ. — (1201-1205).

Guillaume de Bommy, témoin de la dotation accordée

(1) *Gallia Xna*, t. X, col. 1349.
(2) Lédé, *notes mns*, fol. 36 et 37.
(3) *Cart. de Saint-Josse-sur-Mer*.
(4) *Gallia Xna*, t. X, col. 1349.

par le chevalier Hugues de Caumont à la chapelle de Rapoy qu'il fonda en l'honneur de saint Nicolas, 1202, (1) obtient du comte Guy de Ponthieu confirmation des libéralités de Guy et Gaultier de Marcheville (*de Marcelli villa*) et renonce à sa dignité au début de l'année 1205. (2).

PIERRE II.

X° ABBÉ. — (1205).

Le chroniqueur Lédé omet le dixième abbé de Dommartin, (3), Pierre II, dont la gestion dura le court espace de temps qui s'écoula de la démission de Guillaume II à l'avénement de Guillaume III. Le comte de Ponthieu vient alors à Dommartin régler la bannée du moulin de Tigny, stipulant pour ses vassaux de Waben et les habitants de Verton, Tigny, Saint-Vast, Saint-Quentin en Marquenterre,

---

(1) *Cart. imp. d'Auchy*, fol. 67 et 75.
(2) LÉDÉ. — *Notes*, mns. fol. 39.
(3) M. Parenty a oublié plusieurs abbés dans son histoire de Dommartin ; nous avons dressé la chronologie d'après les notes de Lédé et les archives des abbayes voisines, sans nous en rapporter à la liste publiée par le *Gallia Christiana*, qui est souvent en contradiction avec des titres authentiques de 1189 à 1242.
Le cartulaire de St-Pierre de Selincourt cite parmi les témoins d'une donation de Hugues Coles : *Florentius abbas sancti Judoci in nemore*, 1203. — Fol. 32. (*Bibliothèque d'Amiens.*)
Doit-il être placé entre Guillaume II et Pierre II? ou est-ce par erreur que *Florentius abbas sancti Judoci suprà mare*, 1203, a été désigné comme abbé de Dommartin.

l'obligation d'y amener leur blé. Les droits de mouture devront se partager entre lui et les religieux, mais le gardien et les meuniers, choisis par ceux-ci, demeureront sous leur direction et justice, jamais moulin à eau ou à vent ne sera établi, sans le consentement exprès des moines, dans les limites de Maintenay à la mer, de Tigny à Saint-Josse-sur-Mer, et de Wailly aux dunes de Waben. Les constructions jugées nécessaires seront à frais communs. Toutefois, les dépenses du séjour de l'abbé ou du comte, au moulin de Tigny, demeureront personnelles. Les chevaliers Hugues de Fontaines, Hugues Boteris, Gaultier de Hallencourt, Dreux de Ponches, Simon de Donqueur; la comtesse de Ponthieu, Aélis, et sa fille Marie assistaient à cet acte important avec les abbés de Valloires et de Saint-Jean. Tous s'engagent sous la foi du serment à l'exécuter fidèlement, mars 1205. Un autre document rappelle à cette date le nom de Pierre II, c'est la sentence cyrographique adjugeant les dîmes de Waben par moitié aux abbayes de Valloires, d'une part, de Saint-Josse-sur-Mer et Selincourt, d'autre part (1).

GUILLAUME III.

XIe ABBÉ. — (1206-1211.)

Le seigneur de Dompierre, Hugues de Bailleul, qui avait souvent inquiété les religieux de Dommartin, mit fin à toutes querelles, leur permettant en août 1206, de dériver

(1) *Cart. de Valloires*, fol. 168,

les eaux de l'Authie, selon les besoins de la maison et leur accordant le droit bizarre de prendre chaque jour dans son bois d'Anconnay la charge de deux ânes, à l'exception des petits chênes, des hêtres, des pommiers et des mélèzes.. Guillaume III intervint aussi dans un démêlé concernant la dîme perçue sur les terroirs de Bettencourt et Poilagace par André de Brandicourt, au détriment de l'abbaye de Valloires. — 1207. — (1).

JEHAN Ier.

XIIe ABBÉ. — (1211-1218.)

Jehan reçut de Robert, chevalier, seigneur de Nempont, alors connu par ses abondantes aumônes, le moulin de Nempont avec une maison pour loger les gardiens, s'engageant à lui payer ainsi qu'à ses successeurs : un muids de pure farine, une mine de froment et deux cents anguilles dont une grosse (1213). Peu de temps avant sa mort, arrivée le 9 septembre 1218, Jehan souscrivit des lettres de Guillaume de St-Omer châtelain de Beaurain au profit de l'abbaye de Saint-André-au-Bois.

THOMAS.

XIIIe ABBÉ. — (1219-1224.)

Trois chartes de Robert de Nempont, vassal d'Eustache

(2) *Cart. de Valloires*, fol. 71.

de Nouvion, que nous avons déjà nommé, révèlent l'existence de l'abbé Thomas dans les années 1221 et 1223 (1). Il vivait encore au mois de mai 1224, et abandonna aux religieux de Valloires : le petit bois situé devant la porte du couvent et une portion du Pinchemont sur le chemin de Malrepast à Balances, en échange de pareille contenance dans le bois d'Orimont, près la grange de Buires (2) — mai 1224.

Ainsi allaient s'augmentant les revenus déjà considérables de la maison, sans que le régime alimentaire prescrit par les statuts cessât d'être rigoureusement observé; tout, jusqu'à la manière de cuire les fèves et les pois était indiqué par la sainte règle. On faisait honte, écrit le vicomte de Vaublanc, aux religieux qui employaient la graisse nommée *beurre blanc* ou le jus du lard ; l'huile se payait chèrement, le lait et le beurre restaient les éléments de la cuisine, encore arrivait-il souvent que l'eau et le sel en faisaient tous les frais ; vers le milieu du XIIIe siècle, le relâchement tendant à s'introduire pour l'abstinence, les Pères du chapitre général permirent l'usage de la viande en voyage et à l'infirmerie. A partir de ce moment, on en vint insensiblement à ce qui se pratique encore aujourd'hui dans les monastères de l'observance commune de Prémontré, savoir : abstinence du carême, de l'avent, de la quinzaine qui précède la Toussaint, du mercredi, du vendredi et du samedi de chaque semaine et de la veille des principales fêtes.

---

(1) *G. Cart.* fol. 316, 322, 347, *et Cart. de St-Josse-sur-Mer*, 2e partie, ch. 78.

(2) *Cart. de Valloires*, fol. 79.

GEOFFROY.

XIV° ABBÉ. — (1224-1229.)

Louis VIII confirma les privilèges et les possessions de l'abbaye de Saint-Josse-au-Bois. Ses lettres sont datées de Hesdin, décembre 1225. L'année suivante Guy, chevalier, sire de Ponches, approuvé par ses frères Gaultier, Jean, Firmin, Jacques et par sa femme Eve, abandonna à Geoffroy un droit de terrage au Colroy. La famille de Ponches, dont le nom se retrouve fréquemment sous notre plume, fut l'une des plus illustres du Ponthieu. Les aînés étaient pairs des comtes, ils portaient un écu chargé de sept merlettes ; leur descendance s'éteignit vers 1431, dans la maison de Boufflers, en lui apportant la terre de Ponches qu'elle posséda jusqu'à la fin du dernier siècle.

NICOLAS DE BOUBERS-ABBEVILLE.

XV° ABBÉ. — (1229-1237).

Depuis la donation de Guillaume de Ponthieu, la bannée des moulins de Tigny se partageait également. Le comte Simon renonça à la moitié que son beau-père avait réservée (1234). Alors aussi sont acquises des dîmes à Mouriers, à Frohen, à Villers-sur-Authie. Nicolas d'Abbeville (1) succéda à Hugues comme général de l'ordre de Prémontré, tristement divisé par la scandaleuse rébellion des frères convers. Il mit tout en œuvre afin de ramener les égarés et d'obtenir leur soumission. Il dut entreprendre à cet effet le voyage de Rome et succomba dans un âge avancé le 22 août 1241, après avoir gouverné l'ordre un an, trois mois et trois jours. Les caveaux de l'église St-Alexis abritèrent longtemps sa dépouille mortelle (2).

GAULTIER II.

XVIe ABBÉ. — (1237-1239).

Saint Louis avait apanagé son frère Robert de la province d'Artois, dont les frontières, mal définies vers le Ponthieu, devenaient la source de conflits incessants : sur l'avis de messire Renaud de Trictoc, chargé d'une enquête par le roi, avec l'agrément du comte et de la comtesse de Ponthieu, il intervint une décision souveraine qui établissait la limite au cours de l'Authie, depuis l'épine Alvernoise et réglait ainsi qu'il suit le domaine des envi- de Dommartin (3) :

---

(1) Boubers-Abbeville porte : *d'argent à la croix de gueules chargée de 5 coquilles d'or.*
(2) *Bibliothecæ ord. Præm.*, fol. 934.
(3) *Cart. imp. d'Auchy*, fol. 113. — TAILLAR, *recueil d'actes en langue romane*, p. CXIV.

« Li quens de Flandres (1) eut le seignerie de Blo-
« ville (2) en camp, en iaue, en bos, le justiche de Hes-
« din.

« Li quens (le comte) eut le seigneurie de l'espine
« Avernoise (3) et toutes les appendices que sain père i
« avoit et Wailli (4) ensement (mêmement).

« Li quens de Flandres eut le seignerie à Buire près
« Hesding (5).

« Li quens de Flandres eut le seignerie à Dourri-
hiérs (6), sauve la féelté (suzeraineté) Renaud d'Amiens
(7).

« Li quens de Flandres eut la seignerie à abeies (ab-
« bayes) de Dommartin et de Saint-Andriu et toutes les
« apendices de châ Autie.

(1) On aurait dû écrire : d'Artois, mais l'Artois venait d'être séparé de la Flandre.

(2) Bloville, dép. de St.-André-au-Bois.

(3) ESPINE AVERNOISE. — *Spina Alvernosa*, situé sur le fief de Bertronval, à l'extrémité du village de Maintenay, vers le Saulchoy, si l'on en croit un mémoire de Guillaume du Chaussoy, dit le Seigneur d'Esque, sur titre de la chambre des comptes de Lille. — (Note du comte de Galametz.)

(4) WAILLY, aujourd'hui canton et arrond. de Montreuil, appartenant alors à Jehan, chevalier sire de Wailli, fils de Vaultier. (*Cart. de Montreuil*) fol. 71. — *Cart. de Valloires*, f. 122.

(5) BUIRES. — Buire-au-Bois, cant. d'Auxy-Château, arrond. de Saint-Pol, l'hommage de *Rocheffay près Buires* est compris dans l'aliénation par Simon de Dammartin au profit du comte d'Artois en 1244.

(6) DOURRIHIERS, cant. de Campagne, arrond. de Montreuil, appartenait alors à Hugues Kiéret, chevalier, second fils de Hugues Ier Kiéret, seigneur de Dourihiers, époux de Jeanne de Pontrohard. *C. Valloires*, f. 93).

(7) LA FÉELTÉ RENAUT D'AMIENS. — Renaud d'Amiens, Seigneur de Labroye.— C'était le château avec l'enclos qui relevait de lui, suivant l'aveu de Hugues Kiéret, servi en 1209 au sire de Labroye.

« Nul ne peut faire forteresche de Mentenai (1) dusques
« à Doullens de châ Authie qui ne soit de la seignerie de..
« fors le castel de l'Arbroie (2) que on tient du castelain
« de Saint-Omer (3).

« Li quens de Flandres eut le seignerie à Tortefontaine
« et à Mourichier (4) pour avouerie... etc... 1239, mercredi
« après la Pentecôte.

Gérard d'Abbeville, chevalier, seigneur de Boubers, vendit à l'abbé Gaultier, une rente sur Nouveau-Lieu (*apud novum locum*). Sa femme Agnès, ses fils, et, plus tard, l'évêque d'Amiens, ratifièrent ce contrat ; le Nouveau-Lieu a été compris dans l'importante propriété que les religieux de Dommartin possédèrent à Prouville.

Cependant, les princes et les nobles, n'avaient pas le monopole de cette inépuisable libéralité ; le peuple chrétien réclamait et exerçait à son tour le droit de donner à Dieu et aux saints et de confondre ses aumônes avec celles des grands ; le don le plus insignifiant, venu de la main la plus humble, était enregistré dans la prière quotidienne des moines et immortalisé dans leurs annales ; ainsi lit-on dans le *Grand cartulaire* les noms de Gérard

---

(1) MENTENAI, cant. de Campagne, arrond. Montreuil, appartenait alors à Guillaume Ier de Maisnière, époux de Clémence. *C. Valloires*, f. 134.)

(2) LARBROIE, canton d'Hesdin, arrond. de Montreuil, appartenant alors à Renaud d'Amiens, seigneur de Flexicourt, Wignacourt, etc. LAMORLIÈRE. — Maisons illustres de Picardie.

(3) CASTELAIN DE SAINT-OMER. — C'était Guillaume IV.

(4) *Tortefontaine* et *Mourichier*, ont fait partie du domaine de Dommartin. vers 1160, cependant il y avait encore en 1239, une seigneurie indépendante à Tortefontaine appartenant à Jean, seigneur de ce lieu ; et à Mourihier, à Henry chevalier seigneur de ce lieu *P. Cart.* f. 41.

de Beaumery, Dreux de Grantsart, Pierre Blankes et autres modestes bienfaiteurs.

Grands et petits confirmaient la définition d'un concile : les biens de l'Eglise et spécialement les biens monastiques sont l'offrande des fidèles, le patrimoine des pauvres, la rançon des âmes! (1).

Mort de Gaultier II : 27 août 1239.

RENOLIN.

XVIIe ABBÉ. — (1239-1242).

Renolin, Renelme ou Renelin, voulant protéger ses frères contre les gens de guerre qui parcouraient la campagne, se procura, à l'abri des murailles de Montreuil, moyennant 240 livres parisis, une maison avec dépendances, située dans le faubourg Saint-Pierre et tenue de l'abbé de Saint-Sauve (2). Elle devint le refuge de Dommartin ; l'avenir justifia cette sage précaution, qui fut imitée par toutes les communautés du voisinage.

Comme le bruit des merveilles accomplies dans la chapelle de l'abbaye par l'intercession de saint Thomas de Cantorbéry, augmentait encore, l'archevêque de Reims chargea les évêques d'Amiens, de Laon et de Soissons d'en vérifier l'exactitude. L'évêque d'Amiens ouvrit une

---

(1) DE MONTALEMBERT, *Les Moines d'Occident*.
(2) *Petit Cart.*, fos 18 et 19. — Mai 1241. — Les lettres du roi de France ratifiant cette acquisition sont datées de Melun.

enquête vers 1239 et recueillit lui-même le témoignage de plusieurs personnes miraculeusement guéries (1).

Le seigneur de Ponches vint attester qu'il avait recouvré l'ouïe par l'attouchement de la sainte relique ; Mabille fille du seigneur de Dompierre avait été complètement débarrassée d'une lèpre regardée comme incurable ; Asson, sire de Brimeux, longtemps possédé du démon, avait été affranchi de l'esprit impur ; un homme de Montreuil avait recouvré l'usage des membres après vingt-deux mois de paralysie ; une femme d'Hesdin avait recouvré la lumière après vingt-six années de cécité ; un notable de cette ville, atteint d'une maladie si grave et si terrible qu'il fallait quatre hommes pour maîtriser les accès de son délire, fut guéri par l'attouchement du « sarrot de Monsieur Saint-Thomas ». Enfin nous omettons quantité d'autres prodiges pour raconter celui qui fut accordé aux prières de la châtelaine de Douriez, dame Aquiline ou Eguéline, épouse de Hugues Ier Kiéret, seigneur de Douriez.

Ayant mis au monde un petit monstre à peine viable elle recourut, dans son désespoir, à saint Thomas, le suppliant de prendre sa douleur en pitié. L'une de ses suivantes et la nourrice portent le malheureux enfant à l'autel du martyr, et, tandis qu'elles sont prosternées en oraison, il commence « à prendre forme humaine et veint tost après parfait de tous ses membres ». Qu'on juge si l'allégresse fut grande au château de Douriez. La pieuse mère distribua d'abondantes aumônes en actions de grâces ;

---

(1) *Vie de saint Thomas* précitée, f°s 227 à 272, chap. 45 : « s'en-« suivent les relations de 64 miracles éclatants obtenus à Dommar-« tin par l'intercession de saint Thomas. »

3

son fils reçut au baptême le nom de Thomas, et l'abbé de Dommartin accepta d'être son parrain. La chambre où il était né conserva longtemps la désignation de chambre de Dommartin. Lorsqu'il fut parvenu à l'âge de sept ans, Eguéline le fit monter sur le meilleur coursier de ses écuries, et commanda d'exécuter en cire un cheval et un enfant de grandeur naturelle qu'elle offrit à l'église de Dommartin. Le jeune seigneur de Douriez fit ses premières armes en Palestine ; il survécut peu de jours au retour de la croisade et reposa près de sa mère, à l'ombre du sanctuaire auquel il avait voué une éternelle reconnaissance.

JEHAN Ier

XVIIIe ABBÉ. — (1242-1251).

Les archives de Dommartin contiennent beaucoup de pièces se rapportant à la gestion de l'abbé Jehan II. La première (avril 1243), est l'ordonnance du châtelain de Saint-Omer à son bailli d'Hesdin, pour les marais et la pêcherie entre Dompierre et Douriez, donnés aux moines par Eustache Colet (1). Viennent ensuite plusieurs chartes de Robert, chevalier, seigneur de (*Nempont vers Buire-en-Halloy*) qui entreprit le voyage d'outremer avec son gendre, André de Saint-Hilaire, 1248. Tous deux périrent victimes de leur dévouement à la croix, car, en janvier 1255, leurs veuves, Marguerite et Elisabeth soutiennent, de concert avec l'héritier de leurs biens, Jean de Saint-

(1) *Inventaire de la Chambre des comptes de Lille.* Tom 1, f° 316 n° 766.

Hilaire, un procès qui fut terminé par l'arbitrage des chevaliers : Jean, seigneur de Brimeu, Enguerran, seigneur de Pont de Remy, Jehan de Wauwans, Hugues de Dourier et Adam Kiéret, chevaliers, relativement aux droits que l'abbaye de Dommartin percevait à Nempont (1). Cette même année, Vaultier, seigneur de (*Nempont-vers-Montreuil*) époux de Clémence dame de Maintenay, non moins généreux que ses voisins, s'engage à respecter les droits de pêche et de tenderie aux oiseaux, attribués aux religieux dans les marais d'Aurenc et la rivière d'Authie. La cense du Nouveau lieu prit alors un accroissement considérable, grâce à la famille de Thomas, chevalier, sire de Prouville, dont les largesses furent approuvées et garanties par Jehan de Wibière, vicomte de Dommart, mars 1261. (2.)

La plupart de ces parchemins poudreux consacrent des intérêts souvent modiques : redevances en argent ou en nature, fondations d'obits, droits de justice, terrage, chasse, bannées, moutonnage, faucillage, travers, etc..., etc..., mais nous y trouvons une mine précieuse de documents utiles à l'histoire de Picardie. Ainsi, lorsque Louis IX entraînait vers l'orient les principaux feudataires de son royaume, bon nombre de vassaux du Ponthieu se rangèrent sous la bannière de leur comte, Guillaume : le *Cartulaire de Dommartin* nous apprend que les manoirs des bords de l'Authie furent témoins de ces émotions touchantes, fidèlement retracées par les chroniqueurs des guerres saintes : « Quand le jour du partement venoit, dit Bernard

---

(1) *Grand Cart. de Dommartin*, f° 318 à 329.
(2) *Ibidem*, f°s 30 à 50, 52, 53, 68, et 69.

« le trésorier, là veissiez grans douleurs, grans pleurs et
« grans cris, car peu y avoit hostels dont aucun ne s'en
« alast. »

Que de larmes versées dans les donjons ! que de tendres adieux dans ces tourelles gothiques ! Déjà nous avons cité Robert de Nempont et André de Saint-Hilaire ; leur exemple décida les chevaliers Hugues d'Oisencourt, Eudes de Ponches, Jehan de Tortefontaine (1.)

On ne saurait omettre davantage d'autres chevaliers, moins guerriers peut-être, qui s'efforçaient de compenser par leurs largesses l'inaction dont ils rougissaient. Tels étaient Aléaume de Beaurain, seigneur de Huppy, Robert de Nouvion, seigneur de Campmartin, Enguerran, seigneur de Montcavrel, Hugues de Maisnil, Enguerran de Framezelle, seigneur de Waben et André, seigneur de Ponches (2.)

Enfin, le comte de Ponthieu lui-même, avait dû recourir à l'obligeance de l'abbé Jehan, pour emprunter deux cents livres destinées aux frais de son expédition. La comtesse Marie abandonne, pour éteindre la dette et indemniser l'abbaye des dommages causés par ses aïeux, une grande partie des marais de Montigny-sur-Authie, la justice haute et basse et le droit de pêche dans la rivière. En exécution de ces dispositions, elle ordonne aux habitants de reconnaître les moines comme leurs seigneurs temporels, et requiert les chevaliers Eudes de Ponches et Bernard de Bamières d'établir les limites. Jacques de Wail, l'official d'Amiens, confirma au lieu et place de l'évêque

(1) *Ibidem* f°s 10, 32, 211.
(2) *Ibidem* f°s 26, 203, 262, 384, 395, 418.

Gérard de Conchy, cette aliénation motivée par l'impossibilité où se trouvait la comtesse d'acquitter d'une autre manière les dettes de son époux (1248 décembre) (1).

Jehan ordonna le recensement de toutes les possessions de l'abbaye ; par ses soins fut dressé le polyptique ou tableau indiquant avec leur origine les terres, les bois, les prairies, les dîmes, les hommages, les redevances dont elle jouissait à quelque titre que ce fût ; le manuscrit original de ce terrier appartient à Monsieur Quenson, président du tribunal de St-Omer ; il se compose de 25 feuillets sur deux colonnes; les folios 12, 13, 14, 15 soit 8 pages ou 16 colonnes ont été égarés. La table qui occupe le recto du premier feuillet et accuse une écriture du XVIe siècle, nous apprend que les feuillets disparus contenaient les terriers de « *Hanchies, de Cuimont, Kuesnoy, Colroy, Buires.* » Les caractères du polyptique sont tracés à l'encre noire, mais le calligraphe s'est servi de carmin pour les rubriques et alternativement de carmin et de bleu pour les initiales (2).

Jehan II mourut le 12 septembre 1252 (3).

MILON II.

XIXe ABBE — (1251-126).

Un procès étant survenu au mois de mars 1254, entre Milon II et l'abbé de Valloires, à cause des marais de

(1) *Ibidem* f° 364.
(2) Appendice n° V.
(3) Lédé, *notes mns* f° 31.

Montigny, l'évêque d'Amiens désigna, comme arbitres, Arnould, prieur de Saint-Pierre d'Abbeville et Jean, prieur de Biencourt. Ils jugèrent que le droit de tourber ces marais et d'y pêcher appartiendrait à Valloires, le pâturage demeurant commun, mais la fenaison libre, moyennant une redevance annuelle de 12 deniers par faulx et de 4 deniers par faucille. Les habitants de Montigny et des environs récolteront des roseaux à leur usage, mais s'il leur arrivait d'en vendre pour une obole, ils devraient en payer cent bottes à l'église de Valloires (1).

Jehanne, reine de Castille et de Léon, comtesse de Ponthieu et de Montreuil, ratifia solennellement en janvier 1256, les donations de sa mère la comtesse Marie, à l'abbaye de Dommartin, dont elle se déclara la protectrice envers et contre tous, notamment à Hestruval, Colroy, Buires et Tigny (2).

SIMON LE VÉNÉRABLE.

XXe ABBÉ. — (1265-1271.)

Simon, surnommé le Vénérable (3), dirigea le monastère pendant six années. En octobre 1266, Hugues d'Ailly, chevalier, époux de Marie, dame et héritière de Tortefontaine, agrée la vente consentie par son beau-père Jehan,

---

(1) Ces marais sont situés : *inter pontem de Pratellis et beccum falesiæ de Montigni à parte de Langres usque ad Alteiam. — Grand Cart.* fos *369-370.* Ils se nommaient les marais d'*Andibais*.

(2) *Petit cart.* fo 87 et 88.

(3) *Gallia Xna.* T. X. col. 1350

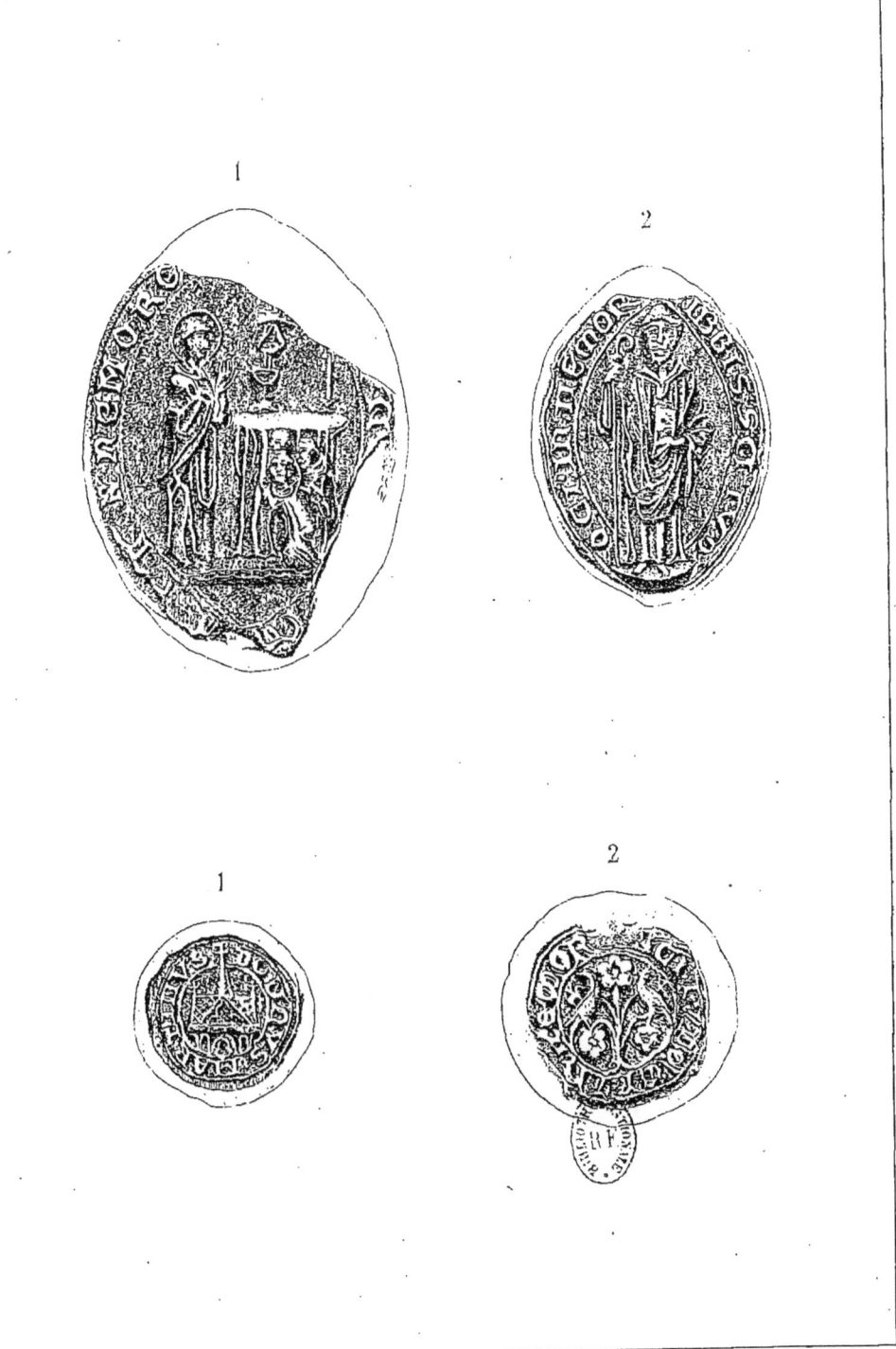

SCEAUX et CONTRE-SCEAUX
de Guillaume de CROMONT, Abbé de Dommartin
1271 - 1285.

le Croisé. Quelques mois après, intervient un accord avec l'abbaye d'Auchy, pour l'hôpital du Maisnil (1). Enfin, les sires de Montcavrel, Nicolas, Enguerran et Michel, reconnaissent à Dommartin la propriété des bois de Foucaumont vers Estréelles. A Simon succéda, le 18 février 1271, Guillaume de Cromont.

GUILLAUME DE CROMONT.

XXIe ABBÉ. — (1271-1285.)

Les religieux de Dommartin avaient le droit de pêcher chaque année, le jour de la fête de St-Josse, dans la Maye, avec un filet à trois rangs de mailles appelé le tramaille ; les comtes de Ponthieu le leur avaient concédé ; lorsqu'Éléonore, comtesse de Ponthieu, épousa Édouard, roi d'Angleterre, ils affranchirent leurs domaines de cette servitude, au prix d'une rente de soixante-dix sols parisis créée sur la vicomté de Crécy (5 juin 1285) (2). Le même jour intervint une transaction au sujet de la haute et de la basse justice attribuées à Dommartin; haute justice donnait droit de condamner aux peines capitales, et de connaître de toutes les causes, les cas royaux exceptés ; basse justice accordait la poursuite des droits seigneuriaux. Un troisième contrat fut passé entre Guillaume de Cromont et le roi Édouard qui obtint la renonciation au droit d'usage, que les religieux exerçaient dans la forêt de Crécy, en leur abandonnant la propriété de cent soixante journaux de bois situés entre Campmartin et la Haye-Ellain, contre la seigneurie de messire Henry de Nouvion. Le prince se réserva l'exercice de la justice et le droit de chasse. Guillaume de Cromont scellait les actes impor-

(1) *Cart. imp. d'Auchy-les-Hesdin*, fol. 215 et 216.
(2) *Archives du Nord, fonds Dommartin.*

tants de deux sceaux différents, reproduits planche III, d'après les originaux conservés aux archives nationales; on voit sur le premier, saint Josse officiant au moment où se manifesta le prodige raconté par ses biographes : Il célébrait un jour la messe en présence du duc Haymon dans la nouvelle église Saint-Martin, qu'il venait de consacrer; c'était le 11 juillet. Une main lumineuse apparut au moment de l'élévation, et confirma par une seconde bénédiction la dédicace que le saint venait d'accomplir.

Tous les assistants entendirent alors une voix céleste qui disait : « Josse, mon serviteur, parce que vous avez méprisé les richesses et les honneurs de la terre pour m'obéir et que le désir de me servir vous a même fait rejeter et fuir la royauté pour vous exiler volontairement et vous cacher dans une terre étrangère, où vous avez mieux aimé vivre inconnu que de demeurer dans vos palais, sachez qu'en récompense du royaume que vous avez quitté, je vous ai préparé une couronne de gloire, entre les anges, et que je prends sous ma protection spéciale cette église, que je bénis avec vous et où votre corps doit être inhumé ; de sorte que tous les fidèles qui la visiteront dans l'intention de vous honorer, recevront ma grâce sur la terre et obtiendront enfin au ciel la jouissance de ma gloire éternelle. »

Le second représente l'abbé revêtu des ornements pontificaux et tenant la crosse de la main droite, un livre de la main gauche ; l'un et l'autre portent en abrégé la légende : *Sigillum abbatis sancti Judoci in nemore* (1).

Sous la prélature de Guillaume de Cromont, la communauté reçut un accroissement considérable par suite des libéralités de : Eustache de Brimeu, seigneur de Huppy (1271) ; Gaultier, seigneur de Collines (1272) ; Willaume,

---

(1) Ces sceaux de Saint-Josse-au-Bois sont décrits dans le troisième volume de la collection des sceaux, publié par M. Douet-d'Arcq, sous les n°s 8380 et 8380 *bis* — 9042 et 9042 *bis*.

seigneur de Waben (1272); Anselme de Cayeu (1275); Mathieu de Roye, seigneur de la Ferté (1275). Il se démit de sa charge quelques mois avant son décès arrivé en juin 1286 et non pas le 19 juin 1281 (1).

GÉRARD DE DOURIER.

XXIIᵉ ABBÉ. — (1286).

Gérard de Dourier gouverna deux mois à peine et succomba, le 4 septembre 1286, aux atteintes de la peste qui faisait de terribles ravages en Picardie (2).

JEHAN III DE OISEMONT.

XXIIIᵉ ABBÉ. — (1286-1293).

Jehan III obtint de l'abbesse d'Epagne-lès-Abbeville, certains droits sur le moulin de Rouvroy (1287); et de Guillaume de Bernieulle, la reconnaissance de nouvelles acquisitions aux territoires de Monchy et d'Estrée (1289). Les obituaires mentionnent son trépas le 18 janvier 1293.

THOMAS DE LA CAPELLE.

XXIVᵉ ABBÉ. — (1293-1312).

L'abbé de Royval, au diocèse de Toul, devait à la générosité des comtes de Ponthieu deux mille harengs pris

---

(1) Lédé, notes mns. 58 v°.
(2) *Gallia Xna* t. X, col. 1350.

dans la vicomté de Rue ; mais la difficulté de les faire parvenir à si longue distance, l'engagea à céder ses droits à l'église de Dommartin. Ces redevances en nature, fréquentes au moyen-âge, facilitaient la rigoureuse abstinence du carême ; ainsi, en échange de l'emplacement du vieux château d'Etaples, l'abbaye de Saint-Josse-sur-Mer recevait encore au XV*e* siècle, dix mille harengs des comtes de Boulogne (1). Saint Louis en distribuait soixante-huit mille aux hôpitaux de ses états.

Alors était prévôt de Bamières (2) André Lemoine, fils d'un maréchal-ferrant, né à Crécy, frère de l'illustre cardinal fondateur du collége de ce nom, qui vécut dans l'intimité des papes et devint l'un des plus grands savants de son époque. Boniface VIII lui ayant confié des missions importantes près du roi Philippe-le-Bel, il obtint du pape, pour le modeste religieux de Dommartin, l'évêché de Noyon.

André Lemoine échangea donc l'humble cellule des bords de l'Authie contre le palais des prélats comtes de

---

(1) *Cart. de Saint-Josse-sur-Mer*, n° 10, Charte de 1172 *et* n° 88, sentence du 10 février 1406, contre le duc de Berry, comte de Boulogne.

(2) Et non pas abbé de Dommartin. *M. Prarond. St-Riquier, t. II p.* 323. — Lédé, notes mns. f° 63.

Épitaphe d'André Lemoine : *Hic jacet dominus Andreas Monachus Ambianensis diœcesis, quondam Noviomensis episcopus, frater germanus domini Johannis Monachi, istius domûs fundatoris qui obiit anno domini MCCCXV die XXIX aprilis, apud Semipegniacum prope Noviomum. In septimâ die mensis maï sequentis fuit hic sepultus. In augmentum scholarium domûs hujus quatuor millia florenorum de florentia legavit.*

Lemoine portait : *d'argent à 3 clous de sable, au chef d'azur bandé d'or de 3 pièces* — allusion à la profession de son père et au lieu de sa naissance situé en Ponthieu.

Noyon, où il continua, à donner le bon exemple des vertus monastiques. Il leva le corps de saint Eloi et le renferma dans une châsse de grand prix.

André n'oublia jamais le toit qui avait abrité les premières années de sa jeunesse et légua à Dommartin deux cents livres parisis et différents objets d'Eglise.

ELOI DE PROUVILLE.

XXVe ABBÉ. — (1312-1320).

Eloi de Prouville améliora le sort du religieux desservant la paroisse de Werchin (1), qui, depuis le temps de Milon, était administrée par les fils de S. Norbert. Il entrait en effet dans les vues de leur saint fondateur qu'ils se dévouassent, autant que possible, à la sanctification du pro-

---

(1) Werchin, canton de Fruges, arrondissement de Montreuil :
Liste des religieux de Dommartin, curés de Werchin :

1230. — Eustache.	1468. — Jean Varlet,
1260. — Guy du Quesnoy.	1526. — Pierre le Roy.
1285. — Hugues.	1552. — Jean Plantez.
1298. — Jean d'Aumale.	1567. — Jean de Hecques.
1307. — Thomas.	1575. — Charles Ducandas.
1350. — Jean du Moulin.	1575. — Jean le Jeune.
1366. — Guillaume d'Enguinehaut.	1593. — Louis d'Ostrel.
1386. — Guillaume Caron.	1598. — Martin Dournel.
1401. — Jean de Sailly.	1600. — Charles Ducandas.
1413. — Jean Bidez.	1634. — Norbert Barre.
1434. — Pierre le Roy.	1656. — Eloi le Petit.
1446. — Jean le Pieffe.	1662. — Auguste Robin.
1458. — Pierre Choquel.	1670. — Philippe Babeur.

(*Arch. du Pas-de-Calais, fonds Dommartin*).

chain par les missions et par les fonctions curiales, chaque fois que les besoins du ministère le réclamaient.

Les charges de l'ordre de Prémontré se multipliant outre mesure, on dut recourir à une imposition extraordinaire de toutes les maisons. Le Chapitre général de 1320 la décréta proportionnelle aux revenus de chacune : Trente livres tournois de contribution annuelle pour Dommartin, dix livres tournois pour Saint-André-au-Bois(1).

EUSTACHE DE BUGNY.
XXVIe ABBÉ. — (1320-1342).

C'est au temps d'Eustache de Bugny, et non de Buries ou de Buires, que messire Henri Kiéret, chevalier, seigneur de Fransu, et sa femme, Catherine de Monstrelet affectèrent 100 journaux de bois à la fondation d'un obit solennel, pour le repos de l'âme des Kiéret, seigneurs de Douriez, qui reposaient dans l'église de Dommartin ; eux-mêmes y furent plus tard ensevelis sous deux belles tombes surmontées d'arcades gothiques, ornées de leurs écussons, qui ont été retrouvées sous les décombres en 1869.

La physionomie des tombeaux au Moyen-Age variait nécessairement suivant la profession et la qualité du défunt : d'après Wulson de la Colombière, une symbolique constante aurait exprimé les dernières actions et le genre de mort des héros aux temps chevaleresques :

Si le brave est mort en face de l'ennemi ou dans un combat à outrance, il appuie ses pieds qui n'ont pas su

---

(1) *Bibliotheca ordinis præm.* L. 1er f° 327.

Pl IV.

fuir, sur un lion couché. Encore revêtu de toutes ses armes, la visière baissée, la reconnaissance sur l'épaule, il tient à la main son épée nue.

La hache, au lieu de l'épée, marque le combat singulier.

Si la fortune a trompé le courage du chevalier, s'il a succombé, il n'a plus de cotte d'armes ; sa visière est levée ; ses mains jointes implorent miséricorde ; à l'extrémité de la tombe, le lion abattu verse des larmes.

S'il est mort dans la captivité, espérant en vain sa rançon, il est sculpté sans armes ; le fourreau de son épée marque qu'il a combattu, mais la lame est restée aux mains de l'ennemi.

Le lévrier, symbole de la vie domestique, qui se voit sur la tombe de Henri Kiéret, annonce une existence terminée dans la paix du manoir (1). (Voir planche IV.)

JEHAN DE FORESTMONTIER.

XXVII° ABBÉ. — (1342-1350.)

Jehan de Forestmontier vécut ignoré pour la postérité qui a seulement recueilli son nom car il existait à une époque beaucoup moins favorisée pour l'histoire des établissements monastiques : plus de ces chartes, si multi-

---

(1) *Père Anselme. Les grands officiers de la couronne. T.* VII, *p.* 746.
D'après les manuscrits du chanoine de Villers, de Tournai, déposés à la Bibliothèque de Bourgogne à Bruxelles, Henri Kiéret avait épousé Catherine de Bailleul.
Le 25 novembre 1323, Ela de Fienvillers veuve de Henri Kiéret et fille de Godefroy de Doullens, donne 3 septiers de blé dont le produit devra servir à l'entretien d'une lampe ardente devant son tombeau — *Archives du Pas-de-Calais, loc. cit.*

pliées au début des siècles de foi, titres de donation où se dessinent l'esprit et les mœurs du Moyen-Age ; pas encore de ces intéressantes chroniques, révélations souvent indiscrètes de la vie privée du religieux (1).

GUY DE LAON.

XXVIIIe ABBÉ. — (1350-1369.)

Guy, « par la souffrance de Dieu humble abbé de l'église Dompmartin sur le rivage » — Tel est le titre d'un acte que Guy de Laon (2) souscrivit le 28 novembre 1364, affermant au profit d'un nommé Robert le Porte, dit le Clerc, le moulin « *as nonains* » et le moulin « *as rendus* », avec les réservoirs aux poissons qui en dépendent. Plusieurs documents de la seconde moitié du XIVe siècle. ajoutent cette désignation : « sur le rivage » au nom de Dommartin, peut-être à cause de la proximité de la rivière d'Authie qui baignait les murailles de l'abbaye.

GIRARD BLASEL

XXIXe ABBÉ. — (1369-1385.)

Les moines de Dommartin exerçaient de temps immémorial le droit de pêcher, dans l'Authie, avec toute espèce de filets, tels poissons que bon leur semblait, même les anguilles. Un jour, Jacques Lempereur, lieutenant du

---

(1) Lédé. *Notes mns.*, f°s 71-73.
(2) *Archives du Nord*, orig. parch. Guy de Laon, « *P. Borée, loc. cit. f° 67* » est parfois désigné sous le nom de Guy de Loudun, c'est une traduction fautive du latin : *Guido Laudunensis*.

comte de Tancarville, conseiller du roi et maître des eaux et forêts, assistés de deux sergents, Pierre Lannel et Gilles Dalliel, font saisir les filets des religieux et de leurs fermiers, sous prétexte qu'ils sont trop menus, et les condamne à soixante sols parisis d'amende. C'était injustice, car ceux qui pêchaient « plus haut dans la rivière tendaient des filets soit de file, de nasse de bois au aultres choses prouffitables pour leurs dictes pescheries et par telle vuarde que aucun poisson tant soit petit ne pouvoit passer ou istre (sortir) parmy. »

Après deux années de contestations, Girard Blasel obtint satisfaction ; le roi Charles V lui accorda une indemnité et stipula que l'abbaye jouirait désormais sans restriction des droits de pêche car il ne réclamait rien sur l'Authie, rivière courte et étroite où se trouvaient quantité de petites anguilles blanches connues sous le nom de *pipreniaux* que le courant entraînerait vers la mer si elles n'étaient retenues, et cela au détriment du pays qui en fait une prodigieuse consommation.

Ces lettres du roi de France, en date du 29 mars 1378, sont vidimées le 18 juin 1379 par Jehan de la Thuille, bailli d'Amiens (1).

JEHAN DE HÉZECQUE.

XXXe ABBÉ. — (1385-1387.)

Jehan de Hézecque obtient, le 1er septembre 1387, confirmation des droits vicomtiers, avec haute, moyenne et basse justice, que ses devanciers exerçaient à Tigny ; un

(1) *Archives du Nord*, loc. cit.

bailli y rendait les arrêts en son nom, il fut maintenu ainsi que la prison où l'on incarcérait les malfaiteurs (1).

THOMAS LHEUREUX.

XXXIe ABBÉ. — (1387-1418).

Thomas Lheureux, bachelier en théologie, vicaire général de l'ordre pour les circaries ou provinces de Normandie et de Picardie, se consacra à l'étude des sciences ecclésiastiques : Lédé lui attribue plusieurs ouvrages estimés, entre autres un commentaire des psaumes resté manuscrit. Il faillit être victime de l'une de ces scènes de pillage qui donne la mesure de l'audace des malfaiteurs à cette époque ; certain jour de dimanche de l'année 1408 pendant les vêpres, une quinzaine de repris de justice et de bannis, armés de bâtons, de lances, de flèches, envahissent tout à coup l'abbaye ; ils exigent de l'avoine et du foin pour leurs chevaux et se font servir de la viande et du vin ; les religieux ne comprennent rien à cette démonstration, mais que faire contre la force ? Ils obéissaient en tremblant aux ordres des brigands lorsque six d'entre eux, se plaignant de la qualité de la boisson qu'on leur servait, s'armèrent d'une lourde pièce de bois et frappèrent à coups redoublés la porte du cellier en disant qu'ils « renioient Dieu et en « jurans grans et détestables sermens qu'ils oraient du « vin assez et largement du meilleur, » que les moines le veuillent ou non. La porte résista ; ils trouvèrent donc plus commode de s'emparer des clefs et commencèrent une orgie qui se prolongea fort avant dans la nuit et devint le

(1) *Arch. du Nord, loc. cit.*

signal des scènes les plus scandaleuses ; ils se retirèrent enfin, emmenant deux chevaux de la ferme, après avoir indignement maltraité les moines et dérobé quelques objets précieux. Le roi fut informé du fait ; il avait promis de veiller à la garde de l'abbaye et entendait que son autorité y fut respectée ; les religieux, leurs officiers, leurs serviteurs, leurs meuniers et leurs biens avaient droit à sa protection. En conséquence, il manda au lieutenant du bailli d'Amiens de commencer une enquête minutieuse et de ne rien négliger afin de s'emparer des coupables parmi lesquels on avait reconnu Jacques d'Auxi, Perrotin d'Ococh, Simon de Lanches, Bertin Chocquel, Jehannin de Saint-Acheul, Jehannin de Waurins et Jacquet Choquart, que l'on devait emprisonner au beffroi d'Amiens jusqu'au jour de leur jugement. (1)

Jehan sire de Montcavrel, promit à Thomas Lheureux de respecter la pêcherie de la rivière de Monchy, qui appartenait à l'abbaye (1407) (2). Le droit de mort et vif herbage, à Tigny et à Authie fut alors réglé comme il suit : Chaque bête à laine acquittait une obole, les troupeaux de dix brebis et plus payaient la dîme (1410) (3).

Les abbés mitrés et crossés étaient peu nombreux au début du XVe siècle ; quelques-uns des prédécesseurs de Lheureux avaient exceptionnellement revêtu ces insignes. Le pape Jean XXII, voulant lui accorder un témoignage de haute estime et reconnaître l'importance et la réputation de la communauté, lui fit remettre ce

---

(1). *Archives du Nord, loc. cit.*
(2). *Ibidem.*
(3) *Ibidem.*

symbole de l'indépendance en même temps que de l'autorité (1). L'abbé devait porter la mitre simple (2) et, tandis que l'évêque présentait en dehors le crochet du bâton pastoral, il devait le tenir en dedans, pour signifier que sa juridiction n'était pas publique et se bornait à ses religieux.

JEHAN SÉNÉCHAL.

XXXIIe ABBÉ. — (1418-1438).

Jehan Sénéchal, devenu abbé par la démission de Lheureux, soutint énergiquement ses prérogatives contre les empiètements de l'évêque d'Amiens. Jean le Josne ou le Jeune, frère de Guillaume le Jeune, seigneur de Contay, ambassadeur du duc de Bourgogne, vers le pape Eugène IV, se croyait autorisé à profiter de son influence pour renverser les anciens priviléges des abbayes de Dommartin, de Saint-Jean d'Amiens et de Saint-André-au-Bois. Le concile de Bâle, qui siégeait alors, donna pleine satisfaction à l'ordre de Prémonté et punit le prélat trop ambitieux d'une amende de soixante florins d'or, ajoutée aux frais de procédure qui s'élevèrent à plus de 450 ducats; la sentence est du 28 avril 1437, postérieure, par con-

---

(1) Parenty. *Puits artésien* tom. v. p. 120.
(2). Il y avait trois classes de mitres :
La mitre pretiosa couverte de pierreries, d'or et d'argent.
La mitre auriphrigiata en tissu, soie et or.
La mitre simplex dont les éléments étaient la toile, et le damas de soie.

séquent, à la nomination de Jean le Josne comme évêque de Thérouanne. (1)

Pendant la guerre calamiteuse qui réduisit la France presque entière au pouvoir des Anglais, Dommartin eut beaucoup à souffrir ; la sanglante bataille de Crécy s'était livrée dans son voisinage ; le vainqueur d'Azincourt imposa de lourdes contributions, et ses lieutenants s'emparèrent de la forteresse de Douriez « assise et située en très-fort lieu » (2) 1421. Messire Jacques d'Harcourt commandait alors la place du Crotoy, le dernier boulevard des Dauphinois en Picardie et le siège principal de leurs opérations. Il en sortit certain jour de juillet, dès l'aurore, avec mille hommes de bonnes troupes et se dirigea vers la vallée d'Authie : Il arriva sans coup férir sous les murs de Douriez ; le nommé Lancelot et Pierre Blondel en avaient la garde et la population du village s'y était réfugiée. Toutefois les armes manquaient et des soldats improvisés ne pouvaient fournir une longue résistance ; D'Harcourt le savait ; après avoir incendié et pillé la majeure partie des maisons, il s'approcha des remparts et somma le capitaine de les livrer sur le champ car sinon il lui ferait trancher la tête avant le soir ainsi qu'à ses camarades.

Cette terrible menace produisit le résultat attendu ; « les bonnes gens du château parlèrent ensemble », et

---

(1) — *Livre Rouge de saint André*, T. I. f° 436.

Jean le Josne, fils de Robert le Josne seigneur de Contay, bailli d'Amiens, évêque de Macon en 1431, d'Amiens en 1433, de Thérouanne en 1437, cardinal en 1438, mort à Rome où il avait été légat, en 1451.

(2) MONSTRELET, IV, 323.

dans l'impossibilité de se défendre ils résolurent de dépêcher Lancelot et Blondel par devers Jacques d'Harcourt, dont ils obtinrent un sauf-conduit. Les envoyés se présentèrent à lui, le conjurant d'accorder une capitulation honorable, et exposant que leur maître, sire Jehan Blondel, étant prisonnier des Anglais, il leur suffit de protéger ses biens, sans songer à faire guerre à autrui et que d'ailleurs ils ne sont nullement gens de milice. Le Gouverneur du Crotoy les déclara ses prisonniers et exigea plus impérieusement encore une soumission immédiate.

Pierre Loys, le receveur de la seigneurie de Douriez (1) fait une nouvelle tentative qui n'est pas mieux accueillie, et se résigne enfin à livrer les clefs de la forteresse. La prise de Douriez entraîna la soumission de la contrée ; mais, hélas ! quelques succès isolés ne pouvaient relever la cause du dauphin de jour en jour plus compromise. Le duc de Bourgogne s'étant tout à coup jeté dans le parti des Anglais, le Ponthieu redevint le théâtre d'actions multipliées, souvent très-meurtrières, qui amenèrent sa perte, et le vainqueur, sans égards pour la situation désespérée des malheureux habitants de Douriez, usa de représailles : Il accusa Pierre Loys de trahison ; soupçonné d'avoir reçu de grosses sommes d'argent comme prix de la reddition d'une place privée de munitions et de défenseurs : il fut jeté dans les cachots de la ville d'Hesdin, et puis

---

(1) Le 14 Décembre 1420 le sergent de l'abbaye de Dommartin, avait saisi les revenus de Dourier entre les mains de Pierre Loys *pour refus de paiement d'une rente due par les seigneurs de ce* village Arch. du Nord, Loc. cit.

enfermé au beffroi d'Amiens, où il obtint enfin justice et réhabilitation. (1)

Cette même année, 1421, le roi d'Angleterre traversant la Picardie, « au passer parmy Montenoy (Maintenay) fit ardoir (brûler) maison, tour et moulin de messire Jacques d'Harcourt » (2). C'était une vengeance contre ce capitaine fameux qui, un moment transfuge, réparait généreusement sa faute et avait voué son épée au service de Charles VII.

PIERRE LEROY.

XXXIIIe ABBÉ. — (1438-1458).

Pierre Leroy accepta la lourde tâche de réparer les désastres éprouvés à Dommartin « par le fait des guerres et divisions qui ont esté en che royaume. »

Il fit enchâsser les reliques de saint Thomas de Cantorbéry dans un nouveau reliquaire qui portait cette inscription en lettres gothiques :

« C'EST LE SARROS DE ST-THOMAS DE CANTORBIE
« AVEC LEQUEL IL SOUFFRIT LE MARTYRE. PIERRE LEROY
« ABBÉ DE CÉANS ME FIT FAIRE EN L'AN MCCCCXLIII.

Cette inscription a été reproduite pour une châsse plus riche, en argent ciselé, que dom Ricouart fit exécuter en 1717.

---

(1) *Archives nationales* J. T. 172 f° 140.
(2) Monstrelet, I, 251.

JEHAN DUPUIS.

XXXIVᵉ ABBÉ. — (1458-1467).

Lédé, rapportant l'avénement de Jehan Dupuis, s'exprime en ces termes, simple et complet abrégé d'une vie religieuse :

« FUIT VIR INTEGERRIMUS VITÆ ET PLURIMA BONA
« MONASTERIO PROCURAVIT. » (1)

Raoul de Créqui, seigneur de Molliens, Douriez et autres lieux, etc., et son fils, Antoine de Créqui, seigneur de Werles, refusaient d'acquitter une rente de 16 sols parisis destinés à la célébration d'un obit solennel, pour les anciens châtelains de Douriez; (2) procès en résulta, et l'affaire se termina, ainsi qu'il arrivait presque toujours, pour le plus grand profit de l'église : non seule-

(1) *Notes mns.* f° 101.
(2) *Douriez.*— Aux Kiéret, seigneurs de Dourier avaient succédé: Milessende Kiéret, leur héritière, qui épousa en premières noces, Arnould de Cayeu sire de Longvilliers et en deuxièmes noces, Baudouin de Fienne. Puis, Dourier passa : aux de Wawrin par le mariage d'Isabeau de Fienne avec Robert de Wawrin, 1349. — aux du Quesnoy en 1382. — aux Blondel par le mariage de Marie du Quesnoy avec Jehan Blondel, 1388. — aux Créqui, par la vente à Raoul de Créqui, 1433. —Les Créqui possédèrent Dourier jusqu'au mariage de Charlotte de Créqui avec Aymar Louis marquis de Sailly, de qui Dourier passa aux de Souvré et aux de Liot en 1766; —Joseph de Liot le vendit le 14 octobre 1766, à Marie-Thérèse de Broglie comtesse de Lameth qui en était dame propriétaire en 1789; (*C. de Valloires*, 55-93-151-159. — P. Anselme VI, 182. et *Archives de famille*).

ment les Créqui reconnurent la fondation de l'ancien obit chanté « le mercredi ou le jeudi de la semaine de caresme avant pasques fleuries, » mais ils attribuèrent 4 livres parisis de rente pour un second service solennel (12 septembre 1460). (1)

JACQUES DE CRÉPIEUL.

XXXV° ABBÉ. — (1467-1474).

Jehan Dupuis étant décédé le 2 mai 1467, Jacques de Crépieul lui succéda et termina sa carrière au refuge de Montreuil en 1474. (2)

MICHEL DE LA RUE.

XXXVI° ABBÉ. — (1474-1495).

Michel de la Rue rétablit la bibliothèque depuis longtemps négligée et enrichit l'église où l'on grava une inscription en vers latins qui vante l'humilité, le jugement et la sagesse ; la piété, la charité et la simplicité ; le zèle enfin de ce prélat pour le temporel et le spirituel de la communauté qu'il gouverna jusqu'à sa mort arrivée au mois de septembre 1495. De 1480 à 1483 la peste ne cessa de sévir à Montreuil et dans les environs ; le médecin et le chanoine, pensionnaires de la ville ayant été victimes du fléau, on en appela d'autres qui succombèrent à leur tour. Ces utiles praticiens étaient au moment des

---

(1) *Archives du Nord.* Loc. cit.
(2) Lédé, *Notes mns.* f° 107.

épidémies de véritables parias qui ne participaient plus à la vie commune. La mortalité était effrayante et la panique telle que « défense était faite aux prêtres sous peine de « bannissement de visiter les pestiférés, aux confrères de « la charité de les inhumer » ! (1)

GUILLAUME STRABON.

XXXVII° ABBÉ. — (1495-1499).

Adrien de Vaudricourt, écuyer, seigneur de Nempont, du chef de sa mère, Marie de Biencourt, dame d'Arry, prétendait exercer la justice au village de Montigny, mais tel n'était pas l'avis de l'abbé Guillaume Strabon. L'occasion de trancher le différend ne se fit pas attendre, car maître Fêrot s'étant permis de « bastonner violemment la servante du curé, nommée Simonette Liénarde, le parlement attribua aux moines la connaissance du délit et ils punirent sévèrement le coupable qui avait osé porter la main « sur la personne de la chambrière du curé de Montigny » 24 mai 1499 (2).

BAUDOIN DE HERSIN.

XXXVIII° ABBÉ, — (1499-1517).

L'église frappée de la foudre brûla entièrement en

---

(1) CHAN. POULTIER, *dissert. sur les pestes de Montreuil*.
(2) *Archives du Nord*. Loc. cit.

1505, sans que la châsse de St-Josse fut atteinte par les flammes. Baudouin de Hersin répara le sinistre.

Un charpentier de Crécy tomba de la tour à laquelle il travaillait et se tua dans sa chute ; P. Borée reproduit l'épitaphe en patois picard composée à l'occasion de la mort de ce malheureux :

CHI GIST LE CORPS MORT ET TRANCI
D'ANTOINE LENGLET DE CRÉCY
PARFOIS CARPENTIER ET PRUDHOMME,
A QUI LA MORT, QUI TOUT ASSOMME,
LE DIXIÈME JOUR DE FÉVRIER,
OTA LA VIE SANS TARGIER
EN L'AN QUINZE CHENS ET QUATRE ANS,
ALORS QU'IL EMPLOYAIT SON TEMPS
DE CHÉANS A FOIRE UN CLOQUIER.
JÉSUS LE VEUILLE COLLOQUIER
EN SES SAINTS CHIEUX AVEC SAINT GILLE.
DU CLOQUIER NE FIT MIE L'ÉGUILLE,
JEAN MOITREL QUE L'ON DIT VION
ET TOININ FOURNIE SON HOCHON,
PIERRE BRUNET ET JEAN WOIGNIER
ONT PARACCOMPLI LE CLOQUIER. (1)

Jacques de Bachimont vulgairement nommé Jacques d'Amiens religieux profès de Dommartin, succéda alors à Jean Evrard comme général de l'ordre (1512), et devint si illustre par son éloquence et son érudition, que le roi le nomma conseiller d'Etat, grand aumônier et

(1) P. Borée, loc. cit. et Lédé, notes mns, f° 134 v°.

prédicateur ordinaire de sa chapelle. Il mourut le 16 mai 1531. (1)

HENRI DE MAIGNEULX.

XXXIX° ABBÉ. — (1517-1525).

L'histoire de Dommartin offre, depuis le XVI° siècle surtout, un tableau non interrompu de désastres qui contredit absolument ces peintures trop flattées, que l'on a tracées du bonheur et de la paix monastiques. Après les Anglais, les Espagnols, les Gueux et les Huguenots exercent tour à tour leurs déprédations, aux dépens des domaines les mieux cultivés et réduisent à la misère ceux-là mêmes, que tant d'auteurs se plaisent à représenter comme plongés dans les délices et la mollesse. Ces délices, sont chose rare à Dommartin : ouvrons les chroniques, elles n'ont besoin d'aucun commentaire et sont éloquentes dans leur laconisme. Que pouvons-nous, par exemple, ajouter, à cette note d'un cueilloir rédigé sous Henri de Maigneulx ?

« La maison esprouvra de grandes pertes de vaisselles « et de biens qui ont esté pillés par les gens d'armes ; « pour raison desquelles pertes il a convenu et convient « *diminuer les pitances* des religieux qui vivent présente- « ment en grande détresse. (2)

Encore sommes nous arrivés à une époque relativement tranquille; depuis deux siècles, le pays n'avait pas été aussi prospère ; malgré la guerre avec les Espagnols et

---

(1) P. Daire, *Histoire litt. d'Amiens*, f° 39.
(2) Parenty, *Puits artésien* V. f° 122.

les inquiétudes légitimes qu'elle inspirait aux habitants du Ponthieu, les impôts étaient beaucoup moins lourds, les vivres étaient abondants et à bon marché ; Louis XII avait su remettre en honneur l'agriculture trop longtemps négligée de sorte qu'à une disette habituelle succéda sous son règne une abondance d'autant plus appréciée qu'elle était moins connue.

PIERRE DU BUS.

XL° ABBÉ. — (1525-1540.)

Pierre du Bus (1) né à Montreuil, fils de messire Jean du Bus, écuyer, seigneur du Bus et Wailly et de Jeanne de Béthencourt, dame de Friville et de Catigny, prit alors la direction des affaires. Nicolas Lagrené, évêque d'Ebron, abbé de St-Jean d'Amiens et du Mont-Saint-Martin présida la cérémonie de sa consécration, avec Monseigneur François de Halluin, assisté des abbés de Cercamp et de Saint-André. (8 avril 1526) (2). Pierre du Bus obtint confirmation de la bannée du moulin de Tigny, (3) força le titulaire de la chapelle castrale d'Engoudsent à prendre livraison, dans les granges de Dommartin, des redevances qui lui étaient dues, 6 mai 1539, (4) et résigna sa charge entre les mains de son neveu, David du Bus.

---

(1) Villers de Rousseville, *généalogie du Bus* ;
Du Bus porte : *d'azur au chevron d'argent chargé de 3 trèfles de sable et accompagné de 3 molettes d'éperon d'or.*
(2-3-4) *Archives du Nord, loc. cit.* procès-verbal d'installation.

DAVID DU BUS.

XLIe ABBÉ. — (1540-1574.)

Le 27 juin 1568, environ deux mille huguenots « tant
« de soldats que de goujats et racailles qui ne suivaient
« que pour la proie qu'ils cherchaient » partis d'Auxy-le-
Château, et dirigés par François de Cocqueville, arrivent à
Dommartin et pénètrent dans l'église où ils consomment
les plus odieux sacriléges, détruisant et foulant aux pieds
les ornements de l'autel, dégradant les boiseries, ne s'arrê-
tant même pas à la porte des tombeaux qu'ils profanent :
Lorsque l'édifice est entièrement dépouillé, les sicaires y
mettent le feu ; l'incendie gagnant les combles et les bâtiments voisins, détruit en quelques heures l'ouvrage de
plusieurs siècles !

Ce n'est point assez ; il faut une victime à ces fanatiques
enivrés par leurs propres violences, le sang d'un martyr
peut seul assouvir la haine implacable de ces misérables
contre le prêtre ! Ils s'emparent du frère Jean de Hesghes
(de Hecque ou de Hetque) religieux, ancien curé de Tigny !
« Ils le traictèrent fort cruellement en haine de sa religion
« et de son estat de prebtrise en quoy le voyant toujours
« constant, ils lui fendeirent la peau de la teste en quatre
« et y meidrent de la poudre à canon, et semblablement en
« sa bouche, en laquelle aïant jecté le feu, le feirent sauter
« et oultre lui fourèrent force coups d'espées et de poi-
« gnard à travers le corps et le meurdrirent fort cruelle-
« ment, le 27 du mois de Juin. Le lendemain son corps
« fust rapporté sur une charette dans l'abbaye et honnora-

« blement inhumé dans l'église devant l'autel nostre Dame.
« Ils massacrèrent aussy ung soldat de Hesdin avecq
« luy. » (1)

De nos jours, un historien protestant (2) a voulu révoquer en doute le martyre de Jehan de Hesghe ; il a essayé d'atténuer les scènes de pillage de Dommartin, et ne pouvant les effacer des annales sanglantes de la religion réformée, il considère cet infernal supplice comme une mutilation inventée à plaisir, prétendant ainsi justifier Cocqueville (3) et ravir à Jehan de Hesghe la palme du martyre que M. Corblet, le savant hagiographe de la Picardie, vient de lui restituer, en l'inscrivant au nombre des bienheureux dont s'honore l'ancien diocèse d'Amiens.

David du Bus mourut le 23 septembre 1574.

JEHAN PRÉVOST.

XLIIe ABBÉ. — (1574-1582.)

Peu respecté de ses religieux, qui ne lui reconnaissaient

---

(1) LÉDÉ, *chron.* — FERRY DE LOCRE. — *Chronicon Belgicum* f. 647 raconte aussi le fait : *Franciscus Cocquevillus cum magna hereticorum* « *manu, in Artesia, asceterium Sti Judoci in nemore, vulgo Dompmarti-* « *nense, insigni atque memoranda clade afficit. Si quidem claustra cum* « *dormitorio igni penitus exterminat, nihilque rerum sacratarum in-* « *tactum fuit. Joannem Eckium ejusdem loci monachum atque procura-* « *torem, vitæque integræ et inculpatæ religiosum pulveris tormentarii* « *cruciatu torreri imperat, et assequitur mandatum. Tu vero, Generose* « *Echi, Christi promissum, qui sacris tuendis ut studes ab imman* « *tyranno, gloriosum martyris refers triumphum.* »

(2) ROSSIER. *Hist. du protestantisme en Picardie*, p. 75.

(3) Cocqueville était accompagné des capitaines Vaillant et de Boffle. Il paya bientôt le prix de ses infâmies. Assiégé dans Saint-Valery, il tomba entre les mains du maréchal de Cossé, et eut la tête tranchée à Abbeville.

guère de talent et le trouvaient trop rigide, ne se sentant point d'ailleurs l'énergie suffisante pour les diriger, Jehan Prévost, de Dourier, quitta l'abbaye quelque temps après sa nomination et vint habiter Abbeville. L'éminent abbé de Saint-André, Jacques d'Ostrel, administra en son nom jusqu'à l'arrivée de Hector de Quesne, désigné comme le coadjuteur et le futur successeur de Prévost (1) qui ne retourna jamais à Dommartin et succomba le 30 mai 1582.

MICHEL DE GHIERS.

XLIIIe ABBÉ. — (1582-1604.)

La commende s'était généralisée en France ; elle dénaturait le caractère des pieuses fondations du Moyen-Age devenues la récompense des courtisans ecclésiastiques ou laïques, et la couronne se servait de la manse abbatiale comme d'une monnaie de haute valeur, qui lui attachait de nouvelles créatures.

Les Pays-Bas échappaient à cette contagion fatale, la principale cause de la décadence monastique. Dommartin, situé sur la limite de l'Artois, partagea ce privilége souvent contesté par les rois de France : Henri III méditait depuis longtemps de l'en dépouiller. Il savait avoir des partisans au sein de la communauté, et tel religieux se trouvait hésiter entre le sentiment français profondément gravé au cœur et les prérogatives attachées à la dépendance espagnole. La question mal définie des frontières fournit le prétexte d'une rupture éclatante : le roi donna l'abbaye à un théologien docteur de la Sorbonne, qui prit possession

(1) *Archives du Nord, loc. cit. orig.*

(1586) malgré les protestations de Michel de Ghiers et la tradition de plusieurs siècles.

Le duc de Parme gouverneur général de la province ayant connu cette violation des traités, fait saisir et emprisonner le nouveau titulaire, et, pour donner satisfaction au parti hostile à S. M. Catholique, il nomma un français qui consentit à reconnaître Dommartin comme abbaye d'Artois ; ce fut le signal d'un véritable schisme ; la communauté se partagea : les uns demeurèrent sous l'obéissance de l'intrus, les autres suivirent en Picardie un troisième abbé, Joseph le Roy, qui obtint de Henri III, le 21 novembre 1586, saisie et jouissance de tous les biens situés au royaume de France (1). Un pareil état de choses ne pouvait se prolonger : les ambassadeurs des deux cours mirent tout en œuvre pour rétablir la concorde, les jésuites offrirent leur médiation, le pape même intervint, mais la guerre empêcha les négociations d'aboutir, et Joseph le Roy, fort de l'appui du seigneur de Dompierre, Jean de Rambure, s'obstinant à garder son bénéfice, n'y renonça qu'au prix de quinze cent livres. Les religieux fugitifs rentrèrent alors au bercail ; Michel de Ghiers les gouverna paisiblement, et le souvenir de ces divisions regrettables s'effaça bientôt.

La peste, toujours la peste, qui n'avait cessé de régner pendant une vingtaine d'années, prit une intensité effrayante au mois de juin 1596, et dura dix-huit mois ; les religieux se dévouèrent aux soins des pestiférés ; à Montreuil le fléau prit de telles proportions que tous les prêtres en furent victimes ; le quartier commerçant situé *à la Garenne* et qui contenait environ 8,000 habitants fut

(1) *Appendice, n° VI.*

anéanti au point qu'un seul homme nommé Martin Becquelin survécut à la contagion ; les paroisses de Saint-Jacques, Saint-Wulphy, Saint-Jean-en-Sainte-Austreberte furent dépeuplées, et l'on dut renoncer faute de porteurs, aux processions des reliques ordonnées pour obtenir la clémence du ciel. On fit alors courir les bruits d'empoisonnements que nous voyons constamment surgir lorsqu'un fléau vient à décimer le peuple ; l'orgueil de l'homme l'empêchera-t-il donc toujours de rentrer en lui-même et de regarder ces grandes calamités comme un signe de la colère divine. (1)

MARTIN DOURNEL.

XLIVe ABBÉ. — (1604-1632).

Geoffroy de la Marthonye, évêque d'Amiens, vint à Dommartin pour bénir le nouvel abbé et consacrer en même temps l'église qui ne l'avait pas encore été, depuis les réparations importantes faites sous la prélature de Pierre le Roy ; une plaque commémorative de la cérémonie, fixée à la muraille du côté des cloîtres, rappelait que bon nombre de gentilshommes du voisinage y avaient assisté, avec plus de cinq mille personnes.

Sur la fin d'octobre 1607, arrivent au couvent dix ou douze cavaliers venus d'Amiens, qui s'adressent au prieur Charles Ducandas, en l'absence de l'abbé, et témoignent

(1) « Michel de Ghiers alloua la ferme de l'abbaye : entr'autres conditions du bail, il est défendu au fermier de « faire bancquet de nopces, franchaisses ny aulcunes dansses ni aultres telles choses en l'enclos de nostre dite maison, le cas advenant que aulcuns de ses enfants se allie par mariage, durant ce présent bail ou aulcun de ses serviteurs. » *(Notes Parenty)* »

le désir de visiter la maison. Le prieur les reçoit avec courtoisie, les dirige à travers les cloîtres, les cours; les conduit à la chapelle et leur offre des rafraîchissements au réfectoire. Le 4 décembre suivant, nouvelle visite : cette fois, c'est le lieutenant, c'est le procureur du roi de France à Abbeville, qui parcourent avec deux amis l'établissement, sans que leur curiosité éveille le moindre soupçon : Martin Dournel ne prend même pas garde à la réflexion de l'un d'eux, M. de Lamotte : « Allons, mon juge, nous en avons vu assez. » Et dînant le lendemain à Dompierre, chez messire de Rambures, en compagnie de ces étrangers, il répond très-franchement à leurs questions sur la situation financière de l'abbaye.

La démarche de l'autorité française cachait un piége ; on venait tout simplement de faire acte de juridiction, et les magistrats abbevillois réclamèrent quelque temps après du fermier de Lambus, la taxe « de leurs journées « et vacations causées et prétextées de la visite qu'ils ont « faicte des édiffices de Dommartin scitués soulz leur dis- « trict au royaulme de France. » C'est alors, que le 31 janvier 1608, trois commissaires (1) délégués de M. de la Cocquelle, gouverneur d'Hesdin, au nom du roi d'Espagne, vinrent à Dommartin interroger l'abbé et dresser procès-verbal de sa déposition. L'enquête fut suivie d'un jugement constatant une violation flagrante de la paix de Vervins, qui attribuait Dommartin à l'Artois, et accordant pleine satisfaction à l'abbé Dournel (2). Les habitants de

---

(1) Florent de Cornaille, écuyer seigneur de la Buscaille, lieutenant du bailliage d'Hesdin. François de Beaumont, procureur de son altesse l'archiduc et Jean de Vaulx, greffier au dit bailliage.
(2) *Archives du Nord.* A. n° 485.

Bamières, Lambus et Rachinette, obligés de faire moudre leurs grains à Dompierre, à cause de l'éloignement du moulin de Dommartin obtinrent le 18 septembre 1607, l'autorisation d'en établir un sur les terres de Bamières (1).

Martin Dournel reçut quelques reliques de saint Josse, du comte de la Fontaine-Solare, qui en donna en même temps à l'église de Verton. (1er septembre 1614.) (2)

Il mourut le 7 juillet 1632, après avoir louablement administré au temporel et au spirituel, et introduit la réforme de l'Ordre dans son monastère, « qui a flory en « discipline religieuse et en vertu. » (3)

JEHAN MARSILLE.

XLVe ABBÉ. — (1632-1656.)

Jean de Lambert, marquis de St-Bris, et Jean de Rambures, à la tête de quatre à cinq mille soldats, débarrassèrent la contrée des partisans espagnols qui s'étaient fortifiés dans les châteaux de Beaurain, de Ricquebourg, de Douriez, et faisaient peser sur les environs une odieuse domination. Celui de Douriez vaillamment défendu, plus vaillamment assiégé par les lieutenants du roi Louis XIII, ne put échapper à la destruction : les vainqueurs, oubliant que la population contrainte de subir le joug espagnol,

---

(1) *Ibidem.*

(2) *Ibidem.* « *procurante viro potente nobilissimo et devotissimo domino comite d'Oignon nuncupato.* »

(3) Inhumé dans la chapelle de Sainte-Barbe et non de Sainte-Barbare, comme l'écrit M. de Caïeu (*chron. de Dommartin,* f° 144, *publiée en* 1868) traduisant ces mots : *In capella sancte Barbare*).

demeurait, néanmoins, sincèrement dévouée à la France, lui firent cruellement expier l'occupation ennemie dont elle avait été cependant la première victime.

Ils mirent le feu aux quatre coins du village, chassèrent impitoyablement les habitants, pillèrent et brisèrent leur mobilier ; la magnifique collégiale (1) ne put même trouver grâce et s'abîma dans les flammes. Affolés de terreur, les paysans s'enfuirent au loin et Douriez resta absolument désert.

Nous lisons, en tête du registre aux actes de baptême, que le peuple commença à rentrer dans la paroisse en 1640, « le cinquième de janvier et ne trouvant aucun lieu habitable pour se cacher des injures de l'air, il se retira dans un coin de l'église, et n'y ayant aucun prestre résidant, il est allé festes et dimanches en le messe à l'abbaye de Dommartin, jusqu'au retour de maître François Tiret qui fust le jeudy-saint enssuivant le cinquiesme apvril, lequel purifia la chapelle de saint François et dict la messe le jour de Pâques. » (2).

Rambures (3) s'était constamment montré le protecteur de l'abbaye de Dommartin et grâce à lui, elle fut alors épargnée. Glorieusement atteint au siége de la Capelle (1637), il mourut des suites de sa blessure et reposa dans cette église, qu'il affectionnait tant.

---

(1) La collégiale de Douriez a été fondée en 1505, par messire François de Créqui, seigneur de Douriez, et Marguerite Blondel, pour six chanoines et un doyen, cinq clercs ou vicaires et six enfants de chœur. L'église a été construite sur les plans d'un architecte anglais.

(2) *Archives de la commune de Douriez.*

(3) L'abbé Robert dénature la chronique de Boubert en donnant Rambures comme le persécuteur des Moines. *Biographie de Lédé*, f° 14.

Quelques mois après cet édifice, qui abritait le tombeau de son plus généreux défenseur, s'écroula sous les coups des soldats du comte de Montdejeu (1). Après mille horreurs ils emmenèrent à Rue les meubles, les boiseries, le plomb et jusqu'aux tuiles des couvertures. Les religieux se dispersèrent ; un frère convers demeura seul au milieu des ruines. Cette destruction de Dommartin a été attribuée à l'imprudence de Jehan Marsille, qui avait sollicité une garnison espagnole, pour veiller à la conservation d'approvisionnements importants.

Nicolas Lédé ayant été délégué comme visiteur de Dommartin, en 1648, Marsille lui interdit l'accès des lieux réguliers et dressa requêtes sur requêtes aux supérieurs de l'Ordre, en vue de se soustraire à la juridiction de Lédé. Celui-ci fit preuve d'une rare modération ; il craignait d'altérer la bonne harmonie de deux abbayes voisines et n'ignorait pas que Saint-André était de la filiation de Dommartin ; il demanda même à être relevé de ses fonctions ; mais, sur un ordre formel du général de Prémontré, le 27 juillet 1651, trois ans après la première tentative, il signifia son droit de visite à l'abbé et aux religieux de Dommartin, qui se soumirent humblement.

---

(1) Jean de Schulemberg, comte de Montdejeu, gouverneur de Rue depuis le 7 juillet 1637, puis maréchal de France et gouverneur d'Arras, etc., etc., épousa le 8 septembre 1640, Madeleine de Forceville, dame d'Argoules et Dominois, etc., fille de messire Adrien de Forceville, chevalier seigneur de Bezancourt, Applincourt, Argoules, etc., gouverneur de Doullens, et de Barbe de Hille.

PHILIPPE BABEUR.

XLVIᵒ ABBÉ. (1656-1675).

Philippe Babeur, d'abord secrétaire d'André le Scellier, général de l'ordre, puis coadjuteur de l'abbé Marsille, prévoyant que l'Artois ferait prochainement retour à la couronne de France se pourvut des deux brevets de S. M. Catholique et du roi Louis XIV (14 février 1656 et 26 mars 1656. (1.)

La famine causa des ravages considérables en Picardie durant l'administration de Babeur ; le 15 février 1662, Louis XIV autorisa tous ses sujets à faire venir du blé de l'étranger en franchise. Il en arriva une certaine quantité, à Montreuil, mais le prix demeura très-élevé ; le muids de froment valait 670 fr. Les pauvres se nourrissaient de son détrempé dans de l'eau et de tronçons de choux cuits dans cette bouillie ; beaucoup moururent de faim ; on enterrait sur le bord des routes les malheureux qui y succombaient ; les affamés dépeçaient les animaux jetés à la voirie et en disputaient les lambeaux aux corbeaux.

Philippe Babeur s'attacha surtout à recouvrer les biens aliénés ou abandonnés et à réparer son abbaye, depuis longtemps désolée par les guerres ; doué d'un esprit supérieur, d'une profonde expérience des affaires, il se distingua aux états d'Artois et fut l'un des douze chargés de complimenter Louis XIV à l'occasion de leur rétablisse-

(1) *Archives du Nord, loc. cit.*

ment. L'estime dont il jouissait porta l'Assemblée de la province à solliciter pour lui l'évêché d'Arras, et, sans les intrigues de M. de Colbert, il aurait succédé à André le Scellier, comme général de Prémonté. Il mourut à Paris le 11 novembre 1675 ; son cœur, rapporté à Dommartin, a été solennellement déposé par l'abbé Lédé sous une plaque de marbre blanc ornée de ses armoiries. (1).

JEAN DURLIN.

XLVIIe ABBÉ. — (1676-1701).

Les hostilités ne permettant pas aux délégués d'aller présider l'élection à Dommartin sans une escorte militaire, le gouverneur d'Arras, M. de Montbrun, pria les religieux de venir la faire en cette ville. Ils partirent donc à cheval le 27 janvier ; les plus âgés voyageaient en carrosse. Le soir même on fit halte à Saint-Pol chez M. Danvin, et le lendemain, les voyageurs arrivèrent à Arras. L'absence dura une semaine, pendant laquelle quatre prêtres de Saint-André célébrèrent l'office à Dommartin. Les suffrages se portèrent sur le prieur, Jean Durlin, de Frévin-Capelle, qui enseignait la théologie depuis plusieurs années.

La révocation de l'édit de Nantes détermina beaucoup d'abjurations. Or, parmi les nouveaux convertis, figurait messire de Monchy, qui voulut installer un banc seigneu-

---

(1) BOUBERT, *Chronique de St-André.*
 « *De sinople à la croix de Saint-André d'or, au chef d'argent,*
 « *chargé de deux palmes en sautoir, aussi de sinople, liées de gueules.* —
 « Devise : Crux spes unica mea. »

rial dans l'église de Prouville, dont l'abbé de Dommartin était le patron et le collateur. Les prétentions de Monchy n'étaient point du goût de Jean Durlin, qui lui intenta un procès : mais il se vit condamner à les reconnaître parfaitement fondé et à faire disparaître les armes abbatiales sculptées à la croix de pierre, située sur la place de l'église. Messire de Monchy, devenu vieux, retourna à ses déplorables erreurs et mourut huguenot dans la maison seigneuriale de Prouville. Charles Ricouart l'un des successeurs de Durlin, fit rétablir les armoiries de Dommartin au chœur de l'église (1712). (1).

L'abbé Durlin, député extraordinaire des états d'Artois en cour, eut l'insigne honneur de haranguer le roi à Saint-Germain-en-Laye (1682). Il avait de fréquentes visites : le prince et la princesse de Bournonville ; la marquise de Senarpont ; le marquis de Calonne de Courtebourne ; les marquis de Carnin et de Fontenilles ; la comtesse de Caderousse, dame de Dompierre ; le comte et la comtesse de Boufflers ; la comtesse d'Hésecques et son gendre, le baron des Granges ; la comtesse de Lannoy ; l'intendant de Chauvelin ; mesdames de Millencourt et du Gard ; MM. de Waben, de Ronanville, d'Auxy, de Villepeaux, de Mons, de Frohem, de Rochepierre, etc., etc., vinrent successivement admirer les cloîtres et s'édifier des vertus que l'on y pratiquait.

Le 7 juin 1684, passa à Dommartin, un religieux grec de

---

(1) *Chronique de Dommartin.*
• Armoiries de Durlin : *D'argent à deux tiges, de lin de sinople, « fleuries d'azur, passées en sautoir et mouvantes d'une motte de sinople, « au chef de sable chargé de 3 étoiles d'or.* Devise : *Espérez.* »

l'ordre de Saint-Basile ; il était de taille gigantesque, portait les cheveux longs, et se disait abbé de l'une des communautés du mont Athos en Macédoine. L'abbé Durlin entreprit la reconstruction de la chapelle de St-Thomas. Le 12 février 1686 eut lieu la bénédiction des premières pierres ; chaque religieux en posa une, ce qui, raconte naïvement Guilleman « attira aux maçons de quoi laver leurs yeux le matin. » (1)

Le 11 avril 1700 un incendie consuma le quartier abbatial et réduisit en cendres la plus grande partie des archives ; on regretta surtout la perte de deux cartulaires en parchemin, dont l'un était la copie des titres depuis la fondation jusqu'en 1240. Jean Durlin survécut peu de temps à ce désastre et succomba à Paris le 6 mai 1701. (2) Les bruits les plus malveillants circulaient en Artois sur ses derniers moments ; on allait jusqu'à affirmer qu'il était mort sous les verrous de la Bastille, où l'avaient, disait-on, conduit des scènes scandaleuses, que la calomnie se plaisait à inventer pour souiller la mémoire du prélat.

Le peuple crédule ajoutait foi à ces mensonges odieux, et l'évêque d'Arras crut indispensable de couper court à ces rumeurs en adressant la lettre suivante aux fidèles de son diocèse : (3)

« La piété solide, le fonds de mérite, de droiture et de

---

(1) 2 mars 1696. — Vente de la maison refuge que l'abbaye de Dommartin avait à Hesdin, rue de Jérusalem, près du rempart et acquisition d'une autre, rue du château. Quelques années après acquisition par l'abbé Durlin d'une maison à Arras, rue des Trois-Visages, près le jeu de paume (*Archives de Dommartin.*)

(2) *Appendice, N° VII.*

(3) *Chronique de Dommartin.*

vertu, le zèle distingué pour le bien public et l'amour sincère pour notre province de feu M. l'abbé de Dommartin, que la mort vient de ravir à ses amis, à sa maison, au pays d'Artois, ne nous permet pas de l'oublier. Et ne pouvant plus luy marquer à présent que par nos prières, l'affection sincère et tendre dont nous avons le cœur pénétré pour luy, nous le recommandons très-affectueusement aux prières des fidèles de nostre diocèse, et nous conjurons les prestres en particulier de s'en souvenir lorsqu'ils offriront le très-saint sacrifice. »

Fait à Arras, le 11 mai 1701.

PHILIPPE SCELERS.

XLVIIIe ABBÉ. — (1701-1708.)

Philippe Scelers (1), à peine revêtu de la dignité abbatiale, mérita d'être désigné comme le successeur de Michel de Colbert, dans le gouvernement de l'ordre. Louis XIV le confirma dans ce poste éminent ; mais la maison de Prémontré était accablée de dettes, Philippe effrayé des difficultés de cette lourde tâche et de la responsabilité immense qu'elle entraînait y renonça en ces termes :

(1) Philippe Scelers est nommé Descelers par Boubert, *Chronique de St-André* ; de Celers, par Guilleman, *Chronique de Dommartin* ; et désigné comme originaire du village de Chelers au canton d'Aubigny, par M. Parenty. *Puits artésien, loc. cit.* — *Commissaires à l'élection :* Bignon, intendant ; De Villepeaux, abbé de St-André. Armoiries : *D'azur à la bande d'argent chargée de 3 couronnes d'épines, de roses et de feuillages, chacune dans sa couleur naturelle et cantonnée d'une étoile d'or en chef et d'un calvaire en pointe.*

« La volonté constante qui m'a fait demander publiquement au chapitre de ne pas accepter, s'il m'était permis, la dignité d'abbé de Prémontré, général de l'Ordre, m'a enfin déterminé à y renoncer, comme j'ai fait avec la permission du roi. Mon insuffisance, le droit d'opter, la conservation de l'abbaye de Dommartin et l'exemple de plusieurs grands saints m'ont fait exécuter cette résolution, dont je vous fais part.

Je prie Dieu qu'il y pourvoie d'un digne chef. »

Dictée par l'humilité, cette lettre révèle le véritable motif de la détermination de Philippe Scelers : la conservation de l'abbaye de Dommartin. Louis XIV épiait l'occasion de la mettre en commende ; Scelers le savait, il connaissait les obstacles suscités par le pouvoir à son élection, et craignait qu'une nouvelle vacance n'en soulevât d'autres insurmontables peut-être. Il s'oublia donc lui-même, pour ne songer qu'aux intérêts de sa communauté ; Dieu le récompensa, en lui accordant une administration paisible et prospère. Il mourut à Arras le 18 février 1708.

CHARLES RICOUART.

XLIXe ABBÉ. — (1708-1719.)

« La désolation que la guerre faisoit en ce pays était grande (1). » Les maréchaux de Villars et d'Harcourt l'oc-

(1) *Chron. de Dommartin.* Commissaires à l'élection de Charles Ricouart : marquis d'Havrincourt, gouverneur d'Hesdin ; Bignon, intendant de Picardie ; André Thomas, abbé de St-André ; béni par Mgr Sabatier, évêque d'Amiens. Armoiries : *D'azur à trois lézards d'or.* — Devise : *Vous êtes mes amis.*

cupèrent successivement, imposant de très-lourdes charges à l'abbaye obligée de nourrir et loger officiers et soldats. Après la prise d'Aire, 14 novembre 1710, la maison du roi passa à Dommartin et pilla en quelques instants ce que l'on avait épargné à grand'peine dans les fermes de Lambus, de Saint-Josse et de Mourier. A ces calamités s'ajouta une misère affreuse conséquence nécessaire du rigoureux hiver de 1709 : la récolte de blé ayant presque totalement manqué, on se vit forcé de convertir en pain, l'avoine, les fèves et autres graines destinées aux animaux. Le vol s'organisa ; le brigandage s'exerça au grand jour, seuls les moines n'eurent point à souffrir des excès des malheureux affamés ; leur charité, cette charité qui n'a jamais été contestée et qui ne sera jamais égalée, sut demeurer à la hauteur des besoins impérieux du peuple.

On donnait à quiconque se présentait à la porte du couvent, et dans quelles proportions ! 3000 pauvres se trouvaient réunis à certains vendredis, et comme il s'en suivait parfois de regrettables confusions, l'abbé résolut d'envoyer chaque semaine aux villages environnants, un nombre de pains proportionné aux nécessités de la population :

Le dimanche, au Fondeval, à Lambus et Rachinette,	50 pains.
Le mardi, à Douriez,	60 pains.
Le mercredi, à Saint-Remy	30 pains.
Le vendredi, à Gouy	25 pains.
Id. à Raye	30 pains.
Le samedi, à Tortefontaine et Moulinel	55 pains.
Id. à Rapechy	25 pains.

Le Samedi, au Saulchoy   10 pains (1).

Charles Ricouart traversa cette pénible année 1710 sans trop de difficultés ; il parvint même à réaliser quelques économies qui lui permirent de terminer la construction du quartier abbatial, entreprise par son prédécesseur. Un artiste amiénois, nommé Froissard, vint sculpter sur place les stalles du chœur, sous la direction d'un religieux de Selincourt.

Député ordinaire aux états d'Artois, puis vicaire-général de l'ordre pour la circarie de Ponthieu, Ricouart finit ses jours à Hesdin.

MILON MARCY.

L^e ABBÉ. — (1720-1725.)

Le 18 janvier 1720, on donna lecture aux religieux assemblés en la salle capitulaire, des lettres du roi, contre-signées par le duc d'Orléans, qui conféraient la mitre au prieur Milon Marcy (2). Le sous-prieur, Jacques Lefèvre, formula l'adhésion de la communauté et le récipiendaire reçut les clefs, prêta le serment d'usage et fut solennellement mis en possession. La gloire de l'abbaye n'augmenta

---

(1) *Chronique de Dommartin*. On y lit, année 1716 : on fait ici dix ou onze muids de vin blanc et rouge avec nos raisins, et on plante une vigne à la Fontaine du Pont à Vaches, pour continuer le vignoble.

(2) *Commissaires à l'élection* : De Chauvelin, intendant; Marquis de Partz de Pressy, député aux Etats d'Artois ; André Thomas, abbé de Saint-André.

guère sous son règne, écrit Bruno Bécourt. Les grands principes d'honneur et d'éducation lui faisaient défaut ; raide dans ses volontés, on ne pouvait y contredire sans encourir sa disgrâce et jaloux de son autorité, il ne voulut jamais accepter de prieur qui la pût amoindrir.

THOMAS BRÉMART.

LIe ABBÉ. — (1725-1739).

Thomas Brémart, né à Camblignœul (1), homme doux et pacifique, ne manquait pas d'esprit et de pénétration dans les affaires ; il aimait la vertu et la régularité, il louait l'exactitude dans les autres, mais ne se sentait pas assez de force et de santé pour prêcher d'exemple. Toujours retiré et solitaire, cloué dans sa chambre par la maladie, il ne pouvait souffrir les étrangers ; les moindres compagnies lui étaient insupportables, aussi l'abbaye ne fut guère fréquentée de son temps. Il eut cependant l'honneur de recevoir à Dommartin monseigneur d'Orléans de la Motte, lors de la première tournée qu'il fit dans le diocèse d'Amiens ; le saint prélat y trouva l'abbé de Silly de Louvigny, doyen du chapitre de St-Vulfran d'Abbeville, qui expiait à l'ombre du cloître, depuis 1728, une désobéissance obstinée. Il s'était déclaré appelant et réappelant de la bulle *Unigenitus*, chaud partisan de l'hérésie janséniste, et vivait au monastère des Prémontrés, privé de

(1) *Commissaires à l'élection* : de Chauvelin, intendant de Picardie ; d'Havrincourt, gouverneur d'Hesdin ; A. Boubert, abbé de Saint-André. *Chronique de Dommartin.*

toutes relations extérieures et de la communion. L'abbé de Silly vint à la rencontre de Mgr de la Motte, rapporte M. l'abbé Delgove qui nous pardonnera d'emprunter textuellement à son excellent livre sur la vie de Mgr de la Motte, le récit de deux anecdotes pleines d'intérêt ; il lui demanda la paix, avec la liberté d'offrir les saints mystères, ou du moins, de participer aux sacrements. Il fut accueilli avec douceur et bonté, mais, au lieu de se laisser désarmer par les félicitations sur sa naissance, sa famille, et même sur la régularité extérieure de sa conduite, il écrivait quelques jours après : « Je sais ce que je dois penser de ces compliments, mais il est bon que ce soit une chose bien connue dans ce diocèse, qu'on n'en veut qu'à ma foi, dont je me fais honneur, avec bien de la reconnaissance des bontés de Dieu. »

C'était en effet aux erreurs seules de sa croyance que l'évêque prétendait s'attaquer et il lui déclara nettement qu'il voulait une seule et même foi dans le diocèse ; l'exilé, prenant le ton raisonneur de la secte janséniste, répéta les arguments à son usage, arguments faciles à combattre ; mais l'abbé de Silly, ayant refusé l'offre du prélat, qui lui proposait de répondre par écrit, demeura dans son obstination et la privation des sacrements. Les lettres qu'il publia, en trompant la surveillance dont il était l'objet, eurent pour effet de lui faire appliquer une séquestration plus rigoureuse. Il fut transféré plus tard à l'abbaye de Sainte-Larme-de-Selincourt et obtint ensuite d'aller à Paris, où il mourut en 1751.

En quittant Dommartin, Mgr de la Motte visita l'abbaye de Saint-André ; là encore, continue le savant biographe du prélat, (1) il trouva un prêtre exilé par lettre de cachet, à cause de ses erreurs : l'abbé Jean-Baptiste de Grilly, successivement directeur de l'Hôtel-Dieu de Montdidier et curé de Brailly-Cornehotte ; il le fit appeler et lui dit avec une bienveillante douceur : « Eh bien ! monsieur le curé, vous ne voulez donc pas être des nôtres ? »

« Monseigneur, se hâta d'ajouter le père abbé (c'était Antoine Boubert) je lui ai offert de lui laisser sa pension s'il consentait à recevoir la bulle *Unigenitus.* »

A quoi l'abbé de Grilly répondit :

« Je vous ai déjà dit et je vous répète en présence de Sa Grandeur, que, dussiez-vous me donner votre abbaye, je ne recevrai pas la constitution, ma conscience ne me le permet pas. »

Le prélat, après avoir soutenu une longue discussion, vit bien que les raisonnements étaient inutiles et dit sévèrement à l'entêté, en le congédiant : « Retirez-vous, monsieur, vous êtes un hérétique. »

L'abbé de Grilly, étant tombé malade, fut renvoyé dans sa paroisse où il mourut impénitent en 1739 ; « Il était autant calviniste que janséniste, » dit la chronique de Saint-André.

BRUNO BÉCOURT.

LIIe ABBÉ. — (1739-1742).

Tandis que le procureur Bruno Bécourt était à Paris

(1) *Vie de M. de la Motte, évêque d'Amiens,* par l'abbé Delgove curé-doyen de Poix, f° 298 et seq.

pour obtenir l'élection, le frère Jérôme Prévot osa briguer la dignité abbatiale, et ne craignit point de recourir à l'intrigue ; chaudement appuyé par son frère, un ex-bénédictin, il mit tout en œuvre afin de réussir dans ses coupables desseins : les plus grands seigneurs de la cour sollicitèrent en sa faveur, mais leurs démarches restèrent infructueuses, car il parut trop jeune au cardinal de Fleury, qui nomma Bruno Bécourt. Les partisans de Prévot formèrent alors le projet criminel de refuser la prise de possession. Il les réunit en chapitre, leur exposa de nouveau ses sentiments, et les engagea à s'opposer juridiquement à l'exécution du brevet, leur recommandant avant tout, le secret qui fut observé comme on va le voir. Revenu de Versailles, Bruno Bécourt, bien loin de supposer ce qui se tramait contre lui, fixa au 20 août la cérémonie de son installation, invita ses parents et ses amis ; pas un religieux ne dévoila le complot. Au jour désigné, le chapitre venait d'entendre la lecture des lettres royales, lorsque soudain se présentent deux notaires d'Hesdin, porteurs de l'acte d'opposition signé de presque tous les moines ! C'était une odieuse trahison ! Le nouvel élu la supporta avec courage et dignité, se contentant de déplorer la perfidie de ces manœuvres ; il pouvait passer outre, mais il crut prudent de différer afin de pacifier un peu les esprits. Après quelques paroles pleines de douceur, il leva la séance et envoya, le jour même, à Prémontré un religieux chargé d'exposer les motifs de l'opposition qui lui était faite. Le général de l'ordre les jugea frivoles, injustes, et ordonna aux moines de se soumettre sur le champ, en acceptant l'abbé que sa Majesté nommait à Dommartin. Le 16 septembre 1739, Bruno Bécourt reçut la soumission de la communauté. On se pardonna mutuellement et l'on eut bientôt oublié « les scènes affreuses arrivées pendant « près de six semaines que cette affaire dura ; c'est un « orage qui a passé, une éclipse, disons mieux, un esprit « de vertige que Dieu a répandu sur la communauté. » (1)

Au mois de janvier suivant, et malgré les rigueurs d'un hiver exceptionnel, les évêques de Boulogne et d'Amiens vinrent, escortés d'un nombreux clergé, bénir l'abbé Bécourt, en présence des abbés d'Auchy et de Saint-André, des prieurs de Valloires et de Saint-Georges.

Son mérite et les hautes protections qui militaient en sa faveur lui valurent d'être nommé général de Prémontré, à la mort de M. de Rocquevert, en décembre 1741. Il apporta dans ces nouvelles fonctions, ce même zèle, cette même abnégation qui le firent longtemps regretter à Dommartin et y rendirent sa mémoire à jamais illustre (2).

JOSEPH THOLLIEZ.

LIII° ABBÉ. — (1742-1787).

En acceptant l'abbaye de Dommartin, Joseph Tholliez ne fut pas chargé de nouvelles pensions, il dut seulement acquitter celles qui avaient été imposées aux élections de ses prédécesseurs (3). Nommé le 11 août 1742 et béni par

---

(1) *Chronique de Dommartin.*
(2) *Ibidem.* Bruno Bécourt gouverna l'ordre jusqu'à sa mort arrivée le 21 décembre 1757.
(3) 2000 livres aux Jésuites d'Hesdin. Cette somme a été employée à la construction de la chapelle du nouveau collége dont les trois

Monseigneur de la Motte, il gouverna pendant 45 années.

Le livre journalier que le prieur G. Homo rédigea sur la fin de sa longue carrière, en révèle les moindres détails : il nous initie avec une naïveté charmante à ces mille riens qui venaient de temps à autre rompre l'heureuse monotomie du cloître ; les modifications du réglement se trouvent transcrites à leur date ; l'auteur trahissant la modestie des humbles religieux qui se croyaient ensevelis dans l'oubli au jour de leur profession, enregistre la liste de tous les hôtes de Dommartin pendant le dernier siècle. On est surpris de trouver parmi les novices le nom tristement célèbre de Maximilien-François de Robespierre, entré au couvent le 21 avril 1749 ; la veille de sa prise d'habit, Robespierre déclara ne pas se reconnaître la vocation ecclésiastique et retourna à Arras : quelques années après il débutait dans la vie par un acte d'inconduite et portait le déshonneur au sein d'une famille estimable : il épousa le 2 janvier 1758, pour réparer les suites d'une séduction devenue funeste, Jacqueline-Marguerite Carraut, fille d'un brasseur de la rue Ronville, dont naquit Maximilien-Marie-Isidore de Robespierre, le fléau de la France !

Monseigneur de la Motte venait fréquemment à Dommartin ; il aimait à s'y reposer des fatigues de son ministère et occupait volontiers la chambre décorée de cuir doré qui lui était destinée. « L'abbaye de Dommartin est « ma Chartreuse, disait-il, les jours que j'y passe sont

---

premières pierres ont été solennellement placées en 1746 par l'abbé Tholliez, M. de la Couture major d'Hesdin et M. de Saint-Amand. *Chronique précitée.*

« les plus heureux de ma vie. » Témoignage précieux recueilli des lèvres d'un saint (1) !

Jacques Tholliez était vicaire de la circarie de Ponthieu et inspectait fréquemment les maisons qui en dépendaient. Ces visites avaient pour but de maintenir la stricte observance, parfois, elles eurent l'heureux effet de rétablir la concorde entre les chefs et leurs inférieurs comme à Selincourt en 1761.

Il réussit moins dans les démarches qu'il tenta auprès de l'abbé de Saint-Jean d'Amiens, il ne put apaiser les regrettables divisions qui ont abouti à la dispersion et à l'exil des profès de cette communauté.

Jacques Tholliez était d'un caractère doux et conciliant ; il entretenait souvent les paysans des intérêts de leur famille, visitait les malades (2) et pratiquait des œuvres de miséricorde. Aussi tout le pays a-t-il participé à la grande fête qui fut organisée, en 1775, pour célébrer son jubilé de prêtrise ; le prieur lui offrit un bouquet de fleurs artificielles en lui présentant une thèse avec dédicace composée par F. Brasseur.

Sur la fin de sa vie, le saint abbé se soumettait aux exigences de la règle comme le dernier des religieux ; jamais il ne manqua au chœur. Devenu presque aveugle, il s'y faisait conduire, et lorsque les infirmités ne lui permirent plus de quitter ses appartements, un prêtre y célébrait la messe et récitait à haute voix les prières.

(1) *Vie de Mgr de la Motte*. Il séjourna à Dommartin en 1735, 1739, 1740, 1742, 1745, 1746, 1751, 1752, 1753, 1756, 1766, 1773.
(2) Le chirurgien de l'abbaye et un médecin d'Hesdin visitaient gratuitement les pauvres de Tortefontaine, Mourier, Rapechy, etc. On leur fournissait gratuitement aussi bouillon, vin, viande, médicaments, linge, etc., l'abbé se chargeait de leur sépulture.

L'administration de Tholliez fut prospère et pacifique ; peut-être eût-il été bon jusqu'à la faiblesse, si la communauté, animée du meilleur esprit, eût compté des membres capables d'en troubler l'harmonie (1).

GHISLAIN-JOSEPH OBLIN.

LIV° ABBÉ. — (1787-1791).

Ni justice, ni piété ; ni souvenir, ni reconnaissance ; ni respect du passé, ni souci de l'avenir ; telle a été la loi du progrès moderne, quand il a rencontré d'antiques et vénérables monastères ! La haine et la cupidité ne voudront rien épargner, l'heure de la ruine va sonner : la révolution grandit chaque jour plus menaçante et déjà retentissent de lointains précurseurs de l'orage. Pour ces luttes suprêmes, Dieu a réservé un homme à l'âme fortement trempée, qui résistera avec l'héroïsme de la foi contre le torrent envahisseur de l'impiété : Ghislain-Joseph Oblin, né à Surainvillers en Cambraisis. Dès les premiers moments de la tempête, Oblin comprit que le danger était grand pour le clergé, grand surtout pour les moines, les plus anciens, les plus constants bienfaiteurs de cette société chrétienne dont il fallait abolir jusqu'au souvenir ; il prépara les trente religieux qui habitaient encore Dommartin à souffrir la persécution, il leur proposa l'exemple des premiers martyrs, et lorsqu'une troupe de sophistes et de philosophes eut décrété la constitution civile du clergé,

(1) *Chronique de Dommartin.*

tous, à l'exception d'un seul, demeurèrent fidèles à leurs serments; ce honteux isolement fut le premier châtiment du moine apostat.

L'Assemblée constituante, poursuivant son œuvre, décrète bientôt la vente de tous les biens du clergé (1), elle décrète la suppression des ordres religieux, elle décrète enfin la spoliation des églises et l'exécution de ses arrêts a été le signal d'un vandalisme tel que l'on cherche vainement dans l'histoire le souvenir d'une dévastation plus aveugle et plus brutale.

Les commissaires du district de Montreuil vinrent en personne procéder à la vente de la ferme (juin 1791). L'aliénation des lieux claustraux et de l'église n'eut lieu que trois mois après ; chaque frère put conserver le mobilier de sa cellule ; la plupart des objets mis aux enchères fut rachetée par l'abbé, qui se constitua dès lors le fermier de ses propriétés, s'engageant à payer annuellement à la nation une somme de 1000 livres. Il dirigea la culture avec une étonnante habileté, se pliant sans murmurer aux plus

---

(1) État approximatif du revenu de Dommartin en 1790 :

	Mourier. .	1806 livres	dimes d'Inval. .	150 livres
	Tigny . .	800	de Campagne.	400
	Quesnoy .	2000	de Montigny .	150
	Monchy. .	400	de Nempont .	433
Fermes de	Bamières .	6300	de Queux . .	200
	St-Josse. .	6000	de Wis . . .	120
	Lambus .	1630	de Wailly . .	130
	Dommartin	3000	du Mesnil . .	60
Moulins de	Tigny . .	1750	de Capelle. .	50
	de Rachinette.	350	du Boyle . .	60
	Werchin .	300	d'Aubin . . .	12

Total : 28760 livres,
plus les bois.

rudes exigences du travail, partageant le temps entre la prière et les travaux agricoles, à l'instar des premiers religieux de Dommartin. Ainsi s'écoula l'année 1791. Chaque jour augmentait l'aveuglement des campagnes et enlevait à Joseph Oblin le dernier rayon d'espérance, il avait compté sur le dévouement des villages voisins ; il ignorait encore que l'ingratitude est la récompense la plus ordinaire des services rendus, et, ces populations, oublieuses de sept siècles de bienfaits, sont les plus acharnées contre le couvent et profèrent ouvertement des menaces de mort et de vengeance.

L'église ayant été fermée le jour de la vente (octobre 1791), l'infirmerie servait de chapelle et c'est dans ce sanctuaire improvisé que l'abbé réunit ses enfants pour leur donner une dernière bénédiction (1). Puis, la position n'étant plus tenable, il les fit sortir deux à deux à la faveur

---

(1) Noms des derniers religieux de Dommartin :

OBLIN, abbé.
HOMO, prieur.
HOCQUET, sous-prieur.
BRISMAIL, receveur.
BRASSEUR, procureur.
GUEUSE, dépensier.
MASTEAU, } chantres.
PATIN,
DÉPLANQUE, sacristain.
REGNIER, professeur.
DECQUET.
WILLAIN.
FRÉMEAU.
LEMOINE.
WICHERY.
CARON.
DUHAUT.
BOULOT.

BOUQUILLON.
DUFOUR.
CRASSIER, curé de Dommartin.
LEJOSNE, vicaire de Dommartin.
BRISMAIL, curé de Tortefontaine.
DIGNOIRE, curé de Tigny.
PELIN, curé de Prouville.
VANECHOUT, curé de Verchin.
VIEZ, curé de Gaillonet, diocèse de Versailles.
ROUSSEL, curé de Bocquel, canton de Conty, diocèse d'Amiens.
CORBIE, curé de Villers-Campsart, canton d'Hornoy, diocèse d'Amiens.
EVRARD, curé de Seraincourt, diocèse de Versailles.

de déguisements. Mais lui, voulut demeurer à son poste. Les frères Brismail, curé de Tortefontaine, Crassier, curé de Dommartin (1) et Regnier sollicitèrent et obtinrent de rester avec leur père et de partager son sort. Crassier exerça son ministère tantôt à Dommartin, tantôt à Douriez, jusqu'à l'arrivée du prêtre constitutionnel qui l'obligea à se retirer, le 12 mai 1792.

L'abbé Oblin reste donc seul ; sa présence à Dommartin, autorisée même par les révolutionnaires, est connue de tout le monde, sans que l'on songe à l'inquiéter. L'ancien cuisinier de la communauté et le boulanger habitent avec lui.

Le second dimanche d'octobre 1792, à 10 heures du matin, les agents municipaux de Crécy, de Dompierre et de Tortefontaine, accompagnés de la garde nationale de Crécy, arrivent à Dommartin, tambour battant, afin de procéder à une perquisition qui doit révéler l'existence de dépôts d'armes, de canons, de munitions, dans les caves, et dévoiler la retraite d'un grand nombre de prêtres et de nobles qui s'y sont réfugiés ; tandis que la force armée cerne les issues, les chefs de cette horde impie se font ouvrir la porte et s'adressent à l'abbé qu'ils obligent à les

---

(1) L'église de Dommartin était abbatiale et curiale. La cure comprenait : 1º la ferme de l'abbaye ; — 2º le moulin de Molinel ; — 3º les 3 fermes de Saint-Josse-au-Bois ; — 4º les 3 fermes de Lambus ; — 5º les 3 fermes de Bamières ; — 6º le petit Lambus ; — 7º Rachinette, hameau de 22 maisons ; — 8º Fondeval, hameau de 30 maisons ; — 9º la ferme de Lambus-au-Bois ; — 10º Estruval, 12 maisons ; —11º ferme du Quésnoy-les-Gapennes ; — 12º Cumont,— Hanchy, ferme et château ; — 13º le ménage de Cramont, 13 maisons ; — 14º la ferme de Monchy-les-Estreelles ; — 15º la ferme de Caurroy-les-Crécy ; — 16º Marcheville. — En tout 800 à 900 habitants.

diriger lui-même dans les investigations arrogantes et minutieuses auxquelles ils doivent se livrer. Joseph Oblin répond avec sangfroid et dignité à toutes les questions ; ils manifestent hautement leur étonnement de ne rien trouver et sont contraints d'avouer en se retirant qu'ils ont été mal renseignés.

Cependant, l'appareil inusité de gens armés et le bruit des tambours ont ameuté à la grille une populace avide de pillage, que la garde nationale a grand peine à maintenir ; un municipal de Dompierre ayant levé la consigne, cette multitude affolée se précipite aussitôt dans les cours, recherchant le saint abbé qu'elle veut mettre à mort; prévenu à temps, celui-ci parvient à s'évader et se réfugie chez M. Gottigneux, à Tortefontaine, pendant que l'on bouleverse et saccage la maison pour le découvrir. Enfin, vers deux heures, la foule obéit à l'autorité municipale de Tortefontaine qui lui enjoint de se retirer ; plusieurs de ces forcenés sont dans un tel état d'ivresse que l'on est obligé de les transporter à leur domicile. L'agitation est loin d'être calmée, M. Tellier, le fermier de Dommartin, craignant une nouvelle invasion, barricade les portes, arme ses amis, les domestiques, les moissonneurs et se prépare à la résistance ; la garde nationale de Tortefontaine lui promet son concours ; vaines précautions ! Sur les 9 heures du soir des bandes que la révolution commence à mettre en ligne, recrutées dans tout le pays, armées au hasard de haches et de bâtons, de piques et de râteaux, assiégent la porte d'en haut ; Tellier refuse nettement de l'ouvrir et menace de faire feu si l'on ne se retire à l'instant. Malheureusement, la perfidie de deux paysans paralyse ses efforts : Jean-Baptiste Capet et son neveu

Hérent ayant escaladé les murailles, brisent les serrures de la porte d'en bas et tandis que celle d'en haut est soigneusement défendue, ils livrent passage à la multitude.

Les cours sont donc une seconde fois envahies et le pillage, immédiatement commencé, se prolongea durant 36 heures : une illumination improvisée éclaira même ces regrettables scènes de désordre, lorsque l'on eut découvert des caisses de chandelles ; on se les partagea et chacun parcourut les bâtiments avec sa lumière, de manière qu'ils semblaient être en feu. L'abbaye présente alors le triste spectacle d'un bazar où chacun peut choisir et emporter ; literies, meubles, ustensiles de cuisine, linge, sont confondus pêle-mêle et partagés ; des voitures stationnent au dehors, on y entasse jusqu'aux ardoises et aux pavés arrachés des bâtiments ; les pillards pénètrent enfin dans la bibliothèque brisent les rayons et dispersent tous les livres, tous les papiers, qui sont ramassés avec avidité : alors sont à jamais égarés ces parchemins précieusement classés, ces remarquables archives de Saint-Josse-au-Bois et de Dommartin ; l'histoire la plus complète comme la plus authentique du pays ; alors aussi sont égarées les grandes collections des Bénédictins et quantité de volumes rares provenant en partie de la bibliothèque des pères Jésuites exilés de France (1).

(1) En 1764 le P. Humetz avait acheté à Paris des livres nombreux et cinq tableaux du Poussin confisqués aux Jésuites.
La bibliothèque de Dommartin était très-riche et en bon ordre ; le public y pouvait travailler et même emporter les ouvrages. Un religieux chargé spécialement de la cataloguer, dressait aussi l'inventaire détaillé des médailles, statues, portraits et tableaux conservés dans le couvent.

La garde nationale de Tortefontaine assiste impassible à ces horreurs qu'elle ne veut ou ne peut empêcher et qui menacent de se prolonger lorsque surviennent à l'improviste 400 cavaliers de la garnison d'Hesdin envoyés par le gouverneur pour rétablir l'ordre ; leur arrivée est le signal d'une confusion indescriptible : des pillards se jettent dans les rangs de la garde nationale dont ils prétendent faire partie ; d'autres se blottissent dans les caves, la plupart essaient vainement de se sauver ; les soldats font feu sur ces lâches et quelques uns sont grièvement blessés ; un nommé Flour, de Dompierre, périt dans la mêlée.

Deux cent douze prisonniers, dont quatre municipaux de Tortefontaine sont amenés au commandant, qui ordonne de les attacher deux par deux à une corde longue de 200 mètres et les fait conduire escortés de sa troupe à Arras. Un charriot de Dompierre est requis pour le transport des malades et des blessés.

Le tribunal révolutionnaire instruisit leur procès et ne rougit point de les renvoyer absous le premier dimanche de carême 1793 ; les prévenus avaient donné, nous l'avons raconté, des marques non équivoques de leurs sentiments patriotiques ; les accusateurs sont des aristocrates qui ont eu et ont encore des relations avec les ex-moines de Dommartin ; cela suffit pour déterminer l'acquittement de ces bandits.

Joseph Oblin pouvait se croire désormais en sécurité ; pendant 6 mois, il n'avait pas été inquiété. Il célébrait en secret les saints mystères et M. Gottigneux ne négligeait rien pour adoucir à son protégé les amertumes de la situation ; cette bienveillante hospitalité, qu'il donna au péril même de sa vie, demeurera l'honneur de sa respectable famille. Mais les administrateurs du département n'oubliaient pas si facilement leurs victimes ; la présence de l'abbé à la porte de son couvent les préoccupait au point qu'ils jugèrent opportun de déléguer l'un des leurs pour s'emparer de sa personne ; le surlendemain de l'acquittement des pillards, le commissaire Gallet, arrive à Tortefontaine avec 40 hussards de la mort qui cernent l'habitation de M. Gottigneux et la fouillent soigneusement, ainsi que les maisons du village dénoncées comme suspectes. Dieu permit que le saint prélat échappât cette fois encore au danger.

Averti par un domestique dévoué de M. Gottigneux, qui était occupé à labourer entre Tortefontaine et Douriez, il put gagner, sans être vu, les jardins, les pâtures, et se cacher dans le bois de Courbesseau ; la nuit suivante il se réfugie chez Monsieur Testu, de Saint-André.

Le citoyen Gallet, furieux de voir sa proie lui échapper, veut cependant utiliser sa mission ; il continue les perquisitions et arrête quelques suspects qui sont immédiatement enfermés dans les prisons d'Hesdin : quantité d'objets déclarés provenir du pillage d'octobre sont réintégrés à l'abbaye. Le 30 avril 1793 et les dix jours suivants, après affiches à Abbeville, Montreuil, Hesdin et villages environnants, ces objets et ceux qui avaient échappé à la dispersion furent vendus en présence du citoyen Gallet administrateur du département du Pas-de-Calais, en commission à Dommartin, par devant les citoyens Trognieux et Ledru, administrateurs du district de Montreuil. (1)

(1) *Archives départementales du Pas-de-Calais.* — District de Montreuil. — Procès-verbal de vente.

Le carrosse de l'abbé fut adjugé 405 livres ; une chaise de poste 230 livres ; l'autel particulier de l'abbé avec le tabernacle et la croix, le tout en bois de chêne, 301 livres au citoyen Pille, curé de Dompierre, etc. La vente produisit 16762 livres 9 sols.

La tâche des commissaires semblait terminée, et cependant Gallet, digne émule des Robespierre et des Lebon, trouve qu'il n'en a point fait assez encore : il a dépouillé les ci-devant moines, aliéné le mobilier de leurs cellules, mais il n'a pu s'emparer de l'abbé et il doit au moins achever de le déconsidérer par une de ces saturnales dont les révolutions ont le secret.

Il ordonne de publier à son de trompe que le jour de la première décade de mai, 4 heures du soir, on brûlera l'abbé de Dommartin en effigie après l'avoir promené dans les rues de Tortefontaine.

C'était un spectacle attrayant, tous les patriotes s'y rendirent par groupes, hurlant la *Marseillaise* et le *Ça ira* ; ils formèrent bientôt une foule compacte, où s'agitaient en poussant mille clameurs, des hommes ivres et déguenillés, des femmes, des enfants.

Un sans-culotte de Tortefontaine, le seul de la commune qui prit une part active à la manifestation, revêt un mannequin d'habits pontificaux, le coiffe du bonnet rouge surmonté de la mître ; lui met une crosse à la main, un chapelet au cou, simule la croix pectorale avec des cartouches et le place debout dans l'ancienne charrette à âne de l'abbaye.

Le hideux cortége, présidé par les citoyens Gallet, Ledru et Trognieux s'ébranle alors et parcourt en chantant les rues de Tortefontaine ; le bruit et le tumulte augmentent, la procession grossit et s'arrête de loin en loin ; on fait à l'effigie de l'abbé des saluts moqueurs, on le soufflette, on l'insulte de toute manière : « Tu ne réponds pas, Oblin, lui crie un patriote, tu es donc bien sérieux aujourd'hui ! » et l'air retentit de blasphèmes et de rugissements de triomphe !

Arrivé au terme de la sinistre promenade et rentré dans l'enclos par la grille du bas ; le cortége stationne devant le portail de l'église, où se dresse le bûcher. Le commissaire Gallet débite alors une harangue cynique qui est accueillie par des applaudissements frénétiques et suivie de la sentence de mort que prononce son collégue Ledru et que répète la foule au milieu de clameurs confuses et de détonations d'artifices.

Peu d'instants après l'image de l'innocent prélat Ghislain-Joseph Oblin disparaissait dans les flammes ! Les danses, les orgies, complément ordinaire de ces scènes barbares se prolongèrent toute la nuit.

Le lendemain Gallet écrivait à ses collègues administrateurs du département : (1)

« Fressin, le 12 mai 1793.

« Dommartin est enfin évacué ! les dernières opérations
« ont été des moments de fatigue pour moi, j'ai eu
« peine à arriver à Hesdin, pour y joindre la voiture
« d'effets partie le matin de Dommartin ; je devais la
« suivre et arriver aujourd'hui auprès de vous avec elle,
« mais une piqûre que je me suis faite au pied et que je
« regardais depuis lors comme très-légère m'empêche

---

(1) *Archives du Pas-de-Calais*, district de Montreuil.

« aujourd'hui de marcher; cette gêne ne m'eût cependant
« pas empêché de continuer ma route et de partir
« d'ici ce matin pour rejoindre la voiture, si je ne
« me trouvais pas extraordinairement fatigué. »

Dommartin est enfin *évacué !* Cri de victoire sur un ennemi facile ! Voilà enfin anéantie une de ces vénérables retraites qui, pendant tant de siècles, a servi d'abri aux monuments les plus précieux et de sanctuaire aux plus chers souvenirs ! Voilà tarie pour jamais la source de ces aumônes qui se répandaient à profusion dans la contrée ! Que n'a-t-on du moins en confisquant l'église, en exilant les moines, en brûlant l'effigie d'Oblin, que n'a-t-on conservé les débris de ce monument d'un art inimitable, d'une architecture sublime !

Depuis ce moment, dit M. Parenty, l'abbé de Dommartin mena une vie errante jusqu'à l'époque où la paix fut rendue à l'église. Il se fixa à Arras quelques années après le concordat, Monseigneur de la Tour-d'Auvergne s'empressa de l'agréger au chapitre et lui permit de porter la croix pectorale.

M. Oblin édifia le clergé et les fidèles de la ville épiscopale par sa modestie, sa ferveur, sa rare bonté et ses œuvres de charité. Nommé vicaire-général en 1822 après le décès de l'abbé de Mareuil, il en remplit les fonctions jusqu'à sa mort, arrivée le 4 mars 1824.

DESCRIPTION

DE

L'ABBAYE DE DOMMART'IN

ET

RÈGLEMENT DES MOINES.

L'abbaye de Dommartin était bâtie sur la rive droite de l'Authie, au milieu d'un enclos de 36 mesures environ (15 hectares 45 ares), ceint de murailles de pierre blanches, dans lequel on pénétrait par deux portes : la porte d'en bas, surmontée d'un fronton et fermée d'une grille aux initiales de l'abbé Joseph Tholliez, ouvrait sur les prairies ; la porte d'en haut, donnait sur le chemin de Tortefontaine et fut construite, en 1730, dans les magnifiques proportions que l'on admire encore aujourd'hui. Franchissons le seuil de cet imposant portique auquel était jadis adossé le logement du concierge, dont l'étage supérieur servait d'habitation au religieux curé de Tortefontaine et Mouriez, et nous pénétrons, à quelques pas de là sur la droite, dans une vaste cour, large de 53 mètres, longue de 33 mètres, entourée de bâtiments de briques couverts d'ardoises ; c'est la ferme, construite sous l'administration de l'abbé Tholliez ; puis ce sont les dépendances d'une grande exploitation agricole, bâties à la même époque en briques et pierres : ici, la charronnerie, à côté des remises ; là, l'atelier de menuiserie, et, plus loin, un bâtiment isolé servant de magasin à charbon, qui occupait l'emplacement de la primitive église dédiée par saint Josse au grand saint Martin.

A gauche, faisant face à la loge du concierge, est la forge, à côté de l'écurie des étrangers ; cette écurie voûtée date de 1745, ainsi que les vastes granges qui mesurent chacune 33 mètres de longueur sur 11 de largeur.

Après la deuxième grange sont les bergeries, et, enfin, le bûcher entièrement semblable au magasin à charbon, dont il est le pendant.

L'église et les lieux réguliers offrent un amas de ruines dont il est difficile de relever les plans à travers les décombres et à l'aide de la tradition déjà altérée.

L'église, l'une des plus vastes du diocèse d'Amiens, construite au XIIe siècle en forme de croix latine et dans le style roman, fut restaurée au commencement du XVe siècle ; la largeur de la nef était de 23 mètres 65 centimètres ; sa longueur totale de 81 mètres 52, depuis 1718 qu'elle a été rallongée de 2 travées (10 mètres), à l'époque de la construction de la tour qui surmontait le portail. Cette tour carrée, haute de 43 mètres, jusqu'à la galerie, était couronnée par une flèche élégante de 33 mètres d'élévation, et renfermait un carillon remarquable.

Quatre autres cloches, la plus grosse du poids de 800 livres, garnissaient le clocher établi sur le transept de l'église.

La hauteur de la voûte de Dommartin était de 30 mètres ; 19 fenêtres, ornées de riches verrières, l'éclairaient abon-

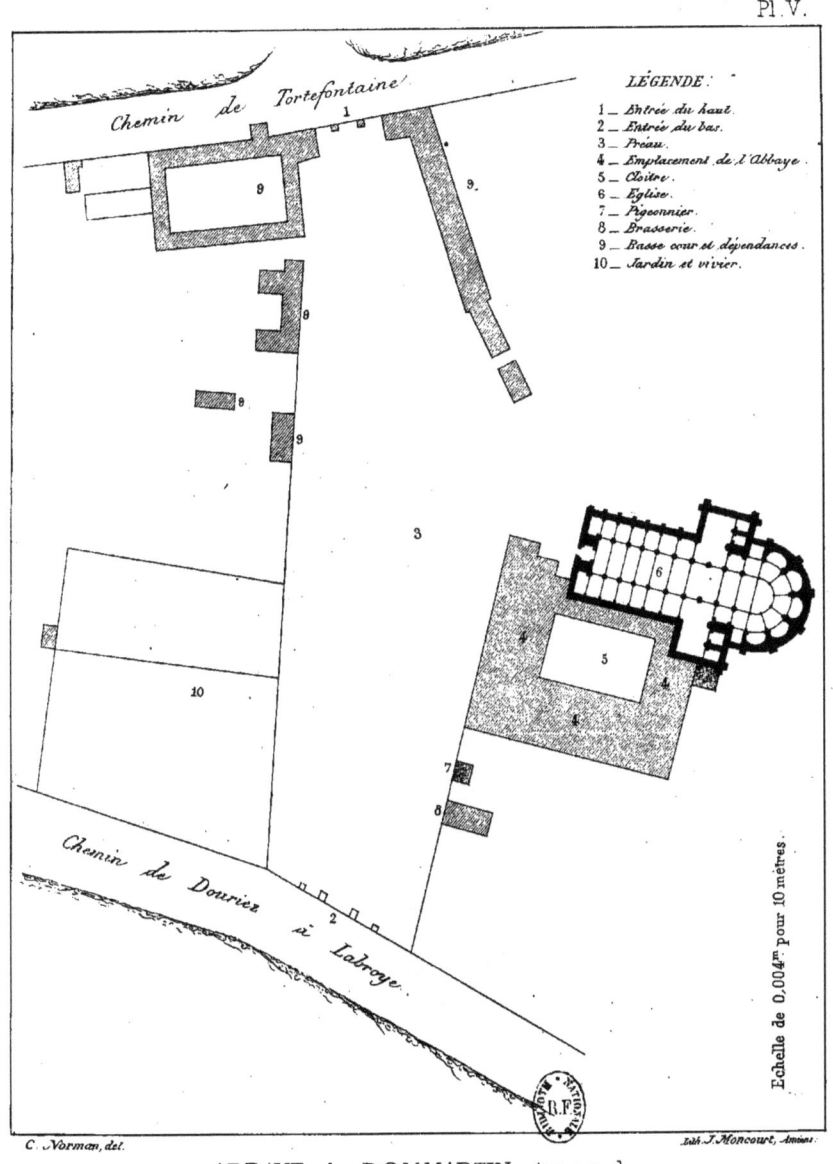

ABBAYE de DOMMARTIN état actuel.

damment, une superbe grille séparait la nef du sanctuaire, surélevé de 2 marches, une autre grille isolait le chœur, au milieu duquel se trouvait, entre les deux piliers du fond, le maître-autel qui est maintenant dans l'église de Crécy.

Autour du chevet circulaire de l'édifice, rayonnaient sept chapelles de même dimension, (5 mètres sur 5), avec élégante clôture en fer forgé, et dédiées :

Celle du centre, à la sainte Vierge ; les autres, à saint Josse, saint Laurent, saint Augustin, saint Norbert, saint Joseph et sainte Cécile. Des autels étaient adossés à chacun des piliers de l'entrée du chœur : celui de droite était affecté aux messes de primes.

Dans le bras gauche de la croix, se trouvaient les autels: de la paroisse ; de saint Thomas de Cantorbéry si célèbre par le fameux pèlerinage qui s'y faisait et du Calvaire. L'autel particulier de l'abbé occupait le bras droit, d'où l'on communiquait dans la sacristie et dans le couvent.

Comment décrire la richesse du mobilier qui ornait le sanctuaire ? ces stalles, véritable chef-d'œuvre, dues en partie au ciseau d'un frère convers de l'abbaye de Selincourt ; Ces tableaux dont quelques-uns ont été conservés pour nous faire regretter davantage la mutilation de tant d'autres signés des plus grands maîtres ; et que de choses il y aurait à dire de ces détails infiniment variés de sculpture dans les moindres parties de l'édifice, et dont on admire encore la délicatesse sur deux ou trois chapiteaux échappés au marteau des démolisseurs ?

Les bâtiments de l'abbaye présentaient une longue façade régulière mais dépourvue d'architecture; ils occupaient une surface de 240 pieds carrés, y compris deux cours intérieures ou préaux ; de la plus grande, environnée de cloîtres, on pénétrait dans l'église.

N'oublions pas le pigeonnier situé à quelque distance de l'abbaye, tour très-ancienne ; la tradition prétend même reconnaître, dans la porte voûtée qu'on y remarque, l'entrée du château habité par les Colet, seigneurs de Beaurain, avant la donation de 1153.

Nous pensons intéresser le lecteur, qui nous aura suivi dans la description malheureusement incomplète et trop rapide du monastère de Dommartin, en l'initiant à la vie intime de ses pieux habitants, voici quel était le règlement de la communauté : (1)

A trois heures et demie du matin en été, à quatre heures en hiver, chant des matines au chœur, après quoi on attend au chauffoir ou dans les cloîtres, selon la saison, le moment de la première messe ;

A cinq heures et demie, messe ;

A 6 heures, prière suivie de la méditation, dont la durée est fixée par l'abbé d'après une horloge de sable.

A 7 heures, messe de prime pour les bienfaiteurs ;

A 8 heures, déjeuner au réfectoire ; il consiste en pain et beurre avec de la bière pour boisson ; puis les novices se rendent à leur classe située au-dessus de la sacristie et les profès dans leurs appartements.

A 10 heures on sonne la messe canoniale ; tous se réunissent près du dortoir et se rendent processionnellement à l'église. On chante tierce, sexte, puis le religieux de semaine, assisté de diacre et sous-diacre, célèbre la messe solennelle. L'abbé n'officie que les jours de fête, et dit ordinairement sa messe à 11 heures.

(1) *Notes de M. Levrin, curé de Tortefontaine.*

Au premier coup de l'*Angelus*, la communauté s'assemble dans les cloîtres attendant que l'abbé ou le prieur ait agité une petite sonnette ; c'est le signal de l'entrée au réfectoire pour le dîner ;

Huit tables couvertes de nappes sont dressées, quatre de chaque côté ; l'abbé, le prieur et le sous-prieur prennent place à l'extrémité de la salle. On fait la lecture pendant le repas, qui se compose de la soupe, de deux plats, avec fruits ou beurre pour dessert ; le dimanche et le jeudi il y a colloque.

Chaque religieux profès a son couvert et un gobelet d'argent ; il a droit à un *galopin* de vin ; le *galopin* est un pot d'étain avec couvercle, contenant une demi-pinte ; les novices n'ont de vin que le dimanche ; après le dîner, actions de grâces à l'église, récréation et vêpres à 2 heures, suivies de la classe pour les novices et du temps libre pour les profès ;

5 h. 1/2, complies ;

7 h. 3/4, prière du soir ;

Puis souper au réfectoire ;

A 9 heures on éteignait les lumières dans les dortoirs et les cellules.

Le mardi et le jeudi de chaque semaine, après vêpres il y avait promenade hors de l'enclos ; les religieux se livraient assez souvent au jeu de paume au-dessus du petit bois de Dommartin ; ils ne pouvaient s'écarter et ne devaient entrer chez qui que ce fût.

Outre les fêtes ordinaires, on célébrait avec pompe celles des saints patrons de l'abbaye : de saint André, par exemple, de saint Norbert, de saint Thomas de Cantorbéry, de saint Josse, de saint-Laurent ; celle-ci attirait à Dommartin un grand concours de fidèles, qui venaient prier afin d'être préservés des *cloches dites de Saint-Laurent*. Trente à quarante marchands forains établissaient à cette occasion leurs boutiques devant la porte d'en haut et vendaient aux pèlerins quantité d'objets divers; c'était la foire de Saint-Laurent; elle durait l'octave de la fête.

Le jeûne et l'abstinence étaient de rigueur tout le temps du carême; le jeudi-saint après la messe canoniale, l'abbé portait, le Saint-Sacrement à la chapelle ardente disposée devant l'autel de Saint-Thomas de Cantorbéry; les paroissiens de Mourier et de Tortefontaine venaient le visiter en foule; ce même jour, à deux heures et demie, tous les religieux sans distinction balayaient l'église en signe d'humilité; puis l'abbé procédait à la cérémonie du lavement des pieds suivi d'une collation frugale; depuis ce moment jusqu'au samedi-saint à midi, personne ne pénétrait au réfectoire; on demandait un morceau de pain à la cuisine quand le besoin s'en faisait sentir.

La cérémonie des apôtres avait lieu le vendredi-saint après l'office. Des pauvres, en nombre égal à celui des moines, se plaçaient dans les cloîtres sur deux lignes, les mains jointes, tenant un billet du receveur de la maison. Chacun des religieux s'approchait alors de son apôtre, lui baisait la main et lui remettait un escalin (7 sols au plus), l'apôtre passait alors à l'office et recevait un pain, deux harengs, et un demi-pot de bière; le plus âgé, celui qui était choisi par l'abbé avait double portion.

FIN DE L'HISTOIRE DE DOMMARTIN.

DEUXIÈME PARTIE.

HISTOIRE

DE L'ABBAYE DE

SAINT-ANDRÉ-AU-BOIS

HISTOIRE

DE L'ABBAYE DE

SAINT-ANDRÉ-AU-BOIS

ANSCHER.

Ier ABBÉ. — (1130-1168).

L'époque précise de la fondation de l'abbaye de Saint-André demeure incertaine : le chroniqueur Lédé, d'accord avec la tradition, indique l'année 1130 (1). P. Borée (2), le père Dupré, d'Amiens (3), les historiens Boubert et Salé la reportent en 1135. Les auteurs du *Gallia Christiana* la reculent jusqu'en 1154. La vérité est qu'Adam, successeur du bienheureux Milon, alors évêque de Thérouanne, gouvernait l'abbaye de Dommartin, quand Enguerran de Beaurain le chargea en 1130 de diriger l'établissement d'une nouvelle maison de Prémontré. Il lui abandonna à cet effet, de concert avec Eudes de Tollent, sur les bords de la Canche, au lieu dit aujourd'hui Maresquel (*in maraculo*), la maison et le moulin de l'Aulnoye,

---

(1) *Notes mns. f° 2.*
(2) *Portrait historique, f° 135.*
(3) *Annales breves ordinis Præmonstratensis, auctore Manricio Dupré Ambiani, 1645.*

avec la moitié des prairies de Belleville, « *domum de Alneto, cum molendino, aqua et pratis et medietatem pratorum Belleville.* » (1)

De là, cette dénomination : Saint-André de l'Aulnoy ou de Lannoy, emprunté à la grande quantité d'aulnes qui croissaient aux environs.

Enguerran de Beaurain et Eudes de Tollent sont donc les vrais fondateurs de Saint-André ; à eux seuls en revient toute la gloire et non pas à Guillaume de Saint-Omer (2) encore moins à Baudouin, comte de Guines. (3)

Une colonie détachée de Dommartin vient s'y installer et commence à bâtir la chapelle et les cloîtres, avec l'agrément de Sanson, archevêque de Reims, en 1144 (4) et du pape Eugène III, en 1147 (5) ; mais bientôt l'humidité du sol, les émanations malsaines d'un terrain marécageux peut-être aussi le voisinage de la forteresse de Beaurain, devenant des obstacles sérieux au développement de la maison, les moines s'adressent au successeur d'Enguerran, et le trouvent disposé à leur procurer un établissement plus convenable. Hugues de Beaurain obtient pour eux, de l'abbé de Saint-Josse-au-Bois, la cession du domaine de Grémécourt (*Germericuria*) (5) situé sur la hauteur, à trois quarts de lieues de Maresquel, avec les terres et bois

---

(1) Salé *f*° 2.

(2) Erreur reproduite par : Ferry de Locre, *chron.* *f*° 314 ; l'abbé Robert, *biographie de Lédé* ; de la Neuville, *Picardie*, année 1872. Roger. *Archives de Picardie et d'Artois.*

(3) *Gazæus.* Il fonda l'abbaye d'Andres, au diocèse de Boulogne, et non pas Saint-André-au-Bois.

(4)-(5) *Historien anonyme de Saint-André*, *f*° 1.

(5) **Grémécourt** avait été donné à Saint-Josse-au-Bois par Enguerran et Hugues de Beaurain, ainsi que le moulin de Tigny (1154).

de Sévigny et de Gossumetz, etc., en échange de trois muids de grain, redevance annuelle, sur les moulins de Tigny. La charte, monument de ce contrat, approuvée par les fils de Hugues : Robert, Hugues et Raoul, est souscrite par les abbés Foulques, de Saint-Jean d'Amiens, et Jean, de Saint-Lucien de Beauvais, par Waldric, seigneur de Maresquel et Eudes de Tollent (1156) (1).

De ce jour les enfants de saint Norbert abandonnent la maison de l'Aulnoy (2) et ces hommes de prière et de pénitence, qui sont en même temps les hardis pionniers de la civilisation chrétienne, pénètrent sous la conduite d'Anscher, leur premier abbé, dans la vaste forêt qui couvrait alors les contrées situées entre la Canche et l'Authie. Ils se mettent généreusement à l'œuvre : par leurs soins, une campagne ouverte et fertile succède à des halliers impénétrables ; ils défrichent, ils défoncent le sol et le mettent en état de produire d'abondantes récoltes (3). La dénomination de *Saint-André-au-Bois, Sanctus Andreas in nemore* consacre le souvenir des bois qui l'environ-

---

(1) *Livre Rouge, I, f° 59. Confirmation de Hugues Tyrel, 1160.* L'auteur d'un mns. sur les fondations de Prémontré, écrit en 1666 par un religieux de St-Jean d'Amiens, avance que St-André de l'Aulnoy était un simple prieuré, dépendant de Dommartin, érigé en abbaye par Thierry, évêque d'Amiens, en 1163, après la donation de Grémécourt. *Chronique citée par Godart de Beaulieu, f° 143 r°.*

Toutes les chartes rapportées dans le cours de cette histoire, sans indication spéciale, sont extraites du *Cartulaire de Saint-André* dit *le livre rouge.* Voir appendice, n° 1.

(2) TURPIN (*historia comitum Tervanensium f° 80*) dit à propos de cette translation : « *ex Lanoyensibus dicti ascetœ Andreani et némorenses sub primo presule Ancarrano.* »

(3) *Servais de Laruelle, abbé de Pont-à-Mousson, optique sur la règle de Saint-Augustin,* s'exprime ainsi : « *Monasterium St-Andreœ in nemore, pulchri admodum aspectus et agriculturœ optimœ,* »

naient, aussi bien que les armoiries adoptées par la communauté : *de sinople, au sautoir (croix de Saint-André) d'or, accompagné en chef d'une étoile du même, d'un cerf à dextre, d'un sanglier à senestre et d'un levrier passant à senestre en pointe ; ces trois animaux au naturel.*

>Pour acquérir salut d'immortalité,
>Durant la paix et la tranquillité,
>J'ay, pour les louanges de Dieu chanter,
>Prié l'abbé et couvent de Lannoy en ce lieu habiter. (1)

Anscher fit construire un bâtiment de pierres blanches, long de cent quarante-cinq pieds, large de quarante, et une chapelle consacrée sous l'invocation de la très-sainte Vierge et de saint André, par Thierry, évêque d'Amiens. La vie régulière et toujours édifiante des religieux devient dès lors une abondante source de richesses : en 1156 Landric de Bloville et Sara son épouse, puis Raoul de Brimeu, en 1160, Eustache Colet, en 1165, enfin Gaultier Tyrel et Enguerran de Morlay en 1167, fournissent de nouveaux éléments à leur activité et, grâce à cette prodigieuse énergie, s'établissent à Bloville (1), à Brunehautpré (2) comme à Grémécourt (3), des prévôtés soigneusement cultivées. On oublie trop facilement le service incomparable que les moines ont rendu à la chrétienté,

---

(1) Salé, f° 7.

(1) Bloville, Blooldivilla, Bloovilla, Bloevilla, Blovile. *Titres des XII° et XIII° siècles*, commune de Boisjean, canton de Campagne-lès-Hesdin.

(2) Brunehautpré, Burnelpré, Brunelpré, Brunelpratum, Burniaupré, Burnelli pratum, Burneaupré, Burnelpin. *Titres des XII° et XIII° siècles*, commune de Campagne-lès-Hesdin.

(3) Germerecuria. Germecorth, Germecurt, Germecellum, Gremecurt. *Titres des XII° et XIII° siècles*, commune de Gouy.

en défrichant de leurs mains, la moitié de l'occident, aussi sommes nous heureux de revendiquer pour ceux de Dommartin et de Saint-André, une part de la reconnaissance qui est due aux ordres religieux. Nous tenons surtout à protester contre l'accusation de paresse et d'oisiveté que les philosophes des temps modernes se plaisent à leur adresser ; la paresse des moines, mais qui donc, s'écrie Montalembert, si ce n'est eux, a fertilisé le sol et qu'il ferait beau voir ceux qui ont le plus largement prodigué ce reproche aux moines, astreints pour un seul jour à la vie de fatigues incessantes et de privations qui a été le partage des premiers habitants de nos monastères !

Entièrement dévoué à l'entreprise laborieuse d'une fondation monastique, Anscher trouva un généreux concours chez les plus puissants seigneurs du voisinage : seul Henry de Caumont, époux de Eremburge, et beau-frère de Hugues de Beaurain, osa lui résister, mais il renonça presque aussitôt à ses prétentions injustes. (1167) (1). Désireux de transmettre à ses successeurs la paisible jouissance des biens qu'il avait recueillis, le prélat obtint de Gaultier Tyrel (1160) et de Thierry, l'évêque d'Amiens (1163), des lettres d'amortissement et de sauvegarde pour le présent et l'avenir. La protection du chef de l'Eglise n'était pas moins nécessaire ; Alexandre III, non content de prendre l'abbaye de Saint-André sous son autorité paternelle, l'enrichit encore de priviléges

---

(2) *L. R. t. 1,* f° 39, r°, v°. La charte se termine par ces mots : *Quia Henricus sigillum non habebat, signatum est et impressum sigillo Widonis de Calmunt, fratris sui, concessione Henrici.* Les deux parties du cyrographe original sont aux archives du Pas-de-Calais (*fonds Saint-André*).

multipliés, la déclarant : affranchie de redevances et servitudes, à l'abri de troubles ou de violences, défendant d'arrêter dans son enceinte ceux qui y cherchaient asile, d'envahir ses propriétés et de les retenir ; le tout avec menace de l'excommunication majeure.

Anscher transigea avec les moines de Saint-Josse-sur-Mer, pour la dîme et le terrage de Liuncourt et mourut le 3 décembre 1168 (1). Inhumé dans la chapelle (2) dont il avait béni la première pierre, il y reposa près de cinq siècles avec cette épitaphe : (3)

LORSQ'ANCHARRAN VIVAIT ÈS SIÈCLES DORÉS
ESTANT ABBÉ DE SAINT-ANDRÉ DICT DES ALNOIS,
FUT PAR HUGUES DE BEAURAIN TANT HONORÉ
QU'IL L'AMENA DE MARESQUEL EN CE TERROY.

Le 12 mars 1642, le trente-troisième abbé de Saint-André, Nicolas Lédé, entouré d'un immense concours de fidèles, transporta solennellement les restes vénérés du saint fondateur, au milieu du chœur de la nouvelle église, dans un tombeau de marbre sur lequel on grava cette inscription :

SANCTI HEC OSSA R^{di} IN CHRISTO PATRIS NOSTRI ANSCHERI PRIMI ABBATIS HUJUS ECCLESIÆ, TRANSLATA È VETERI SACELLO BEATÆ MARIE VIRGINIS, PRIMUM OMNIUM ÆDIFICIO, ATQUE HIC IN MEDIO CHORI REPOSITA, ANNO DOMINI

---

(1) *Ancien obituaire de Séry*, rapporté par Salé et *Gallia Xna. t. X. col.* 1371. *Les cartulaires de Dommartin, Saint-Josse-sur-Mer, Selincourt, Valloires*, mentionnent fréquemment l'abbé Anscher.

(2) Cette chapelle et le dortoir primitif qui y était contigu, servant alors de grange, furent démolis par l'abbé Thomas en 1597. Les murailles avaient 3 pieds d'épaisseur.

(3) LÉDÉ. *Notes mns f° 27.*

MDLXII, DIE XII MARTII, SUB R^do NICHOLA LÉDÉ EJUSDEM LOCI ANTISTITE ET FRATRE CLAUDIO SALÉ, EJUS CANONICO QUI PRESENS HOC TESTIMONIUM SCRIPSIT AC POSTERITATI RELIQUIT.

HUGUES.

II° ABBÉ. — (1168-1178.)

Hugues assiste avec l'évêque d'Amiens, les abbés de Foucarmont, de Selincourt, de Sery, de Saint-Fuscien et du Gard à la transaction survenue entre le comte Jean de Ponthieu et les religieux de Dommartin, 1169, L'année suivante, le comte de Boulogne lui promet aide et protection (1) et l'autorise à défricher à Bloville, ce qu'il avait constamment refusé jusqu'alors. Revenu du chapitre général tenu à Prémontré, en 1172, Hugues souscrit la reconnaissance par Guillaume de Montreuil-Maintenay de ses largesses au profit de Valloires, et spécialement de la concession de l'endroit où l'abbaye est construite avec terres à Potelle, terres à Préaux. (2)

A la veille du départ pour la croisade, Enguerran, sire de Brimeu, ajoute aux donations de son père à Brunehautpré, 1173, et la dame de Brimeu, Elisabeth, ses fils Eustache, Hugues et Pierre ratifient ces libéralités confirmées par leur suzerain, Eustache de Bailleul. (3)

.Une charte de Didier, évêque de Thérouanne, men-

---

(1) BOUBERT, *chron.*
(2) *Cart. de Valloires,* f° 127.
(3) *Arch. du Pas-de-Calais, ch. orig.*

tionne la création par Clarembault, seigneur de Thiembronne, chevalier, de la cense du Val-Restaud (1), présents : Guillaume, Guifart et Hugues de Thiembronne, Robert, abbé de Lisque, Robert, abbé de Saint-Vulmer, Pierre, abbé d'Andre.

Hugues décéda le 27 décembre 1178. Son tombeau ouvert en 1642 contenait des parcelles de fin linge damassé et de passementeries d'or provenant de l'aube et de la chasuble, dont il avait été revêtu ; les sandales et la crosse de plomb subsistaient intactes. (2)

GOSSELIN.

IIIe ABBÉ. — (1179-1199.)

Gosselin ou Gossuin (*Josselinus*) venait de succéder à Hugues, lorsque s'engagea entre le comte de Flandre et le roi de France, pour la restitution du Vermandois, une guerre acharnée : La Picardie, le Ponthieu surtout, eurent beaucoup à souffrir du passage des troupes, mais Guillaume de Saint-Omer, châtelain de Beaurain et l'allié des Flamands répara généreusement les dommages causés à Saint-André, par l'abandon, avec l'autorisation de défricher, de cinq charrues de la forêt de Beaurain (*in valle de Crasmainil*) qui devinrent la cense du Valivon ; il confirma en outre les droits de mouture et de

---

(1) VAL-RESTAUD, Vallis Restoldi, Vavretaud, *titres des XIIe et XIIIe siècles*, commune de Thiembronne, canton de Fauquembergue.
(2) SALÉ, *f*° 23 et 24.

pêcherie exercés au moulin de Maresquel. Guillaume de Saint-Omer et sa mère Yde, Raoul et Guillaume de Huppi, Henri de Caumont, Enguerran de Beaurain, Hugues de Gouy, Hugues Colet, Guarin de Maresquel, Eustache de Jumetz, Enguerran de Brimeu se portèrent les garants de la fondation du Valivon et y assistèrent. (1185). (1) Les moines commencèrent le défrichement arrêté quelques années plus tard (1201), par le châtelain de Beaurain qui, voyant à regret disparaître son bois et priver son château d'un abri nécessaire « *nolebat castellum suum a nemore nudare vel nemus suum annihilare,* » les dédommagea d'une autre manière. Toutefois on avait déjà mis en culture une étendue de terrain suffisante pour la construction de la ferme et d'une chapelle, dédiée à saint Eloi, qui demeura pendant plusieurs siècles l'objet d'un pèlerinage fameux.

Les riches possessions de l'abbaye de Saint-André s'augmentèrent alors des donations de Rainiers Fourdin, 1188; de Hugues Colet, 1188; de Vaultier de Bloville, 1189; d'Enguerran de Brimeu, 1193; de Robert d'Argoules, etc. (2) La protection des grands ne lui manqua pas davantage ; nous avons lu des lettres pleines de bienveillante sympathie, signées du Pape Urbain VIII, du roi Philippe-Auguste, de l'évêque d'Amiens, Thibaut (3).

---

(1) Valivon, Vallis Yvonis Valhuon, *Titres des XII° et XIII° siècles*, commune et canton de Campagne-les-Hesdin.
Cette donation considérable a fait attribuer par plusieurs auteurs à Guillaume de Saint-Omer, la fondation de l'abbaye de Saint-André. *Cf. supra.*
(2) L. R., t. 1. f° 47 v°.
(3) *Archives du Pas-de-Calais*, original, 1188.

de l'évêque de Thérouanne, Lambert et du comte de Saint-Pol. (1)

En 1196, Gosselin rendit une sentence arbitrale entre l'abbaye de Valloires et messire Guy, seigneur d'Argoules (2). Il s'éteignit, dans un âge avancé, au mois de février 1199.

ROBERT.

IVe ABBÉ. — (1199-1208).

Les chevaliers qui entreprenaient la lointaine expédition de Palestine, voulant attirer les bénédictions du ciel sur leur voyage, obtenir pardon de leurs fautes et se procurer les ressources nécessaires, se dépouillaient en faveur des abbayes : Ainsi Robert de Blovile emprunta à Saint-André les fonds : « *in expensis itineris prepositi, cum pro remissione peccatorum suorum Jerosolimam adere dis poneret, cum eâ multitudine quæ à multis orbis partibus congregata, ad liberationem terræ Jerosolimitanæ profecta est.* » Les archives départementales du Pas-de-Calais conservent 166 titres originaux du XIIIe siècle, pour l'abbaye de Saint-André-au-Bois ; le plus ancien de 1202, qui est une ratification par l'évêque de Thérouanne de la donation d'Oston de Beaurain au Fayel, se rapporte à la prélature de Robert. On trouvera aux pièces justificatives le tableau chronologique de ces chartes, monuments pré-

(1) *L. R.*, t. 1, fo 55 vo *et* TURPIN, *comitum Tervanensium annales historici*, fo 84.
(2) SALÉ, fo 25.

cieux et irrécusables de l'histoire du moyen-âge, qui nous ont guidé dans le cours de ce travail (1).

Eustache de Brimeu, chevalier, trouvant les aumônes de ses ancêtres par trop exagérées, entreprit de quereller les religieux, au point que l'évêque de Thérouanne fulmina contre lui une sentence d'excommunication, dont le résultat immédiat fut la reconnaissance du passé et l'octroi de nouveaux priviléges tels que : terrage à Brunehautpré, pâturage sur le territoire de Brimeu, renonciation à une rente constituée par Enguerran. Cette amende honorable dictée d'abord dans l'église de Dommartin, a été confirmée au prieuré de Saint-Georges-les-Hesdin, devant Hugues, Pierre, Agnès, Ide et Euphémie, frères et sœurs du sire de Brimeu ; Florent, abbé de Saint-Josse-sur-Mer ; Pierre, abbé de Saint-Sauve ; Evrard, prieur de Saint-Josse et un certain nombre de moines de Saint-André. (janvier 1202).

Ce différend terminé, un autre commença au sujet de la cense de Romont réclamée par l'abbaye de Longvilliers ; les abbés du Gard et de Saint-Jean ainsi que le doyen de la cathédrale d'Amiens désignés par le pape, comme arbitres, la lui attribuèrent, à condition de payer une rente de 30 livres parisis à Saint-André. Des bornes furent placées avec défense aux parties de bâtir ou acquérir quoique ce fût, à moins d'une lieue de ces limites réciproques, vers *Ruhumont* ou *Burnelpré*. Février 1203.

Principaux bienfaiteurs au temps de Robert : Robert d'Argoules, chevalier (2). Guillaume de Montreuil-Main-

---

(1) *Appendice n° VIII.*
(2) 1201. — Donation à Varchonval, en présence de « Gonfrido

tenay, chevalier (1). Hugues Colet, chevalier (2). Eustache de Gouy (3). Gilles de Giemetz, chevalier (4). Guillaume de Thiembronne, chevalier (5).

L'abbé Robert mourut le 16 avril 1208 (6).

GUY.

V° ABBÉ. — (1208-1214.)

Guy, successivement prieur et abbé de Saint-André, reçut de Guillaume, seigneur de Maresquel, douze mesures de terre au Fayel ; les lettres confirmatives, délivrées en 1214 par le châtelain de Beaurain, le prouvent. Sa

de Haimont, Hugone Colet, Adamo de Gyemes, Hugone Kiéret, Adamo fratre Ejus et Frodone de Beaurem. *Arch. du Pas-de-Calais. loc. cit.*

(1) 1202. — Donation « apud vallem putei » en réparation des dommages considérables qu'il a occasionnés à l'abbaye pendant la guerre entre Philippe-Auguste et le roi d'Angleterre. SALÉ, *f° 37.*

(2) 1202. — Donation aux « Colroy de Buires » du gré de sa sœur Agnès, épouse de Vaultier, seigneur de Waben.

(3) 1206. — Donation au lieu dit : les Trois Cornets, et abandon du droit de pâturage dans ses domaines. *L. R. T. I. f° 212 r.*

(4) 1206. — Octroi de 41 mesures de terres « apud Geymetz (Jumel) avant d'avoir lignée de Yde, son épouse, et ce, avec le consentement de Hugues, son frère et de ses sœurs : Anthime, Hermentrude, Hauwide, Agnès et de Pierre de Gyemetz, son beau frère. SALÉ, *f° 39.*

(5) 1208. — Fondation d'un châpelain au Val Restaud, en affectant à son entretien le revenu de 26 mesures de bois, 26 mesures de terre et de certains droits de pâturage et de travers. *L. R. T. I. f° 374.*

(6). SALÉ, *f° 42.* Les obit. de Valsery et Albecourt fixent sa commémoration au 3 février, ceux de Cuissy, au 5 février, de Dommartin et de St.-André, au 16 avril, de Ninove et St-Follian, au 5 mai, de St-Jean-d'Amiens, au 6 mai, de la Wicogne au 11 mai.

commémoration avait lieu le 27 avril, à Prémontré ; le 9 mai, à Saint-Martin-de-Laon, Cuissy, Ninove, Saint-Jean d'Amiens, Marcheroul, et le 10 mai à Dommartin. (1)

SENAULT.

VI° ABBÉ. — (1214-1217.)

Le roi Louis VIII chargea l'abbé Senault, Senold ou Senoud et Richard de Beauquesne, bailli d'Hesdin, de procéder à une enquête, pour connaître la nature du chemin qui conduit de la Malmaison (2) à Montreuil (*via quæ ducit de malo domo ad Monstrolium*). Etait-ce au temps du comte Philippe de Flandre un chemin royal ? Eustache de Verton, Erembauld Foulques et Girard de Gouy, Guillaume et Aléaume d'Ecquemicourt, Roger et Bérard de Maresquel, Guillaume d'Aubin, Enguerran de Marconnelle, Baudouin de Beaurain et d'autres témoins entendus, déclarèrent que c'était simplement un sentier « *tantum semita, non via.* » Cette information est reprise textuellement dans le vidimé donné le 2 juillet 1264 par Eustache, abbé de Saint-André et Jean le Petit, bailli d'Hesdin (3).

Qu'était-ce donc au Moyen-Age qu'un chemin royal ou un sentier ? Les communications de bourgade à bourgade, de château à château étaient alors très-difficiles ; on les

---

(1) *Gallia christiana, loc. cit.*
(2) *La* MALEMAISON, située près le prieuré de Saint-Georges-les-Hesdin, d'après une charte du *cart. de Dommartin.*
(3) SALÉ, *f°* 72.

distinguait en chemins péageaux ou voies royales et en sentiers. La loi voulait que les premiers eussent quatorze pieds de large ; les sentiers pouvaient se couvrir d'ombrages, on élaguait seulement les voies royales ; si un chemin se détériorait ou tombait en désuétude, une commission de prud'hommes traçait un nouveau sentier, aussi près du dernier que possible. Pour l'entretien de la voie, on payait un denier par charrette à 2 roues, et deux, pour celles à 4 roues. De distance en distance, des poteaux indiquaient la juridiction de la terre desservie par le chemin. Généralement on voyait sur ces routes plus de cavaliers armés que de voitures de commerce, et plus de chariots pesants que de voitures de luxe. Le riche abbé Suger faisait tous ses voyages à cheval, même dans son extrême vieillesse. (1)

Le pape Honorius adressa à Senault, une bulle garantissant les priviléges et immunités de sa maison et notamment le personnat de Gouy, 12 mars 1217.

TESSON.

VIIe ABBÉ. — (1217-1230).

Le 26 juillet 1220, l'évêque d'Amiens consacre l'église nouvellement achevée (2) ; les cloîtres, les dortoirs et autres bâtiments de charpente sont alors remplacés par

---

(1) VICOMTE DE VAUBLANC, *la France aux Croisades, IV*, 81.
(2) Cette église subsista jusqu'au siècle dernier ; aujourd'hui encore on voit les fragments de sculpture qui ornaient l'un des bas-côtés adossé à l'abbatiale.

des constructions de maçonnerie, plus en rapport avec la richesse du monastère. Nous avons signalé dans les croisades l'une des principales causes de cette richesse, mais il convient d'y ajouter aussi le désir et l'espoir d'expier les fautes d'une vie trop sensuelle, le besoin de racheter les chûtes de la fragilité humaine, ou de restituer le bien mal acquis, en garantissant l'existence de religieux voués au service de Dieu, et en assurant, par leur entremise, des ressources permanentes aux pauvres et aux malades. Une fortune si rapide dut exciter la convoitise des voisins de l'abbaye, mais presque toujours ses droits étaient reconnus parfaitement légitimes et fondés : vainement le prieur de Beaurain lui conteste la jouissance des dîmes à Gossumez, Grémécourt et Bloville, il est obligé de se soumettre devant la sentence prononcée, au profit de Saint-André, par les abbés d'Auchy et de Saint-Augustin, 1223 (1). Vainement encore Arnould d'Esquires, fils de Guillaume et de Bilehaut, sœur et héritière de Robert de Bloville, jaloux de la pieuse munificence de ses ancêtres, enlève violemment à Bloville un cheval et en tue quatorze autres; exilé, sous peine de mort, des domaines du roi de France, du comte de Boulogne et du châtelain de Saint-Omer et excommunié, il n'obtient son pardon qu'à la prière de l'abbé Tesson qui reçoit un témoignage public de son repentir et de ses restitutions (2). Seul, le commandeur de Loison, Olivier de la Roche, s'oppose avec succès, à ce que l'abbaye puisse, désormais, acquérir sans son con-

(1) SALÉ, f° 47.
(2) *Ibidem.*

sentement exprès, dans les limites de la seigneurie de Campagne, 1226 (1).

Principaux bienfaiteurs sous la prélature de Tesson : Guillaume de Saint-Omer, châtelain de Beaurain (2) ; Jehan seigneur de Contes et Egueline, sa femme (3) ; Hugues, seigneur de Brimeu (4) ; Guy du Maisnil et Agnès, sa femme (5) ; Simon Howart d'Ecquemicourt (6) ;

L'abbé Tesson décéda le 26 août 1230 (7). On voyait à l'entrée de la sacristie son tombeau orné d'une statue le représentant, la crosse à la main, vêtu des habits pontificaux, avec cet acrostiche (8) :

TEGITUR VETERI SAXO
EGREGIUS ABBAS TESSO
SEPTIMUS IN CŒNOBIO
STANS HIC ILLIUS MEMENTO
OBJACET EJUS IMAGO.

---

(1) *Archives du Pas-de-Calais original.*

(2) 1218. — Donation d'un demi muid de blé, « *ad oblationem panis et vini in celebrationem divinorum.* SALÉ, *fº 48.*

(3) 1222. — Donation du quart de la dîme sur 600 journaux au terroir de Contes. L. R. T. I. fº 171 vº.

(4) 1223. — Don d'une rente de 60 sols parisis et confirmation des libéralités de son frère Eustache. « *apud Bruneaupré.* » *Ibidem.*

(5) 1226. — Don de la dîme de 26 mesures de terre à Bloville et au mont de l'Aiguile, BOUBERT, chron.

(6) 1227. — Don de 20 mesures de terre à Gouy, *ibidem.*

(7) SALÉ, fº 55, 51. *Obit. de Saint-André et de Saint-Jean d'Amiens.*

(8) L'abbé d'Ostrel, voulant donner accès plus facile à la sacristie, la fit démolir. 1558-1581. LÉDÉ, *notes mns.*, fº 45.

JEAN DE RESNE,

VIIIᵉ ABBÉ. — (1232-1242.)

Jean, surnommé de Resne (*obituaire de Saint-Jean*), paraît d'abord en 1232, recevant de dame Aélis de Thiembronne confirmation de plusieurs biens récemment acquis au Val-Restaud. L'année suivante (février 1233), Geoffroy, évêque d'Amiens, termina le différend survenu avec le prieur de Maintenay, touchant la dîme de 40 journaux, situés paroisse de Buires, dont il attribua la jouissance à l'abbaye, à charge de payer annuellement au prieur quatre septiers, moitié blé et avoine, mesure de Maintenay (1).

Rappelons aussi l'abandon par Guy du Maisnil de la dîme sur 120 journaux à Bloville (2) et par Guillaume, seigneur de Campigneules, (3) d'un muid de grain (1239). Simon de Dammartin, comte de Ponthieu, d'abord exilé de France, puis gracié par le roi saint Louis, étant mort à Abbeville, le 21 septembre 1239, il fut enseveli dans l'abbaye de Valloires. Sa veuve attribua, sur le mouton-

---

(1) *Archives du Pas-de-Calais, orig. Liasse du Prieuré de Maintenay* et *L. R.*, t. 1, fᵒ 89 *et seq.*

(2) *Ibidem, original.*

(3) *L. R.*, t. 1, fᵒ 87. Juin 1239. « *Guillelmus de Campignuelles, miles ad partes Jerosolimitanas proficiscens.* » C'est Guillaume de Morlay qui épousa Hawide, dame de Boufflers ; son sceau appendu à une charte de l'abbaye de Saint-Vaast portait *un écu échiqueté à un franc quartier*, avec la légende : *Sigillum Willelmi militis de Campineuls.* (*généalogie de Boufflers*).

nage de Waben, une rente de 20 sols parisis, destinés à la célébration d'un obit à son intention, dans l'église de Dommartin (1).

Peu de temps après, Eustache, chevalier, seigneur de Gouy, désireux de créer pour lui et sa famille une sépulture à l'ombre du saint lieu et de s'assurer le concours de prières ferventes, approuve, au lit de la mort, avec Ade son épouse, la rente de 10 sols parisis affectée par sa mère Mahaut, à l'entretien de la lampe ardente, dans la chapelle sainte Madeleine ; il y ajoute dix-neuf journaux de terre et la moitié du terrage de Soyermont, ce que ratifie au mois de juillet 1214, le châtelain de Beaurain, Guillaume de Saint-Omer. Celui-ci en prit occasion de céder à Saint-André le droit de pêche sur la Canche : « *Ab exclusis versùs Burœllas* (Burcuilles) *usque ad exitum Alneti.* » moyennant la redevance de mille anguilles ou, à défaut d'anguilles, de mille harengs, payable au temps du carême.

Les obituaires de Dommartin, la Vicogne, St-Jean d'Amiens, Marcheroul et Ninove font mention de Jean de Resne au huit octobre 1242.

HUGUES DE FRUGES,

IX° ABBÉ. — (1242-1256.)

Hugues, deuxième du nom, né à Fruges et de la famille

---

(1) BOUBERT, *chron.*

de Maresquel (1), obtint de l'évêque d'Amiens, Arnould, l'autorisation de reporter la dédicace de son église du 26 juillet au 6 novembre, car les religieux, alors occupés aux travaux de la moisson, ne pouvaient donner toute la solennité requise à la célébration de cette fête. Ainsi, après un siècle d'existence les possessions de l'abbaye sont déjà considérables, bien que le désintéressement et la pauvreté volontaire des enfants de St-Norbert ne soient pas altérés. Ils récoltent à la sueur de leur front le pain quotidien et celui qu'ils distribuent en abondantes aumônes : « *Sunt occupati de messibus colligendis* » ce sont les termes de la charte. Plus tard, le bien-être, le privilége de la fortune, les détourneront de ces rudes labeurs, et nous verrons les plus sages d'entre eux se plaindre amèrement que l'on puisse, sans inconvénient pour les travaux des champs, rétablir la dédicace au jour de sainte Anne.

Le pape Innocent occupait alors la chaire de St-Pierre : deux bulles de lui (21 août 1247) (2), défendent de contraindre à vendre ou aliéner les biens du monastère, voire même de forcer l'abbé à recevoir « aucuns es provisions « ou pensions de bénéfices ecclésiastiques sans mande- « ment spécial du siége apostolique. » Le 2 octobre de la même année, une troisième bulle, donnée à Lyon, confirme en détail le domaine et les immunités et règlemente l'administration de l'abbaye.

Jacquemets de Contes (3), ayant acheté de Baudouin

---

(1) Boubert, *chron.*
(2) Salé, *f° 54. L. R, f° 214*, Boubert *chron.*
(3) « *Jacobus, miles dominus de Contes, et uxor ejus Maria, et Henricus et Egidius de Contes, milites,* » figurent dans un titre de septembre 1249, *L. R. t. I f° 286 og.*

les terre et seigneurie de Maresquel, voulut contester à Hugues de Fruges, la pêcherie de la rivière de Canche, dont il jouissait par suite des donations des anciens châtelains de Beaurain. On en référa à la cour de leur successeur Baudouin, sire de Créqui, qui réunit ses pairs, le jour de St-Pierre 1253. On désignait sous le nom de pairs (pares) ou égaux, les vassaux d'un même suzerain établis autour de lui, sur un même territoire, et investis de fiefs équivalants au sien. Chaque suzerain jouissait du droit d'être jugé par ses pairs devant son seigneur. Les pairs de Baudouin de Créqui étaient : Jehan de Brimeu, Guillaume Longue épée, Gilles de Marles, Adam de Gycmes, Nicolas de Ricquebourg, Jehan de Fruges, Jehan Lorisse, Jehan de Lisle, Thomas de la Porte, Hue Lorisse, Pierre de Longvillers, Adam de Hautecloque et Jehan de Buimont, bailli de Beaurain. Ils consacrèrent le droit des moines depuis les écluses, vers Burœuilles, jusqu'à l'extrémité des prés, vers Ricquebourg.

La prélature de Hugues de Fruges est peut-être l'époque la plus féconde pour l'abbaye et il faudrait dresser un état complet de la noblesse du pays, afin de n'oublier aucun de ses bienfaiteurs. Parmi tant de chevaliers qui aimaient à l'enrichir de leurs aumônes nous signalerons : Eustache, seigneur de Gouy (1), Guillaume de Saint-Omer (2), Guil-

---

(1) 1243. — Don du terrage de Soyermont et de Liancourt. *L. R. t. I. f° 56.*

(2) 1244, février.—Abandon du droit de faucillage entre la Canche et l'Authie et confirmation de toutes les possessions de l'abbaye. *Ibid. f° 22.*

laume Colet (1), Henri de Boufflers (2), Jehan, seigneur de Brimeu (3), Arnould de Bloville (4), Baudouin, seigneur de Maresquel (5), Jehan d'Ypres, seigneur de Reninghes (6), Aélis, dame de Thiembronne (7).

L'abbé Hugues de Fruges renouvela le réfectoire et environna les enclos de solides murailles. Son corps gît en la chapelle Sainte-Madeleine près la sacristie avec cette épitaphe :

<blockquote>CHI GIT LI ABBÉS HUES DE FRUGES.
PRIES POUR S. AME.</blockquote>

EUSTACHE.
X° ABBÉ. — (1257-1270.)

Eustache, d'abord prieur de Saint-André, est désigné

---

(1) 1247, novembre. — Don de trois muids de blé à *Burnelpré* et du moutonnage à Talonville. *Arch. du Pas-de-Calais, loc. cit.*

(2) 1248, novembre. — Renonciation à l'un des quatre muids de grain dus à *Burnelpré. L. R. t. I f° 545.*

(3) 1248, juillet. — Donation de 10 mesures de terre « *apud Burguel propè vallem Restoldi* » pour la fondation de son anniversaire et de celui de Hugues son père.

1255, mai. — Don de 4 journaux de terre à la *Haie tournant*, près le Bois de *Burneaupré*, affectés à l'entretien du luminaire dans la chapelle récemment bâtie à *Burneaupré* et dédiée à la Vierge Marie.

(4) 1248. — Vente d'un fief « *apud Campegnueles.* » moyennant 160 livres parisis destinés à payer sa rançon en terre sainte. *C. de St-Sauve, f° 192.*

(5) 1249. — Abandon de ses droits de travers et de paturage à Maresquel. *Arch. du Pas-de-Calais, loc. cit.*

(6) 1253, décembre. — Don du terrage perçu sur 160 journaux de terre à Bloville « *apud Bloovillam.* » *Ibidem.*

(7) 1253, décembre. — Institution d'un second chapelain au Valrestaud ; il devra célébrer à perpétuité la sainte messe pour le repos des âmes de Manassés de Guines, son époux défunt et de Odette, sa fille. *Ibidem.*

comme abbé, dans l'acte d'amortissement accordé par le comte Guy de Saint-Pol, sur tous les biens situés en l'étendue de son comté, mars 1257 (1). Le 12 novembre 1258, intervint entre lui et l'abbé de Saint-Sauve, de Montreuil, au sujet de la dîme du Pen, un accord dicté par l'official Jacques de Wail. Disons, en passant, que ce Jacques de Wail, official et préchantre du chapitre d'Amiens, fut plus tard inhumé dans l'église de Saint-André, sous un riche mausolée de marbre, avec épitaphe circulaire :

Hic situs est Jacobus de Wail Ambianensis cantor,
fons juris, parcus sibi, largus egenis.
orate pro eo (2).

Mathilde, châtelaine de Saint-Omer, jalouse de continuer la tradition d'une longue lignée d'aïeux, bienfaiteurs de Saint-André, en imitant leur générosité, affranchit les moines du droit de forage, les autorisant à acheter chaque année en franchise, douze pièces de vin à Saint-Omer, (novembre 1260) (3).

L'abbé Eustache enregistra, au mois de février 1261, une nouvelle faveur d'Aélis, dame de Thiembronne, aussi nommée de Bléquin, approuvée par Robert de Bailleul, le neveu et l'héritier (4) de cette bienfaitrice infatigable de Saint-André qui y termina sa pieuse existence, comme sœur donnée, le 7 novembre 1264.

Robert de Bailleul, époux d'Eméline et père de Robert II,

---

(1) *L. R. t. 1. f°. 58.* Turpin, *annales comitum Tervanensium. f°. 138.*
(2) Salé, *f° 67-69*, le P. Daire, *Histoire littéraire d'Amiens, f° 515;* le désigne sous le nom de Jean de Wailles.
(3) *Arch. du Pas-de-Calais, orig.*
(4) *Ibidem, orig.*

mourut en 1266 et reposa, comme sa tante, au milieu du chœur de l'église sous une dalle ornée de ses armoiries. (1)

L'abbé Eustache, choisi comme arbitre entre le prieur de Beaurain et Jehan, chevalier, seigneur de Brimeu (juin 1268) obtient la protection du comte Robert d'Artois, et meurt le 26 octobre 1269.

SELLES.

XI° ABBÉ. — (1270-1283.)

Selles, chanoine de Dommartin, chargé, vers 1270, de l'abbaye de Saint-André et exécuteur testamentaire de Henry de Montauban, avec « Hues, curé d'Ecquemicort, Nicolas de Lambersart chevalier et Pierre de la Fontaine. remit à l'abbesse de Saint-Michel de Doullens la dîme d'Yvregny-les-Gennes pour un cens annuel de 20 s. p. (2)

Le prieur de Beaurain revendiquait depuis longtemps les offrandes et oblations des chapelles du Valivon, de Maresquel, de Brunehautpré qu'il prétendait lui appartenir « *jure patronatus.* »

L'abbé de Dommartin et le prieur de Dompierre, désignés comme arbitres les attribuèrent à Saint-André à charge d'une rente de 23 s. parisis. Mars 1275 (3).

---

(1) *Salé,* f° 75.
(2) Delgove, *Hist. de Doullens,* f° 294. L'auteur le désigne à tort sous le nom de Gellus.
(3) *Archives du Pas-de-Calais, fonds Dommartin, orig.* Le prieur de

Selles se montra particulièrement zélé : nous nous bornerons à citer des transactions avantageuses avec Guillaume de Thiembronne (3) et Enguerran de Lianne, (4) et s'il n'augmenta guère les possessions de son église, du moins lui assura-t-il de puissants amis tels que le roi Philippe-le-Bel, 1278, et le châtelain de Saint-Omer.

Selles avait abdiqué avant sa mort arrivée le 31 octobre 1283.

RAOUL.

XIIe ABBÉ. — (1283-1292.)

Il n'est pas rare, dans ces siècles de foi, de rencontrer de pieux laïcs se retirant du monde et se consacrant, à l'ombre du cloître, au service de Dieu et de ses religieux:

Beaurain était patron des cures de Riquebourg, Beaurain et Campagne. Il réclamait Maresquel comme dépendance de Riquebourg,—Valivon comme dépendance de Beaurain et Brunchaupré comme dépendance de Campagne. Le prieuré de St-Martin de Beaurainville relevait de l'abbaye royale de Marmoutiers à laquelle il fut réuni au Xe siècle. Jusque-là et depuis la donation de Rigobert, en 720, il avait appartenu à celle de Saint-Bertin; en 1140 Guingomar, le prieur de Beaurain, eut l'honneur de recevoir chez lui le père abbé de Marmoutiers, dom Garnier qui faisait la visite des maisons de son ordre (*C. de Valloire*s, *67*) Vaultier, prieur de 1152 à 1175. Jehan de Fresnoye, prieur en 1275. L'histoire du prieuré de Beaurain est intimement liée à celle du prieuré de Biencourt, même ordre, situé non loin de Labroye.

(3) *L. R. T.* 1, *fo 97, vo*, par suite de l'arbitrage de Jean d'Espaigni, commandeur du temple de Combermont (près Ergny) et Guillaume, seigneur de Lianne.

(4) *L. R. T. 1 fo 123*, par suite de l'arbitrage de Warin, commandeur de Loison et Jehan de Fresnoy, prieur de Beaurain.

désignés sous le nom de frères oblats et frères donnés (*dati, oblati et donati*) ils ne faisaient point profession, mais voués au célibat, revêtus de l'habit monastique, ils obéissaient aux supérieurs. La cérémonie de leur engagement consistait à se passer autour du cou, la corde de la cloche ou simplement à baiser l'autel. Tel fut sous l'administration de Raoul, le chevalier Jacques d'Averhoult, fils aîné d'Eustache de Thiembronne et frère de la charitable Aélis : Par testament daté d'avril 1286, il légua à l'église de Saint-André (*in quâ elegit sepulturam et habitum ad mortem*) une rente pour la célébration de ses anniversaires et mourut frère donné, le 18 décembre de cette année.

En 1292, autre fondation du même genre : Jehanne d'Ecquemicourt, épouse de Nicolas de Lambersart, chevalier, donne deux septiers du meilleur blé, mesure de Beaurain, à l'église de Saint-André où elle désire être inhumée.

THOMAS.

XIIIᵉ ABBÉ. — (1293-1301.)

Le chroniqueur Lédé, sur la foi du catalogue des abbés de sa maison, dressé par Jacques d'Ostrel, reporte à l'année 1293 l'avènement de Thomas. Les auteurs du *Gallia Christiana* et *Salé* se bornent à le citer. Occupait-il encore le siége abbatial, lorsque le roi de France délivra en 1298 des lettres de sauvegarde, que le mouvement continuel des troupes allant guerroyer en Flandre rendait indispensables (1) ?

(1) *Lédé, notes mns. fol. 60.*

GUILLAUME DE TORTEFONTAINE.

XIVᵉ ABBÉ. — (1301-1314.)

Toujours d'après Lédé, Guillaume de Tortefontaine aurait eu la direction de Saint-André-au-Bois, depuis 1301, jusqu'au 16 mai 1314.

C'était le moment où le pape Boniface VIII avait à lutter contre les empiètements de Philippe-le-Bel. Le souverain pontife, protecteur des biens ecclésiastiques, s'attachait de tout son pouvoir à les soustraire à l'avidité du roi. Il établissait une distinction entre ces biens dont l'origine était différente, et disait que nul n'avait le droit de toucher aux propriétés et aux fonds qui provenaient des offrandes libres des fidèles, mais que pour les domaines accordés aux églises par les rois de France, à titre de fiefs, ils pouvaient être légitimement grevés des charges et redevances féodales. Or Philippe entendait s'attribuer un droit égal sur les biens de la première catégorie et sur ceux de la seconde ; il convoqua deux fois de suite les Etats-Généraux, afin de faire sanctionner ses prétentions. La querelle prit alors un caractère d'aigreur qui amena les conséquences les plus regrettables. Sans l'avis du pape, le roi osa décider la réunion d'un concile œcuménique où serait porté le grand débat ; il y avait dans l'assemblée 39 prélats qui détestaient, dans leur for intérieure, les entreprises usurpatrices de Philippe ; mais ils n'osèrent résister au pouvoir qui voulait les déposséder : l'abbé de Prémontré était du nombre et c'est en conséquence de cette conduite, que Guillaume de Tortefontaine s'engagea lui et les siens à respecter les décisions de ce concile demeurées à l'état de projet (1).

JEHAN D'EMBRY,

XVᵉ ABBÉ. — (1314-1328.)

Le choix des religieux tomba alors sur Jehan d'Embry. Jusque là un prévôt, délégué de la communauté, aidé de frères convers faisait valoir la cense de Brunehautpré ; Jehan crut préférable de l'affermer, mais il s'en suivit, pour la perception des dîmes, un procès avec le prieur de Beaurain, procès terminé par sentence arbitrale de Juin 1318 (2).

Les abbés d'Angleterre se soumettaient à regret aux décisions du dernier chapitre général; la cour de Rome informée de leur opposition et craignant une rupture qui semblait imminente, proposa d'examiner le différend dans une conférence assemblée à Saint-André (3). Le jeudi saint de l'année 1315 vit donc réunis autour de Jehan d'Embry les abbés de Dommartin, de Saint-Martin-de-Laon, de Saint-Pierre-les-Selincourt, de Lisques et quantité de religieux distingués par le savoir et la prudence ; ils dictèrent à leurs frères d'Angleterre représentés par l'abbé de Languedon, une constitution en neuf articles, approuvée par le général de l'ordre.

---

(1) *Archives nationales.* — *J. 482, nº 156.* fragment de sceau rond représentant saint André en croix. — La légende a disparu sauf ces lettres : ......ANI.
(2) BOUBERT, *chronique.*
(3) *Ordinis Premonst. Bibliothecæ* fº. 939.

Avec le XIII° siècle disparaît ce prodigieux élan de générosité qui fut l'origine des plus puissantes communautés ; désormais, leurs domaines ne s'augmenteront guère et ces richesses, filles de la charité et de la foi, mères de l'envie, de la spoliation, de la ruine, allumeront la convoitise universelle ; alors surtout les prélats devront recourir à la protection des princes de l'Eglise et des grands. A l'avènement d'un pape ou d'un roi, d'un évêque ou de quelque haut seigneur, ils s'empresseront de solliciter des immunités qui seront toujours octroyées, mais rarement observées. Nous en trouvons la preuve dans les lettres de confirmation données par le pape Jean XXII, 1319 ; par le roi Charles IV, 1323 ; par la comtesse Béatrix de Saint-Pol, 1323.

Mort de Jehan d'Embry, 18 avril 1328. (1)

PIERRE GRENIER
XVI° ABBÉ. — (1328-1351).

La succession de Jehan d'Embry échut à Pierre Grenier: Raoul de Brienne, comte d'Eu, le successeur des Saint-Omer, des Créqui, n'avait rien de la générosité des anciens châtelains de Beaurain. Fidèlement secondé, dans ses dispositions hostiles à l'égard de l'abbaye de Saint-André, par le bailli Guillaume de Hocquélus, il lui suscita mille difficultés dont la sagesse de Pierre parvint à triompher. Une administration économe lui permit de faire élever la tour de l'église qui fut surmontée d'une

(1) SALÉ, *f° 86 v°.*

flèche hardie, et ornée d'une horloge avec carillon remarquable. L'infirmerie était insuffisante, il la reconstruisit plus spacieuse et, pour assurer aux malades les soins nécessaires, il leur attribua, avec l'autorisation du père abbé de Dommartin, les acquisitions qui avaient été obtenues de son temps. Le vénérable abbé Grenier soutint un procès contre Marie de Brimeu, dame de Renti, au sujet de la justice sur le champ de l'aumône, au Val-Restaud, (1342). Il décéda le 20 novembre 1351, et son corps repose, « *à l'entrée du Chapitre au pied du pilier avecq* « *trois autres de ses prédécesseurs, inhumez au milieu du-* « *dit chapitre en forme d'une croix autour du pilier.* (1)

JEHAN DE MONTFÉLON

XVII° ABBÉ. — (1351-1374).

Jehan de Montfélon, aussi nommé de Contes, eut à défendre les priviléges de l'abbaye, sérieusement menacés par l'ambition de Robert de Lorris. La juridiction si confuse, si imparfaitement déterminée au Moyen-Age, devenait une source de difficultés incessantes. Les religieux avaient-ils droit de haute justice? La justice vicomtière, qu'ils exerçaient sur les fiefs provenant des seigneurs de Beaurain, relevait-elle de ces puissants châtelains ou du roi de France ? Ces questions et plusieurs autres furent déférées au parlement : Jehan de Ligescourt, bailli de Beaurain, vint y représenter Robert de Lorris, à l'encontre des

---

(1) IBIDEM, f° 91.

frères Laurent de Saint-Omer, prieur, Baudouin Dalibert, Michel Alerie, délégués de Jehan de Montfélon.

Les lettres du roi Jean, (Béthune, 12 novembre 1353), ont sanctionné l'arrêt donnant gain de cause à l'abbaye, qui put dès lors rétablir, au lieu dit « *le Buisson Pouilleux* » les fourches, attribut de haute justice, que les officiers de Beaurain avaient osé faire disparaître.

Vers le même temps, Guillaume de Pruny, prieur de « *Notre-Dame de Maintenay* », traita avec Montfélon au sujet des dîmes perçues sur les *Caurroys* de *Buires* 1356 (1).

Le *Gallia Christiana* reproduit l'épitaphe de Jehan :

CHI GIST SIRE JEANS DE C... JADIS ABBÉS
DE LE ÉGLISE DE CHAIENS, PRIÉS A DIEU
POR LE AME DE LUI.

JEHAN DE FORESTEL

XVIIIe ABBÉ. — (1374-1394.)

Le refus de laisser participer le Valivon à l'établissement d'un pont sur la Canche fournit à Jehan le prétexte de faire déclarer sa maison désormais affranchie des taxes

---

(1) 10 octobre 1364. Bail de 120 journaux dits les Liuncourt et plus tard les *Longs courtieulx* au profit de Colais de Gouy, dit Jettons, écuyer, fils de Guillaume, moyennant : un éperon de fer blanc et un gant blanc de mouton ou douze deniers et service de plaid, cinq fois l'an. *Archives du Pas-de-Calais, L. R. t. I, f° 204 v°. Archives du Nord, fonds Saint-André, original d'un autre bail au même Colais de Gouy.*

imposées dans les limites de Beaurain (18 juillet 1380.) (1) Charles VI avait ordonné le dénombrement général des fiefs du royaume et requis le seigneur de Nédonchel d'en assurer l'exécution en Picardie : Jehan s'y conforma volontiers et produisit l'état de ses biens au sergent royal de Montreuil, Hues Couronnel, 23 septembre 1385 (2). Il assista à la rédaction d'une charte de Dommartin avec Gérard, abbé de ce monastère, Guillaume, abbé de Saint-Jean d'Amiens et Firmin, abbé de N.-D. de Séry, 1383.

JEHAN LECLERCQ,

XIXe ABBÉ. — (1394-1407.)

Jehan Leclercq, d'Aubin, prétendit se soustraire à l'impôt exigé du clergé dans les provinces soumises à l'obéissance de Benoit XIII ; la taxe de Saint-André s'élevait annuellement à 100 livres parisis, somme énorme dans les circonstances malheureuses où l'on se trouvait.

Un gentilhomme italien, Guillaume Pausardi, ex-commandant des troupes de Clément VII, se chargea d'exposer la situation précaire des habitants de Saint-André et, ayant obtenu en récompense de services rendus au Saint-Siége la jouissance de cette taxe, il voulut bien ne jamais la réclamer. Jehan transigea, le 26 février 1407, avec Guillaume de Lambersart, chevalier, seigneur de Thiembronne, pour l'exercice de la justice haute, moyenne et

---

(1) BOUBERT. *Chroniques.*
(2) *Lédé, notes f° 82.* Les lettres de Charles VI, sont datées de Paris, 5 mars 1383.

basse au Val-Restauld ; ils convinrent qu'un seul religieux pourrait desservir la chapelle castrale, contrairement à la pieuse volonté d'Aélis de Thiembronne (1). L'abbé Jehan Leclercq finit ses jours le 25 mars 1407.

GUILLAUME DU BUS,

XXe ABBÉ. — (1407-1417.)

« *D'azur au chevron d'argent chargé de 3 trèfles de sable et accompagné de 3 molettes d'éperon d'or.* »

Guillaume du Bus appartient à la famille noble de Ponthieu, qui fournit deux abbés de Dommartin, au siècle suivant. Le 31 mai 1417, il abandonne aux religieuses de l'Hôtel-Dieu de Montreuil dîme et terrage sur 24 mesures de terre à Bloville, en échange de la moitié de cette propriété.

ENGUERRAN DE FRUGES,

XXIe ABBÉ. — (1417-1440.)

« *de.... à la fasce vivrée de.....* »

Enguerran de Fruges, fils de Jacques, chevalier, et de dame Gilles de Wascongne, (2) né à Maresquel, assista, avec les abbés de Saint-Josse-sur-mer, de Dommartin, de Forestmontiers et de Longvilliers à la translation solen-

---

(1) *Archives du Nord*, fonds St-André, original et L. R. t. I, fo 97 Vo.
(2) BOUBERT, *chroniques*, A. L. R. T. I. fo 237.

nelle dans une nouvelle châsse des saints Kilien, Etbin, Corentin et Conoken, évêques et confesseurs, qui fut faite en l'abbaye de Saint-Sauve, par l'évêque d'Amiens, Jean d'Harcourt, 13 juin 1424 (1).

Nous omettons à dessein le douloureux tableau des guerres qui ruinèrent alors le Ponthieu ; nous ne pourrions, sans nous écarter de notre sujet dépeindre la désolation des campagnes et la rapacité des gens de guerre, et la funeste expédition qui aboutit à Azincourt et les hostilités sans nombre qui entraînèrent la dilapidation du patrimoine de l'abbaye. Enguerran obtint du pape Martin V l'autorisation de poursuivre, avec menace des censures ecclésiastiques, les détenteurs des biens injustement vendus ou aliénés, 4 décembre 1428 (2). Le séjour presque continuel de l'ennemi eut encore pour conséquence fâcheuse d'obliger les religieux à louer les fermes de Bloville, Valivon et Val-Restauld.

En 1432, Enguerran de Fruges assiste au chapitre général de Prémontré, tenu à Dilighem (3) près de Bruxelles. Le concile de Bâle, 1437 (4), avait affranchi l'abbaye de la juridiction épiscopale comme nous l'avons dit plus haut. Le 14 mai 1438, Jehan de Lambersart, écuyer, seigneur de la Fosse, de Caumont et d'Ecmicourt en partie (Erquemercourt) approuve la rente créée sur la terre de Grémécourt tenue du seigneur de Gouy, par son ancêtre

---

(1) D'après Malbranq, S. Kilien aurait été un compagnon de S. Wulgan qui débarqua à Wissant en 569. *Archives du Nord. Procès-verbal original de la translation.*

(2) *L. R. T. 1, f° 433 v.*

(3) Salé *f° 101.*

(4) *Cf. Histoire de Dommartin, supra.*

Nicolas de Lambersart, chevalier, afin « d'avoir particip-
« pation et compagnie à tous les bienfaits qui sont faits
« en l'église de Saint-André el bos (1). »

ISAAC FLAHAUT.

XXIIe ABBÉ. — (1440-1460.)

« *De... au chevron de... accompagné de 3 merlettes de...* »
Chanoine régulier et procureur de Lisque en Boulonnais, Isaac Flahaut occupait à Paris les fonctions de régent à la faculté des décrets, lorsque les religieux de Saint-André le mirent à leur tête. Messire Pierre de Gouy, seigneur de Ricquebourg et d'Ecquemicourt, lui céda un droit de deux gerbes au cent sur quarante journaux de terre à Maresquel, moyennant cinq septiers de grain, mesure de Montreuil. L'abbé Flahaut se démit de sa charge en 1460 et mourut, suivant Lédé, en 1464. Les auteurs du *Gallia Christiana* et Boubert fixent son décès en 1460.

JEAN LE TIEULLIER.

XXIIIe ABBÉ. — (1460-1474.)

Le 4 mai 1467, Simon, abbé de Prémontré chargea Jean le Tieullier (2) de présider avec l'abbé de Vermans, l'élec-

---

(1) *Archives du Nord, original.*
(2) Né à Campagne et non à Compiègne, comme l'écrit M. Parenty, trompé par la rédaction du *Gallia Christiana* qui porte : « *Johannes compendiensis.* » C'est aujourd'hui Campagne-les-Hesdin.

tion de Jacques de Crépieul à l'abbaye de Dommartin. S'il faut en croire certains auteurs (1), Jean aurait entrepris la reconstruction de l'église ; ils avancent même qu'Antoine, seigneur du Biez posa la première pierre le 24 août 1464, mais il est permis de supposer que les ressources de la communauté épuisées par la guerre, ne suffisant pas à une dépense aussi considérable, on se contenta de renouveler les combles de l'une des voûtes du côté de la tour. Jean le Tieullier est nommé dans une charte de l'abbaye de Longvilliers, du 26 avril 1471.

PHILIPPE BAILLET.

XXIVe ABBÉ. — (1474-1483).

Tandis que la rivalité du roi Louis XI et du duc de Bourgogne ensanglantait la Picardie, l'existence de Philippe Baillet s'écoula tout entière dans la pieuse pratique des devoirs religieux, sans qu'aucun évènement important vînt signaler son administration. Il renouvela et compléta l'obituaire de Saint-André, qui mentionna dès lors non seulement les abbés et les moines de sa communauté, mais encore ceux de Dommartin, Selincourt et Saint-Josse-sur-Mer. La commémoration de Philippe Baillet y est inscrite au 6 octobre 1483 (2).

(1) Parenty : *Puits artésiens, loc. cit.*
(2) SALÉ, *fº 106.*

SOHIER LE MAISTRE.

XXVᵉ ABBÉ. — (1483-1498).

« *De.... à une fasce dentelée de....* »

Sohier ou Siger, dit le Maistre, originaire de Maresquel, fut installé par l'abbé de Dommartin (1) Michel de la Rue; loin de justifier la confiance dont les suffrages de ses frères l'avaient honoré, il se laissa aller à la prodigalité et dissipa légèrement les revenus du monastère. Sa mauvaise administration souleva de toutes parts des plaintes fondées et l'on dénonça au chapitre général tenu à Laon au mois de mai 1498 : « les mauvais ménage et dissolution de
« Saint-André. »

De graves accusations pesaient sur l'abbé Sohier : les désordres qu'on lui reprochait étaient précisément de ceux qui sont spécifiés dans les articles 1 et 3 de l'ordonnance rendue par Louis XII pour la réforme des ordres religieux, ordonnance envoyée au chapitre de Laon. Le roi déclarait :

Art. 1ᵉʳ « qu'il entendait que tous les religieux de Pré-
« montré fussent réformés et réduitz à une plus exacte
« observance de la reigle et des statuts, qu'ils n'avaient
« faict du passé et signament à une juste et droite dis-
« cipline du cloistre, et à l'obéissance qu'ils debvoient
« à leurs supérieurs, sans courir et vagabonder parmy les
« villes et gens du monde, et ad ce, que les apostats et

---

(1) *Lédé, chron. fᵒ 4 et seq.*

« fugitifs fussent promptement ramenés en leurs clois-
« tres.... »

Art. 3° « Que pour fuir toute occasion de propriété, tous
« les religieux fussent réduits en une parfaite commu-
« nauté et « ad normam vitæ apostolicam » et qu'à ces
» fins l'on donnast et distribuast à un chacun des religieux
« ce qu'il luy serait nécessaire, sans souffrir aucunes fri-
« ponneries, boissons, commessassions; n'entendant nul-
« lement que les religieux puissent vendre vin ou bière
« ni aultre boisson en débit à leur abbaye et que rien ne
« manquast de tout ce qui appartenait au service et au
« culte divin, auquel le roy et le royaulme désiroient estre
« recommandez à Dieu par les prières des religieux, les-
« quelles pour ces causes debvoient estre plus sainctes et
« salutaires à cest estat. »

Les griefs imputés à l'abbé de Saint-André entraînèrent
sa destitution en assemblée générale. La sentence de déposition le déclara :

« Homme incapable et personne inutile en telle charge
« et prélature. »

Profondément humilié et repentant, Sohier n'osa plus
rentrer au couvent et se retira à Montreuil. Il y vécut
jusqu'au 25 octobre 1505, et légua, sur les épargnes de sa
pension, une fondation solennelle dans la chapelle de Saint-
André, où sa dépouille fut rapportée et placée dans le
sanctuaire. (1)

---

(1) De 1498 à 1632, la chronique de Lédé est la base de l'histoire
de St-André. Sauf indication contraire, toutes les citations lui sont
empruntées.

DENIS DAVIAU.

XXVIe ABBÉ. — (1498-1521).

Rien n'était perdu à Saint-André, mais tout était compromis. Il fallait, pour relever la maison, et réformer la discipline, une main ferme, prudente, économe, au service d'une haute intelligence. Le chapitre de Laon ayant reconnu ces dispositions dans Denis Daviau, prieur de l'abbaye de Saint-André-les-Clermont, en Auvergne « homme « bien qualifié en vertu et doctrine » le désigna comme successeur de Sohier le Maistre. Scrupuleux observateur de la Règle, il mérita l'honneur de partager avec l'abbé de Dommartin, les fonctions de visiteur des circaries de Normandie et de Picardie. Trois ans après, son inspection comprit celles de Flandre, Floreffe et Brabant. (1)

Le 13 novembre 1505, le seigneur de Beaurain, Ferry de Croy et Lamberte de Brimeu « bien affectionnez à ceste « église » rétablissent la bannée du moulin de Maresquel. Le 21 juin 1508, Denis Daviau et Louis Bournel, seigneur de Thiembronne, se soumettent à l'arbitrage de Nicolas de Bours, seigneur de Gennes et d'Ivregny, lieutenant général du bailli d'Amiens à Montreuil, Robert de la Pasture, prévôt dudit Montreuil, Guillaume de Lespinoy et Emond de Hésecques, lors mayeur de la ville ; arbitrage qui impose au seul religieux demeuré au Val-Restaud, l'obligation d'y résider et de célébrer la messe à l'inten-

---

(1) SALÉ, f° *110*.

tion des fondateurs, les dimanches et même dans la semaine autant que possible. (1)

L'administration de Denis Daviau ramène l'abbaye de Saint-André aux plus beaux jours de son ancienne splendeur. Non content d'acquitter les dettes qui lui ont été léguées, il achète la part de seigneurie que l'église de Saint-Sauve avait à Hesmon, et apporte au chapitre général 240 livres, en remboursement de la rente qu'il devait pour les besoins de Prémontré. La chapelle est pourvue d'ornements somptueux et de vases sacrés ; (2) la précieuse relique de Saint-André est placée dans une châsse d'argent représentant le chef du bienheureux. Enfin, l'on admirait encore au temps de l'historien Salé : le jubé en pierres surmonté des statues de saint Michel, de la sainte Vierge et de sainte Madeleine, accompagnées de la représentation des douze apôtres et des principaux docteurs de l'Église.

En 1517, le maître-autel s'enrichit d'un rétable magnifiquement travaillé représentant les scènes de la Passion « élabourées en taille d'images en bois doré et en or poly (3). » Toutes ces sculptures furent impitoyablement brisées, arrachées et emportées par les gueux hollandais,

---

(1) *L. R. T. 1 f° 101 et seq. Archives du Nord, original.*

(2) On cite entr'autres : un répositoire du St-Sacrement soutenu par deux anges ; deux chandeliers hauts de trois pieds, sur chacun desquels sont gravés les apôtres; deux encensoirs, un bénitier octogone, un grand plat avec aiguière et burettes, une croix artistement émaillée, quatre calices, la crosse et le bâton, la plupart de ces objets sont devenus la proie des gueux hollandais en 1605.

(3) Voici l'inscription qui accompagnait ce rétable :
Quingentos mille jungas denis quoque septem,
Hac me sacratâ Dyonisius æde locavit.

« scélérats exténués de mal faim et acharnés comme loups
« ravissants sur les dépouilles des églises, qui ont rompu
« ces ismages pour repaistre et assouvir leurs estomachs
« d'austruches trop bouillants, voire déjà ressentants les
« vives atteintes des futures flammes infernales ! » (1605)

Denis Daviau contribua puissamment à la nomination de frère Antoine de Courteville (2) prévot de Brunehaut-pré à l'abbaye d'Auldembourg, en Flandre.

Parvenu à un âge avancé, brisé par les infirmités, le bon abbé, c'est ainsi que l'avaient surnommé ses disciples, voyant sa fin prochaine, voulut consacrer à la prière le peu de temps qui lui restait à vivre. Le général de Prémontré délégua l'abbé de Dommartin pour recevoir sa démission (2) ; elle précéda de quelques semaines seulement le trépas de cet homme de Dieu, toujours fidèle à la devise qu'il avait adoptée :

Bonorum laborum gloriosus est fructus.

JEHAN PINTE.

XXVII· ABBÉ. — (1521-1557).

L'abbaye de Saint-André eut beaucoup à souffrir de la

---

(1) Antoine de Courteville, frère de Jacques aussi abbé d'Auldembourg, puis de Saint-Vinoc, mourut en charge le 6 octobre 1536.
 Ils étaient fils de Jacques de Courteville, seigneur de Cormont, et d'Antoinette de Crépieul.
 Les Courteville, maison noble de Picardie, portaient :
 écartelé : au 1 et 4 d'or à la croix ancrée de gueules,
   au 2 et 3 d'argent à l'aigle de gueules,
 sur le tout parti : au 1 d'argent au lion de sable,
   au 2 d'argent à 3 faces de gueules.
(2) *Arch. du Nord*, orig. Lettres en latin du 26 octobre 1521.

reprise des hostilités entre François 1ᵉʳ et Charles-Quint. La garnison française de Montreuil enleva les bestiaux de ses fermes et dévasta, sur l'ordre du seigneur de Villebon, *le bois des prestreux* à Bloville, sans que les frères Baudouin de Canlers et Jacques d'Ostrel en pussent obtenir satisfaction. Jaloux de venger les outrages faits à la châtelaine de Beaurain, le comte de Bures rassemble des forces imposantes, détruit les fortifications de Saint-Pol et vient assiéger la place de Montreuil. Créqui-Canaple y commande une faible garnison et soutient une défense héroïque, mais, écrasé par le nombre, il est contraint de se livrer à la discrétion des impériaux, qui exercent de terribles représailles, pillant, démolissant, incendiant la ville; sans même épargner la belle église de Saint-Sauve.

Dès le début de la guerre, l'abbé Jehan Pinte, peu soucieux de donner à ses religieux et aux habitants du voisinage l'exemple d'une résistance, qu'il jugeait inutile et effrayé des menaces, dont il était personnellement l'objet, s'enfuit à Saint-Omer, laissant au coadjuteur Jacques d'Ostrel, le soin de défendre les intérêts de la communauté. Une suspension d'armes l'ayant ramené provisoirement au poste qu'il n'aurait jamais dû abandonner, il s'occupa de réparer les finances et acheta un fief à Hesmon (1546). La tranquilité n'était qu'apparente et le bruit des armes le fit retourner bientôt à St-Omer. Vainement obtint-il de belles promesses du comte de Rœulx qui recommande au mois d'octobre 1551, aux officiers des armées de l'empereur, de respecter et faire respecter les biens des moines de Saint-André, leur défendant de « prendre, piller
« ou fourrager, ne souffrir estre logés, prins, pillé, ou

« fourrage aucuns vivres pour gens ny chevaulx dans les
« terres qui leur appartiennent » (1).

La guerre est sans pitié. [Henri II fait saisir Bloville, Brunehaupré, Valrestaud et les autres biens de France, qu'il octroie au chapitre de Thérouanne. En même temps, les Français occupent l'abbaye, s'y fortifient contre la garnison espagnole du château de Contes et les religieux, détenus captifs, écrasés de réquisitions, sont réduits à une misère qui n'a d'égale que la détresse de l'abbé fugitif. Celui-ci s'adresse à l'empereur, évaluant à 2500 florins, le revenu annuel des biens confisqués ; à 4000 florins, la valeur des bestiaux et des récoltes pillés et il le supplie humblement d'assigner à sa maison une pareille indemnité sur les possessions du clergé de France, aux Pays-Bas et notamment :

« La dîme que les doyens et chanoines de Notre-Dame
« de Thérouanne perçoivent annuellement au terroir
« d'Esperlecques valant neuf vingt florins. — Une autre
« dîme que ledit chapitre perçoit au village de Vuatennes,
« en Flandre, valant 30 florins annuellement ; une autre
« dîme que ledit chapitre perçoit à Hasbrouck, valant 200
« florins. — Une autre dîme que ledit chapitre perçoit à
« Wescoutère en Flandre, valant 45 florins. — Une autre
« dîme à Lètre, valant 63 florins. — Une somme de 85
« florins que l'abbaye de Saint-Riquier, prend annuellement
« à Saint-Omer. — Une dîme que l'abbaye de Corbie per-
« çoit aux terroirs de Thiennes et Haveskerque valant 240
« florins. — Une dîme que l'abbaye de Saint-Quentin perçoit

(1) *Appendice, n° IX et X.*

« au village de Sienghem, en Mélanthois, valant 300 flo-
« rins. — Une dîme que l'abbaye du Mont-Saint-Martin
« prend au village de Sottinghem et ès environs valant
« 1200 florins. Un droit de terrage que l'abbaye Notre-
« Dame de Boulogne perçoit au village d'Avion, valant
« 60 florins. »

La requête demeura sans réponse; par bonheur, le coadjuteur d'Ostrel, dont la sollicitude ne se démentit pas un instant, réussit mieux dans ses démarches auprès du chapitre de Thérouanne : sa grande modestie, la peinture touchante qu'il fit du dénuement de ses frères, attendrirent vivement l'évêque François de Créqui et les chanoines, qui consentirent enfin à la levée du séquestre, moyennant 200 écus soleil (25 janvier 1552.)

Si les privations avaient été grandes à Saint-André, la disette s'était aussi fait sentir au refuge de Saint-Omer. Jehan Pinte se reprocha souvent de ne pas avoir été plus prévoyant et Lédé raconte à ce propos qu'un jour, Jérosme Goudemen, « jeune garçon, valet de Saint-André fust luy por-
« ter quelque chose et il luy demanda si le coadjuteur ne
« lui envoioit pas de l'argent ; luy aïant respondu que
« non, Jehan Pinte s'attrista disant qu'il avait néces-
« sité et que si il fust esté en son jardin, il en eust bien
« trouvé, sans dire toutefois audit garçon autrement où
« estait ledit argent. »

L'abbé ne révéla jamais à personne cette cachette et l'argent fut perdu : « follie de vieillard avaricieux et mef-
« fiant, ajoute le chroniqueur, cause souvent telle perte
« de choses qui viendraient bien à poinc à de meilleurs
« usages que à pourrir en terre ; chose honteuse et infâme
« à des religieux surtout de tenir des thrésors cachés et

10

« en secret, *cum inter fratres debeant omnia esse com-*
« *munia, nec cuiquam proprium habere liceat.* »

Cependant la campagne se poursuivait avec des alternatives de succès et de revers : les Français occupaient plusieurs villes entre Saint-Omer et Ardres, tandis que le Comte de Rœulx ravageait la Picardie, s'emparait du château de Fressin et doublait la garnison de sa forteresse de Contes ; cette forteresse bien approvisionnée demeurait une menace permanente pour les villes de Montreuil et d'Hesdin, rentrées depuis peu sous l'obéissance du roi. Il fallait s'affranchir à tout prix d'un aussi redoutable voisinage. Deux mille Français vinrent donc l'assiéger : 12 canons battirent les murailles avec fureur tandis qu'on parvint, en dérivant l'eau des fossés, à tenter un assaut général, dont les impériaux ne purent soutenir le choc formidable. Il s'en fit un grand carnage et les flammes détruisirent complètement le fameux château de Contes (août 1552). Au mois d'octobre suivant, Hesdin tombe au pouvoir de l'ennemi, ce qu'apprenant, le duc de Vendôme vient camper aux environs de Saint-André, où il établit son quartier général et commence, malgré la saison avancée, un siège long et pénible, qui aboutit à la reprise de cette importante position (30 décembre).

Le pays a été cruellement éprouvé durant cette guerre ; Gouy fut incendié deux fois ; le moulin à fouler le drap, et le moulin à farine de Marcsquel furent également brûlés comme les villages de Beaurain, Aubin, Campagne, Ecquemicourt et Hesmon ; le gouverneur de Montreuil et le seigneur de Senarpont « qui fut un grand et cruel bouttefeuz » n'épargnèrent même pas les récoltes ; une grande cherté de vivres et une famine désastreuse furent la conséquence de ces rigueurs.

L'année 1553 est tristement célèbre par la ruine de la ville de Thérouanne (*DeLetI MorInI*). Henri II vint prendre la direction des troupes; vainqueur dans le Hainaut et les Ardennes, il investit en personne le château de Renti, dont la possession devait entraîner la conquête de tout l'Artois. Il y eut sous les murs de cette forteresse un rude combat, dont le duc de Guise resta le héros : les Français s'attribuèrent la victoire parce qu'ils occupèrent le champ de bataille, mais l'empereur repoussé sans être anéanti se posa si avantageusement que l'on n'osa plus l'attaquer. Renti ne fut pas pris ; les deux souverains quittèrent leurs armées. Le roi de France, se repliant sur Abbeville, vint, escorté d'une brillante noblesse, se reposer à l'abbaye. Il n'y voulut pas entrer, informé sans doute du peu de sympathie qu'il rencontrerait parmi les religieux et se refusa de « manger ailleurs au disner que
« dans l'allée que l'on dict l'huis de Vaoulte, là où il se
« feit mettre la table sur un tambour. Le sieur Busquet
« fol sage du roy y estoit aussy, lequel pour récréer le
« roy tenoit son chapitre à tous les pages du roy qui luy
« jectaient forces grattons aux cheveux et à la barbe ce
« quy lui donnoit subject de crier à gorge bondée: *Me*
« *taye, me taye, j'acquouque*, termes romans wallons que
« pœult être il avoit appris en passant par ces pays ce
« qu'il disoit tant pour faire rire et récréer le roy quy
« disnoit. »

Après le repas, Henri II partit pour Abbeville, échelonnant quelques troupes sur la rivière de Canche, afin de protéger sa retraite ; Le comte de Chargny, le sieur de

Brion et d'autres capitaines, avec environ 500 chevaux et 300 gens de pied écossais, demeurèrent près de trois semaines à Saint-André, et consommèrent toutes les provisions et les fourrages.

Jehan Pinte rentra à l'abbaye avec la trêve du 5 février 1556 : son autorité s'effaçait naturellement devant la juste influence que donnaient à Jacques d'Ostrel le zèle remarquable et l'habileté dont il avait maintes fois fourni des preuves. Critiquer une administration si diversement agitée, n'était pas chose facile et cependant l'abbé osa dresser contre son coadjuteur un *queritur,* qui fut soumis à l'examen des premiers avocats de l'Artois. La guerre vint arrêter le cours de ces démarches ingrates, car à la première nouvelle de la rupture des négociations, le prélat s'enfuit une troisième fois à Saint-Omer où il mourut peu de temps après, le 18 avril 1557. Son corps a été déposé dans le sanctuaire de l'église de Saint-André, dont il avait fait restaurer les voûtes.

JACQUES D'OSTREL.

XXVIIIe ABBÉ. — (1558-1581).

« *D'azur à 3 dragons ailés d'or.* »

Jacques d'Ostrel, fils de messire Philippe d'Ostrel, seigneur de Diéval (1) reçut la bénédiction abbatiale des

---

(1) Jacques d'Ostrel avait 4 frères et une sœur : Guillaume, abbé d'Anchin ; Pierre, abbé de Corbie ; Robert, prévôt de la cathédrale de Cambrai ; Gilles, abbé de Saint-Thierry-les-Reims ; Jeanne, abbesse de Montereau.

mains de monseigneur de Pellevé, évêque d'Amiens. Nous touchons aux jours néfastes des grandes luttes, qui, sous le nom de guerres de religion, ont ensanglanté la France entière : de nouvelles calamités doivent mettre le comble aux souffrances inouies de l'abbaye de Saint-André et succéder bientôt à quelques années de sécurité qui furent employées à relever les ruines. Prononcer le nom de Cocqueville, c'est évoquer l'un des souvenirs les plus tristes des annales picardes. On a raconté les excès de ses bandes indisciplinées, on a dit les larmes versées sur leur passage : les religieux de Saint-André n'échappèrent pas à la persécution et ne durent leur salut qu'à une fuite précipitée ; mais leurs frères de Dommartin comptèrent un martyr, Jean de Hesghe, ancien curé de Tigny.

Le 14 février 1572, une assemblée générale de l'ordre s'ouvrait à Louvain, dans le but de rechercher les moyens de s'opposer au courant envahisseur de la réforme. D'Ostrel y assista et, de retour au couvent, se choisit pour coadjuteur frère Jacques Vainet. Les lettres de Philippe II, qui le nomment à ces fonctions furent ratifiées (1) par le général de Prémontré, Jehan de Pructis. L'abbé d'Ostrel avait bâti, en 1562, la maison refuge d'Hesdin, sur le terrain du gouverneur et grand bailli de cette ville, M. de Noyelles. Il rétablit le clocher de l'église qui avait été ruiné pendant la dernière guerre et orna le chœur de magnifiques verrières : sur l'une d'elles, offerte par Thomas Normand, censier de Bloville se voyait l'arbre de Jessé ; l'autre représentait la chute de la manne céleste et au-dessous Melchisédec donnant le pain et le vin au pa-

---

(1) *Archives du Nord, loc. cit.* lettres du 28 octobre 1575.

triarche Abraham revenu du combat. L'œuvre capitale de la prélature de d'Ostrel est la reconstruction du quartier abbatial, édifice en briques à trois étages peu élevés, avec portes et fenêtres proportionnées à sa petite taille mais tellement basses que ses successeurs regrettaient qu'il n'ait pas pris l'avis d'un meilleur architecte.

Ce quartier abbatial ayant été démoli en 1696, l'abbé Thomas le rétablit tel qu'il subsiste de nos jours. L'abbé d'Ostrel « homme de grand esprit, de bon conseil et bien « entendu aux affaires d'estat, » vicaire de Dommartin en 1578, prit une part active à la politique de son temps et ses avis avaient autorité aux états d'Artois.

Un profond sentiment de la justice guida toujours sa conduite, soit dans les troubles qui agitèrent la province, soit dans les plus petits détails de l'administration pastorale. Le cardinal Antoine de Créqui, évêque d'Amiens, l'honorait de son amitié ; il le mandait souvent à Valloires, s'entretenait avec lui des intérêts du diocèse et s'éclairait de ses lumières ; il lui proposa même de le choisir pour son suffragant.

Jacques d'Ostrel, frère du mayeur de Montreuil et intime ami du marquis de Montcavrel chez qui il faisait même des séjours prolongés, ne dissimulait pas son attachement pour le roi de France ; ces tendances par trop hostiles à sa Majesté Catholique, l'ont empêché de parvenir aux plus hautes dignités. Ainsi, quand, en 1577, don Juan d'Autriche, nommé gouverneur général des Pays-Bas, vint prendre possession de son commandement, l'abbé de Saint-André déclina l'honneur de l'aller complimenter avec les députés des états d'Artois ; Mathieu Mouillart, abbé de Saint-Ghislain-en-Haynaut, le remplaça et cette démarche lui valut peu de temps après l'évêché d'Arras, que l'opinion publique destinait à Jacques d'Ostrel.

D'Ostrel avait pour devise : *Moderata durant*, maxime qu'il sut constamment mettre en pratique. Son existence se termina le 10 avril 1581 dans le silence du cloître : il s'estimait heureux de ne l'avoir point échangé contre les honneurs que son esprit, des qualités éminentes et la noblesse de son extraction lui pouvaient si justement mériter. Son portrait se voyait avec ceux de ses prédécesseurs, qu'il fit peindre dans la nef de l'église en 1572. Les frères de Sainte-Marthe (1) attribuent par erreur à Denis Daviau l'inscription qui accompagnait ce tableau.

SURGIT IMAGO RECENS CUNCTORUM IN PARIETE PATRUM
CUI LIBET. HIC VILI CONGESTAS STRAMINE SEDES,
CONSPICUO STRUCTAS LATERE, ORNATASQUE RELIQUIT,
AC ALIIS VASTATA LOCIS QUINQUE ERUTA BELLIS
CULMINA VILLARUM STRUXIT, MOLASQUE REFICIT :
AC DELUBRA DOMUS IDEM LABENTIA PRESSA
FŒNORE RESTITUIT, CENSUQUE REDEMIT INIQUO,
OMNIA CUM TOLLAT, BENEFACTIS INVITA MORS EST ;
HIC ABBAS VIRTUTE VIGET NEC TOLLE VETUSTAS.

(1) LÉDÉ, *Chronique f. 228 et seq*. L'abbé d'Ostrel fit ciseler la crosse d'argent émaillée de plusieurs belles figures. Il laissa aussi plusieurs vaisselles d'argenterie qui vinrent bien à point pour subvenir aux nécessités des abbé et religieux durant les guerres de 1595, 96, 97, 98, pendant lesquels temps on ne put jouir des revenus à cause des incursions des ennemis. »

JACQUES VAINET.

XXIX° ABBÉ. — (1581-1606.)

« *De... au chevron de..., accompagné de deux glands en* « *chef et d'une tour en pointe.*

A la mort de Jacques d'Ostrel, frère Jacques Vainet, né à Aix-en-Issart, successivement maître des novices à Saint-Nicolas-de-Furne, prieur, puis coadjuteur à Saint-André fut installé le 18 juin 1581 par Monseigneur Geoffroy de la Marthonye, évêque d'Amiens.

L'histoire de Saint-André, au XVI° siècle, présente une longue série de désastres qu'il faut sûrement attribuer à sa position frontière sur les limites de Picardie et d'Artois, mais aussi à l'imprudence des religieux, trop enclins à se mêler de politique. Nous avons raconté les épreuves qui accablèrent Jehan Pinte et son successeur ; l'abbé Vainet souffrira davantage encore. La France et l'Espagne se ligueront tour à tour contre lui et leurs efforts auraient entraîné la ruine de l'abbaye, sans l'habileté et l'invincible énergie de son chef.

Ce sont d'abord les bandes indisciplinées du duc d'Alençon qui portent partout le pillage et l'incendie, saccagent les bâtiments de Saint-André, profanent les objets sacrés, dispersent les saintes reliques (1) et maltraitent cruellement les religieux, 1584. Deux d'entre eux, les frères

---

(1) Les chasses des SS. Blaise, Josse, Apolline et des onze mille vierges, furent profanées. Les reliques de Saint-André échappèrent **aux impies.**

Danel (1) et Jacques Lemaire se blottissent dans le bois ; Lemaire est aperçu et, dévoilant lâchement la retraite de son compagnon, il le désigne aux soldats comme l'économe de la communauté. S'emparer de sa personne, l'abreuver d'outrages pour l'obliger à livrer le trésor dont ils le croient dépositaire ne suffit pas à ces barbares : pendu aux branches d'un arbre voisin, la tête en bas et flagellé, le saint religieux va expirer victime de son silence, quand le plus humain de la bande fait espérer une forte rançon si on lui conserve la vie. Le prisonnier est donc débarrassé et abandonné « l'espace de douze heures dans une telle « convulsion qu'il fust estimé estre mort ». Mais un nouveau supplice attendait le serviteur de Dieu. Placé sur un bûcher, environné de flammes, il n'échappe que par miracle au martyre ; on l'attache alors ainsi que le frère Lemaire derrière une charrette, et on les emmène à Dunkerque où ils n'obtiennent la liberté que six semaines après au prix de 700 livres payés aux Gueux dont les mauvais traitements augmentaient les horreurs de la captivité ; ces malheureux accablés de coups et d'injures, que les religionnaires obligaient à célébrer la messe « par gausserie » seraient morts de faim et de misère, si un des geoliers, caporal ou sergent, touché de tant d'infortune ne leur eut donné quelqu'aumône.

Pierre de Waghenare, sous-prieur de Saint-Nicolas-de-Furne a composé un quatrain en l'honneur du courageux Firmin Danel (2) :

---

(1) Firmin Danel, de Gouy, fils de Firmin Danel et d'Antoinette Devillers qui était de la famille des Devillers, ditz Noirons de Gouy.
(2) Salé, f° 145.

IMPIA FIRMINUM PENDIT SUSDEQUE CATERVA,
ET FURIT IMPENSUM SUBDITA FLAMMA VIRUM,
NECTITUR AD CURRUM RAPITURQUE PER ARVA, NEC ISTIS
CEDIT FIRMINUS, FIRMUS UBIQUE FUIT.

Le duc d'Alençon étant mort, les moines de Saint-André, victimes de ses persécutions, mais volontairement oublieux de ses forfaits, ne s'associèrent pas aux représailles des paysans d'Artois qui poussèrent leur vengeance au delà du tombeau en chantant ce couplet :

« MISERERE, MISERERE,
« LE DUC D'ALENÇON EST PASSÉ,
« NOUS NE PRIERONS POINT POUR LUI,
« CAR IL NOUS A TOUS DÉTRUITS.

Vers cette époque, le duc de Longueville tenta de recourir à la ruse, pour s'emparer de la ville de Saint-Omer. Le gouverneur de Montreuil, Charles des Essarts, seigneur de Maigneulx était dans le secret (1). L'abbé Vainet ne prit pas une part active à la trahison, peut-être même ignorat-il les démarches de son prévôt de Brunehaupré, frère

---

(1) Charles des Essarts, fils de François des Essarts, seigneur de Maigneulx, de Marescot, de Sainte-Segrée, de Hamelet, etc., et de Charlotte du Hamel, gouverneur de la ville de Montreuil et gentilhomme ordinaire de la chambre du roi, épousa Jeanne de Joigny, fille unique de Philippe, ou d'Antoine de Joigny, grand veneur et louvetier du Boulonnais, et de Catherine de Crépieul, dame d'Ambricourt en Artois. Il mourut en 1617, à Montreuil, des suites d'une maladie qu'il contracta au siége de Péronne. Son fils Charles lui succéda dans le gouvernement de la ville de Montreuil qu'il vendit au comte de Lannoy.

Des Essarts porte : *de gueules à 3 croissants d'or*,

P. *Anselme*, *VIII*, 562.

Augustin Rogier, mais les malheurs qui en résultèrent nous obligent à analyser les détails, donnés par Lédé, concernant une entreprise d'ailleurs peu connue des historiens.

Le sire de Conteval, lieutenant de Maigneulx, s'ouvrit des projets du duc de Longueville au prévôt de Brunehaupré, son intime ami, qui vint en hâte les révéler au gouverneur d'Hesdin, le comte de Gomicourt. Sans perdre de temps, Gomicourt dépêche deux courriers au comte de Rœulx, commandant la place de Saint-Omer, pour l'avertir du complot. Ceux-ci arrivent, non sans difficulté, le soir même du jour désigné pour l'attaque des Français. A la nouvelle du danger aussitôt répandue, les habitants s'assemblent en armes, mais, ne voyant aucun sujet d'inquiétude, ils négligent l'avis qui leur est donné et rentrent imprudemment au logis. Les Français font halte aux Chartreux, à quelque distance de la ville; un instant, le bruit de l'alarme arrivant jusqu'à eux, ils hésitent, dans la crainte d'une trahison, lorsque le calme rétabli enhardit leur audace. On s'avance donc dans le silence de la nuit, les ponts sont occupés, la citadelle est perdue, quand un bourgeois vient à passer près de la porte attaquée et prévient les milices du péril qui les menace : on court aux remparts et les soldats de Longueville s'enfuient à la faveur des ténèbres, sans essayer la moindre résistance. Le gouverneur de Montreuil ne pardonna jamais à Rogier l'indiscrétion qui avait fait échouer ce projet et dans sa fureur, il jura de le tuer partout où il le trouverait, fût-ce même à Bruxelles.

Menacé de mort, F. Rogier dut s'enfuir de Brunehautpré et gagner Saint-Omer, où le service signalé qu'il venait de rendre aux Impériaux lui faisait espérer de trouver un accueil favorable. Mais on le paya d'ingratitude; ses démarches auprès du comte de Rœulx et du comte de Fuentès, gouverneur général des Pays-Bas, demeurèrent inutiles, et le sauveur de Saint-Omer obtint seulement 50 ou 60 livres pour prix de son imprudente trahison, en quoi, « ces messieurs montrèrent bien leur ingratitude et mes- « cognoissance envers ce pauvre religieux, qui s'estoit « grandement hasardé, et estoit exilé et persécuté, par les « bons advis qu'il avoit apportés, pour le bien et conser- « vation de leur ville. »

Hendricq raconte cependant qu'une délibération spéciale lui accorda 100 florins et le droit de résidence à Saint-Omer (1). Le fâcheux exemple de la trame ourdie par Longueville et Maigneulx ne tarda pas à rencontrer des imitateurs jusque dans leur entourage ; Conteval eut la perfidie d'offrir les clefs de la place de Montreuil au comte de Gomicourt qui ne rougit pas d'accepter ce honteux marché ; le jour de Noël fut choisi pour l'exécution de leur dessein ; mais le secret ayant été divulgué, les femmes et les enfants en causaient ouvertement à Hesdin ; Conteval comprit qu'il était perdu et n'avait d'autre ressource que de trahir également ses complices, il alla donc avertir le gouverneur que les Espagnols devaient tenter un coup de main et qu'ils lui offraient or et argent s'il voulait leur vendre la ville ; il raconta les moindres détails de l'entreprise, personne ne les connaissait mieux que lui et fit valoir, bien entendu, l'importance de ses révélations.

(1) *Hendricq, t. 1. Chron. mns.* Extrait publié par Deschamps de Pas. St-Omer, 1854. — Appendice n° XI.

Maigneulx ne songea pas à le soupçonner et prit conseil du roi, on résolut de laisser Gomicourt dans l'illusion et de l'attirer, si bien que 800 Espagnols sortis d'Hesdin, le matin du jour indiqué, sous la conduite du seigneur d'Arlencourt, se présentèrent à l'heure dite aux portes de Montreuil croyant y trouver Conteval ; le maréchal d'Humières avait embusqué des troupes qui les assaillirent à l'improviste et en firent un véritable carnage. La part attribuée à l'ancien prévôt de Brunehautpré dans ce nouveau complot ajouta encore à la haine de Maigneulx : l'occasion de la satisfaire ne se fit pas attendre.

C'était en 1595 : Henri IV avait recommencé la guerre, et peu confiant dans les lettres de sauvegarde octroyées par le marquis de Varembon pour Saint-André, Valivon et Maresquel, Jacques Vainet vint au refuge d'Hesdin, laissant au prieur Claude de Reyswich le soin de s'opposer aux rapines et aux incursions continuelles de la garnison de Montreuil.

Alors les habitants du village de Gouy se retirèrent avec leurs familles dans l'abbaye, s'y fortifièrent et, sous la direction de deux soldats espagnols, ils entravèrent pendant plusieurs mois l'action « des coureurs français quy « ne pouvoient guère passer vers Hesdin, sans estre ou « découverts ou achoppés en quelqu'endroits. »

Le maréchal d'Humière, vint, à la sollicitation de l'implacable Maigneulx les assiéger avec 4 ou 5000 hommes de bonnes troupes ; après un jour et une nuit d'attaque en règle, la petite garnison obtint une capitulation à jamais glorieuse pour le village de Gouy. Ces soldats improvisés pouvaient sortir sains et saufs en payant 500 écus et le vainqueur s'engageait à respecter l'abbaye, les meubles,

les bestiaux et les grains. Ces conditions furent indignement violées et nous renonçons à décrire les ruines amoncelées à Saint-André: les bâtiments de basse-cour, les lieux réguliers s'abîmant dans les flammes, les religieux maltraités et obligés de se disperser dans leurs familles (1), le cloître enfin rendu absolument désert.

Le 31 juillet 1595, après la prise de Doullens, les députés des états d'Artois se rendirent au camp du comte de Fuentès, pour arrêter le plan de la nouvelle campagne : le siége de Cambrai fut décidé, mais on reproche avec raison à l'abbé Vainet d'avoir proposé l'attaque de Montreuil, quand il ne rougissait pas de demander le lendemain au roi de France aide et protection (2).

La réponse ne tarda guères ; elle était prévue, elle fut terrible : Un décret signé à la Fère le 30 novembre 1595, ordonna la confiscation des revenus de Brunehautpré, Bloville, Buires, Lépinoy, Brimeux, valant environ 8 mille cinq cents livres, au profit du chapitre de N.-D. de Bou-

---

(1) Sept ou huit religieux vivaient sans ressources à Hesdin ; Fr. Jehan Bonnehem, sousprieur fut à St-Omer où il devint le confesseur de l'évêque ; Fr. Philibert de Larse et Gilles du Poncel, allèrent demeurer à St-Nicolas de Furne;— Fr. Charles Vignolet, en l'abbaye de Marcheroux, où il mourut en 1599. — Fr. Antoine Queval se retira dans sa famille à St-Omer, — Fr. Nicolas Lemesre, à la Bassée. — Fr. Jacques de Campaigne, à Douai. — Fr. Antoine d'Ostrel, d'abord en France, puis à Chièvres en Haynault. — Fr. Isaac Morel fut à Vendôme d'où il revint à St-André en 1607, après avoir appris dans ce païs là à faire des *saulcettes* à la *Vendomoise. chron.* f° 286.

(2) LÉDÉ, f° 237. Messire de Quierlieu proposa d'obtenir par l'entremise de M. de Dampville, seigneur de Maintenay, une sauvegarde pour Gouy, Campagne et St-André, si l'abbé Vainet pouvait en procurer une du roi d'Espagne, audit seigneur de Dampville pour les villages de Maintenay, Buires, la cense des Essarts et Romont, mais ce projet ne réussit pas davantage.

logne, pour l'indemniser du séquestre mis sur les biens de Flandre et d'Artois par S. M. catholique. Le prélat eut alors la pensée d'adresser à messieurs des finances du roi à Bruxelles, une requête tendant à obtenir quelque compensation, mais cette tentative n'eut aucun succès aussi dut-il, lorsque la paix de Vervins lui permit de rentrer à Saint-André, recourir à un emprunt de trois mille livres, pour la restauration de l'abbaye et des fermes. Les travaux absorbèrent plus de dix années de revenus.

Jacques Vainet ne goûta pas longtemps le bonheur du cloître : pour lui la paix et la suavité de la vie monastique devaient rester presque inconnues ; son existence s'écoula en partie au milieu des orages de cette société si violente, si belliqueuse qui vivait au temps de la réforme, elle va se terminer loin de l'abbaye, après une amère captivité.

Le dimanche de quasimodo 1605, 25 à 30 Hollandais de la garnison de l'Ecluse, débarqués à Etaples et guidés par un nommé Morbo, originaire de Brimeux, sortent inopinément du bois qui avoisine le monastère, où ils s'étaient blottis la nuit précédente, enfoncent les portes et pénètrent sans résistance jusqu'à la chambre abbatiale. Vainet était au lit malade et incapable de fuir ; ils s'emparent de lui « et l'aiant mis à cheval quasy à nud, sans hault de chausse « avecq sa robe seullement et sans selle, » les bandits l'emmènent prisonnier, avec le frère Lemesre, dépensier, sans que personne ait essayé de leur résister, tant la panique a été grande. Chargés d'un précieux butin et chassant devant eux leurs victimes, ils se dirigent par Brimeux et Camiers vers Etaples, où ils s'embarquent, laissant sur le rivage seize chevaux capturés à l'abbaye. Le bruit de la mort de Vainet ne tarda pas à circuler : des marins affirmaient avoir vu jeter un cadavre à la mer et son grand âge permettait d'y ajouter foi, mais bientôt on apprit, de source certaine, l'arrivée des captifs à l'Ecluse, après quinze jours de traversée.

Les religieux de Saint-André étaient sujets espagnols, le passage des Gueux hollandais sur le territoire de France constituait une violation flagrante du traité de Vervins ; messire de la Cocquelle, gouverneur d'Hesdin, informé de ces désordres, en avertit immédiatement le grand conseil, qui réclama prompte satisfaction et mise en liberté des prisonniers. L'événement eut un retentissement considérable et donna lieu à l'échange des lettres que voici:

Philippe d'Ayala, conseiller et commis des finances de Messeigneurs les archiducs, à LL. AA:

« Le gouverneur d'Hesdin, la Cocquelle, m'a adverti de
« la disgrâce advenue à l'abbaye de Saint-André, le
« dimence après Pasques, comment l'ennemy a saccagé
« l'abbaye et emporté le plus précieux meuble et conduict
« l'abbé avecq ung religieulx prisonnier, par la France,
« jusques à ung batteau, qui il avait entre Montreuil et
« Boloigne, dont je m'assure il aura donné aussitot adver-
« tissement à votre Altesse (1). J'ai communiqué ce fait
« au sieur don Baltazar, et en faict plainte au sieur de Sil-
« lery, lui représentant la conséquence et importance de
« ce faict, et que j'estois pour aller trouver le roy très-
« chrestien, pour lui en demander la raison. Il trouva la

---

(1) Parmi les objets enlevés, se trouvait le reliquaire de saint André vendu à un orfèvre catholique et racheté par l'amiral comte d'Egmont qui les rendit à l'abbaye, 1614, à la sollicitation de Philippe Louchier, seigneur de Mezerolles.

« chose de mauvaise digestion et me requist de ne bouger
« dicy, jusques à ce qu'il eust response du roy, à quy il
« me promist d'en escripre de bon encre. Je lui dis qu'à
« mon advis le meilleur moyen de réparer ceste témérité,
« estoyt que le roy très-chrestien en fist ressentiment
« envers ceulx d'Hollande, et les obligeast à la restitution
« de tout ce qu'ils auront prins en lad. abbaye, et à la
« relaxation dudit abbé, avecq déclaration, que sy à l'ad-
« venir, ils fussent si oultrecuidés que de passer par son
« royaulme en armes, qu'il les fairait tailler en pièces, et
« leur monstrerait que cela luy desplaisait. Je verray ce
« qu'on respondra aud. sieur de Sillery, et selon ce, je
« tacseray à my régler soulz espoir, que cependant je
« recevrai ordre et commandement plus particulier, de
« votre Altesse de ce qu'auray à faire...... 30 avril 1605 (2).

D'AYALA.

Le sous prieur de Saint-André, Jacques de Campagne, « jeune homme habile, de bon esprit et de bonne façon » alla à Paris solliciter du roi la délivrance de Vainet et Henri IV « jura ventre saint gris qu'il en aurait raison, qu'il voulait que l'abbé fust remis en son abbaye le plus tost possible. Le 6 mai 1605, il écrivait (1) :

A Monsieur de Buzanval, ambassadeur en Hollande.

« Monsieur de Buzanval, l'on m'a faict une grande
« plaincte, que le jour de quasimodo dernier, sur les sept

---

(2) *Archives du Nord, fonds Dommartin, carton A, n° 485.*
(1) *T, VI, des lettres missives de Henri IV, f° 416, 417, 418.*

« heures du soir, trente soldats de l'armée de mon cou-
« sin le prince Maurice, la plupart François, surprirent,
« l'abbaye de Saint-Andrieu, au comté de Saint-Pol, dis-
« tantes de deux lieus de Hesdin, et emmenèrent l'abbé
« septuagénaire, avec un de ses religieux, et les meilleurs
« meubles de son église et de sa maison, et s'embarquè-
« rent quelque temps après, en intention de faire voile
« aux Pays-Bas, où il est croyable qu'ils ont emmené le
« butin. C'est un attentat qui importe grandement à mon
« autorité, et dont j'escrit à mon cousin, le prince Mau-
« rice, vers lequel partant je vous prie de faire instance
« à ce qu'il soit réparé, et remettre le dict abbé en liberté,
« avec restitution de tout ce qu'il a esté pris, car je ne
« pourray et ne voudray souffrir que mon royaume, au
« travers duquel ils ont passé pour faire ce vol et leur
« embarquement, leur servist de passage et de re-
« traicte.

« Je vous envoie la lettre que j'escris, à cachet volant,
« audict prince Maurice, affin que vous luy en parliés, en
« conformité dicelle, embrassant ceste poursuite en telle
« sorte, qu'il soit faict raison et justice, dont vous me
« donneres advis. Priant Dieu, Monsieur de Buzanval,
« qu'il vous ayt en sa saincte et digne garde.

« Escript à Fontainebleau, le VII jour de mai 1605.

« HENRY. »

A mon Cousin le Prince Maurice.

« Mon cousin, je me plains à vous d'un attentat, qui
« a esté faict, depuis trois semaines, sur l'abbaye de Saint-
« André, au comté de Saint-Pol, par trente soldats de

« vostre armée, la plus part françois, et commande au
« seigneur de Buzanval, mon ambassadeur, qui vous ren-
« dra la présente, de vous en demander raison et répara-
« tion, laquelle je vous prie de me faire. Car estant chose
« qui importe à mon auctorité, je lay à cœur et désire
« qu'il en soit faict justice, ainsy que le seigneur de Bu-
« zanval vous fera plus amplement entendre. Sur lequel
« me remettant, je prie Dieu, mon cousin, qu'il vous ayt
« en sa très-sainte garde. Escript, à Fontainebleau le VIe
« de may 1605. »

« HENRY. »

Le prince d'Orange répondit à Buzanval :

« Monsieur, jay reçu vos lettres, avec la copie de celle
« que le roy vous a escript, touchant l'abbé de Saint-
« André, quy a esté prisonnier naguères par quelques sol-
« dats estant au service de cest estat ; par laquelle j'ay veu
« que sa majesté se sent offensée, désirant que ledict
« abbé soit mis en liberté, sans payer la rançon qu'il a
« promise, et à cause qu'il aurait esté embarqué dedans
« son royaume. Sur quoy je vous eusse respondu plus tôt,
« n'eust esté les empeschements que jay eus jusqu'icy
« men eussent destenu. Or, comme je nay rien pour tant
« recommandé que le service de sadicte Majesté, et qu'il
« luy soit donné toute satisfaction, je ne puis laisser de
« vous dire que je me trouve empesché en ce faict, et ne
« scais sous quel prétexte je puis enlever ausdicts sol-
« dats leurs dits prisonniers, d'autant, qu'estant au ser-
« vice du pays, ils sont allez à la guerre sur leurs ennemis
« avec mon passeport et que ledict prisonnier na pas esté
« pris ès terres de l'obéissance de sa dicte majesté. Ce

« qui me faict présumer que si peu de passage qu'ils ont
« pris par son royaume, ne luy peut avoir donné occa-
« sion de tant d'indignation, n'est qu'elle n'ayt esté in-
« formée, sinistrement de cest événement.

« C'est pourquoy je vous prie bien affectueusement, de
« vouloir prendre la peine de présenter le faict à sa dicte
« Majesté, comme il s'est passé, car puisque le passage
« jusques ors, a esté libre tant pour l'un comme pour l'au-
« tre par son royaume, je veux espérer qu'estant informé
« de la vérité, il ne voudra que les dictz soldats soyent
« du tout frustrez de ce que le droict de la guerre leur
« donne ; et sur ce je prieray Dieu, monsieur de Buzen-
« val, qu'il vous ayt en sa sainte et digne garde.... »

La mauvaise volonté du prince était évidente ; personne ne s'y trompa et de nouvelles démarches devinrent nécessaires, d'autant que sur les entrefaites, le zèle du roi, d'abord favorablement disposé, se refroidit, sous la fâcheuse influence de ses ministres et du seigneur de Maigneulx (1). Fort heureusement, la Belgique, la Hollande, la France même fournirent de puissants protecteurs, d'habiles conseillers, entre autres, pour citer les plus illustres : S. A. l'archiduc Albert ; M. de Créquy, l'ambassadeur des Pays-Bas ; M. de Vicq, gouverneur de Calais; M. de Valancay, etc.

Les mauvais traitements du gouverneur de l'Ecluse,

---

(1) Un jour que Maigneulx se promenait avec le successeur de Vainet, l'abbé de Reyswich, il laissa échapper cet aveu : « Sy votre prédécesseur me fust esté amy comme vous, il ne luy fust sy mal advenu qu'il a faict. Il n'a pas tenu à luy qu'il ne mayt fait perdre l'honneur et la vie, c'est pourquoy il ne faut pas trouver estrange sy je m'en suis ressenty. »

M. de Vandernoote « quy estoit ung démon quand il estoit
« beu fort souvent, » ajoutaient aux horreurs de la captivité et Jacques Vainet, épuisé par la maladie, dépérissait
de jour en jour. Ses religieux impatients de le soustraire à
un si long martyre, renoncèrent à l'indemnité qu'ils
avaient espéré obtenir par l'entremise du ministère Villeroy, qui pouvait « tout ce qu'il voulait, sauf guérir de sa
« gravelle quy le travaillait fort, auquel Fr. Jacques de
« Campaigne ne pouvant avoir expéditions, telles qu'il
« désirait de luy, souhaitait souvent qu'il ne fût guéri, jus-
« ques à tant qu'il n'eust faict revenir ses prisonniers. »

Cet aveu naïf, mais un peu cruel, du chroniqueur
nous donne la mesure de l'impatience qui grandissait à Saint-André. Jacques d'Osirel alla à Bruges, pour
traiter de la rançon et dut payer à Vandernoote la somme
énorme de 1860 livres pour les prétendues dépenses
occasionnées par le séjour des deux captifs, et, quelles
dépenses ! Les Hollandais entretenaient-ils des gardiens
méritant à peine 8 c. par jour, ils en demandaient 40 ;
si la visite d'un médecin se payait ailleurs 10 c., on réclamait 4 liv. à la prison, sous prétexte que c'était celui de
son excellence le prince Maurice ; le prix du service et du
linge fourni à l'abbé monta à 500 écus ! Liévin Vainet,
échevin et argentier de la ville d'Hesdin, prêta la somme
exigée et la fit passer à Jean Rollard, marchand à Lille,
qui la transmit à Vandernoote par l'entremise d'un commerçant de Middelbourg.

Enfin, après tant de voyages dispendieux, tant de
démarches pénibles, l'abbé et son compagnon

« Quy estoit devenu laid et hideux, comme un vieux
« ermite quy navoit été tondu de dix mois », sortirent de

prison, sur la fin de février 1606 et quittant l'Ecluse, le jour de saint Mathias, ils se reposèrent à Bruges : l'évêque, Charles-Philippe de Rhodouan, les accueillit avec tous les égards dus au malheur, et leur offrit gracieusement des ossements et reliques de saint André, pour remplacer celles dont ils déploraient la perte (1). Ils traversèrent Nieuport, Furnes et le 21 mars, ils recevaient à Saint-Omer du comte de Rœulx, seigneur de Beaurain, une hospitalité toute cordiale, que le désir ardent de revoir Saint-André ne permit pas de prolonger. Après une courte halte à Ruisseauville, le 28 mars (2), on arriva à Hesdin.

Accablé par les fatigues d'une longue route, l'abbé ne put continuer ; une excessive faiblesse l'obligea à demeurer chez le gouverneur, M. de la Cocquelle ; les magistrats et officiers du roi vinrent le saluer et lui témoigner la joie que causait son retour. Vainet avait épuisé, durant 26 ans de prélature, le calice des souffrances ; Dieu lui demandait encore un douloureux sacrifice, celui de renoncer au bonheur de revoir son église ! Sentant les approches de la mort, il reçut les sacrements en répétant souvent avec piété ces paroles du psalmiste : *Deus docuisi me à juventute meâ et nunc pronuntiabo mirabilia tua usque in senectutem.....* Et il rendit son âme à Dieu

---

(1) Ces reliques furent volées dans le refuge d'Hesdin en 1642. *Cf L. R.*, t. 2, f° 157 r°

(2) Le 28 mars 1606, il y eust ung vent fameux et ung behistresy épouvantable quy dura l'espace de quatre heures ou environ, que chacun croyoit périr tout souldain. Il y eust grande quantité d'édifices abattus et emportés et grand nombre d'arbres quy feurent arrachés par l'impétuosité du vent et s'il eust continué sa violence plus longtemps, il ne fust rien demouré debout : *chronogramme* : *oMnIa CaDVnt.* Lédé. *Chron.*

le 26 avril 1606, âgé de soixante-quatorze ans, après avoir au dire de Lédé :

« Louablement et fort paisiblement gouverné sa mai-
« son et ses religieux, qui l'ont toujours aimé et honoré
« comme leur bon prélat. Il estoit homme grave et néant-
« moins fort humble d'esprit, débonnaire, sincère, gran-
« dement amateur de la pauvreté volontaire, pieux et
« dévot observateur de la règle et encore qu'il n'ayt pas
« esté en son temps fort longtemps aux estudes, car en
« ce temps, on recevoit les religieux sitôt qu'ils scavoient
« lire, quelquefois auparavant, sy est ce néanmoins qu'il
« avoit de la doctrine, et il estoit versé ès histoires,
« au moïen de quoy il estoit admiré et caressé des per-
« sonnes de qualité avec quy il se rencontroit quelque-
« fois. Son corps fust rapporté en l'abbaye et gist devant
« les reliques des saints.

ÉPITAPHE DE L'ABBÉ VAINET (1)

QUINQUE ET BIS DENIS VAINETUS PRÆFUIT ANNIS.
EXPERTUS VITAM MILITUM ESSE SUAM
A STRATO FUIT HIC, ÆTATE ET VIRIBUS ÆGER,
AD FINES RAPTUS, SCLUSA DOLOSA TUOS,
MENSIBUS UNDENIS INIBI CAPTIVUS HABETUR.
VERUM NON ILLIC ULTIMA CLAUSA DIES ;
LIBER IN HESDINUM DE SCLUSA INDUCITUR ARCEM,
AST HIC VIRTUTIS, CRIMINIS ILLE LOCUS
EST BATAVUS SCELERIS, PRŒSUL VIRTUTIS ALUMNUS
ATQUE IDEO DISPAR MORTIS UTRIQUE DOMUS.

(1) *Gallia Xna,* loc. cit.

CLAUDE DE REYSWICH,

XXXe ABBÉ. — (1606-1625.)

« *Ecartelé : au 1 et 4 au lion passant, au 2 et 3 fascé*
« *d'argent et de sable.*

Claude de Reyswich, né à Averdoing, en 1550, de noble famille frisonne (1), et formé dès l'enfance à la piété, reçut la tonsure à peine âgé de 16 ans. Il exerçait les fonctions de prieur à Saint-André depuis 1581, lorsque l'archiduc Albert, souverain des Pays-Bas, ratifiant le choix des religieux, lui expédia ses lettres de provision (2). L'abbé de Dommatin vint l'installer le 14 juin 1606 et Monseigneur Jacques Blase, évêque de Saint-Omer, le consacra le mois suivant, à Hesdin (3). A la mi-octobre 1607, le R. P. François de Longpré, abbé de Prémontré, en tournée d'inspection, arrive à Saint-André : ces visites pastorales des maisons de l'ordre, *tam in capite quam in membris* se renouvelaient fréquemment ; elles avaient pour objet de réprimer les abus que le luxe et l'opulence introduisaient parfois et de maintenir la stricte observance. Le général n'eut que des éloges à donner au supérieur et aux disciples ; ses observations portèrent uniquement sur les

---

(1) Le capitaine de *Reyswich, Reswich* ou *Ryswich*, prit alliance en Artois pendant les guerres. Il eut deux fils, Claude, l'abbé de Saint-André et Jean, moine de Saint-Bertin (DE LA PLANE. *Saint-Bertin*, t. 2, f° 200).

(2) *Archives du Nord, fonds Saint-André*. Lettres du 5 mai 1606 datées de Bruxelles, *original parchemin*.

(3) LÉDÉ, *chron.*, f° 327.

détails secondaires. Il permit d'augmenter de 14 livres le pécule des moines qui n'était que de 47 livres. Ce pécule destiné à acheter le vin et les vêtements a été supprimé en 1618.

Claude de Reyswich releva la tour de l'église autrefois ébranlée par les soldats du maréchal d'Humières, et la surmonta d'une flèche de pierre élégante et hardie (1). Trois cloches, la plus grosse offerte par le châtelain de Beaurain, Claude de Croy, et son épouse Anne d'Estourmel, qui acceptèrent d'en être le parrain et la marraine, complétèrent la restauration, et le carillon de Saint-André devint justement réputé dans les environs.

La seconde cloche fut donnée par Eustache d'Oignies, gouverneur d'Hesdin, seigneur de Gruson et dame Hélène de Mauville. La troisième reçut les noms de Michel de Harchies, chevalier seigneur de Plumoison et de Jehanne de Jutpienne.

La faveur dont la dame de Beaurain honorait le père de Reyswich, lui valut le cadeau d'une remarquable statue de la vierge du même bois que celle de Montaigu, placée dans une niche d'ébène enrichie de médaillons de cristal de roche montés en argent, qui renfermait des reliques de saint Maurice, de saint Jérôme, de saint Boniface, de sainte Agnès, de sainte Elizabeth, de sainte Dorothée, de sainte Barbe, de sainte Julienne, etc., etc.

Les abbés de Saint-André portaient la crosse, mais non encore la mitre; les Jésuites (1), qui se chargèrent de l'ob-

---

(1) Auparavant le clocher était de bois couvert d'essangles, il avait été incendié le 1ᵉʳ mai 1595.

(1) Appelés à Hesdin par le gouverneur de la Cocquelle, les

tenir en cour de Rome, demandèrent 800 liv. pour prix de leur négociation, et Claude de Reyswich y renonça.

Quatre incendies en moins de quatre années faillirent entraîner la ruine complète des bâtiments : le premier, le plus considérable, allumé par l'imprudence d'un ouvrier plombier, dévora le 16 mars 1620 le grand réfectoire, le dortoir, les cloîtres, les granges, les combles de l'église et la sacristie avec les ornements qu'elle renfermait. Dans cette extrémité les religieux s'adressèrent vainement à leurs frères de Prémontré par l'organe du général, ils n'en obtinrent presque rien (2), plus compatissants furent les archiducs Albert et Isabelle, qui envoyèrent, après information, une somme de 2500 livres pour aider à la réparation des dégâts estimés à 3000 livres (3). Le jour de la Pentecôte 1621, la maison priorale de Brunehautpré et ses dépendances devinrent la proie des flammes (1).

Le 5 avril 1623, une partie du quartier des étrangers brûla et, pour comble de malheur, la foudre tombant sur l'église, au mois de novembre 1624, y causa des dommages considérables.

L'annaliste de Saint-André croit voir dans ces sinistres répétés le juste châtiment :

« Du mauvais mesnage temporel et spirituel qu'il y

---

jésuites avaient établi leur collége dans le vieil hopital situé sur la Canche. 1613.

(2) Prémontré donna 25 liv. Saint-Follian, 16 liv. Tronchines, 12 liv. et les autres rien.

(3) *Archives du Nord, original*, Lettres du 20 juillet 1620

(1) Le fermier de Brunehautpré, Lachère, fit l'avance des fonds pour la reconstruction des bâtiments disposés dès lors à sa fantaisie et commencés en 1622.

« avait pour lors en ceste pauvre maison ou se passaient
« des choses en fort grand désordre. »

Le vénérable abbé de Reyswich « manquait de sévérité pour punir les libertins. » L'austérité de la discipline primitive n'était plus en honneur à Saint-André, c'est vrai. Toutefois il faut constater que les scandales « du mauvais mesnage de ces libertins » signalés par Nicolas Lédé, le rigide et sincère Lédé, ne sont pas tels qu'on pourrait le supposer. Il s'agissait bien plus de manquements à la régularité claustrale, que de prévarications contre les mœurs chrétiennes. Cependant, l'abbé de Floreffe, dans sa visite du 31 mai 1623 jugea nécessaire de réprimer ces négligences coupables et voulut imposer le frère Gossuin Van Vuinet, prieur de Dommartin pour surveiller les progrès de la réforme qu'il prescrivit à Saint-André. (1).

Cette mesure souleva une opposition générale ; du moins, elle amena un résultat salutaire : profondément humiliés, les religieux jurèrent obéissance absolue à l'abbé et reconnurent leurs fâcheux égarements, s'engageant à les expier par une conduite irréprochable : l'avenir nous apprendra combien leur résolution fût énergique.

Les frères Martin du Hamel et Georges Pipelart quittèrent Saint-André le 22 mars 1624, se rendant en pèlerinage à Rome et à N.-D. de Lorette, d'où ils revinrent dans le courant de l'automne. Le 8 décembre de cette année, Claude de Reyswich alla habiter Hesdin avec quelques disciples, et, le fardeau qui pesait sur ses épaules affaiblies par soixante

---

(1) Gossuin Van Vuinet ne vint pas à Saint-André; nommé peu de temps après abbé de Château, près Mortagne, il y rencontra « une « Iliade de traverses. » *Lédé, chroniques. f° 401.*

ans de travaux et les souffrances d'une longue maladie l'empêchant de continuer dignement l'exercice de sa charge, il voulut s'adjoindre le frère Noël Ducandas. Mais l'évêque de Saint-Omer et le président du conseil d'Artois, informés de son état de santé, proposèrent à la nomination de son Altesse Isabelle, frère Jacques de Campagne, qui fut agréé en qualité de coadjuteur et futur abbé, par lettres patentes du 3 avril 1625 (1). Claude de Reyswich mourut le 15 octobre suivant.

JACQUES DE CAMPAGNE.

XXXIe ABBÉ. — (1625-1627).

« *De... au chevron de... accompagné de 3 molettes de...* »
Jacques de Campagne, élu le 3 avril 1625, demanda à l'évêque d'Amiens (1) l'autorisation de se faire sacrer à Saint-Omer ; la cérémonie réunit le 6 juillet, dans la chapelle de Monseigneur Boudot, un grand concours de monde et les RR. PP. Martin Dournel, Jacques Corbaut et Philippe Gilocq, abbés de Dommartin, de Saint-Augustin et de Saint-Bertin en rehaussèrent l'éclat par leur présence. Le 11 janvier 1627, messire Robert de Forceville, chevalier, baron de Merlimont, par son mariage avec Marguerite d'Argenteau, lui vendit moyennant 1400 florins d'or, mon-

---

(1) Formalité inutile, les priviléges de l'ordre permettant aux abbés de se faire sacrer là où bon leur semble. Les lettres démissoriales données en l'absence de l'évêque d'Amiens sont signées du Grand vicaire, Jacques Blayrie, 20 juin 1627.

(2) *Archives du Nord, original,*

naie d'Artois, le droit de travers qui se levait au passage de Campagne et de Beaurainville, ainsi qu'une rente de 12 septiers blé et 6 septiers avoine sur la cense du Valivon (1).

Emporté presque subitement dans une crise de la maladie dont il souffrait depuis longtemps, 16 janvier 1627,

Jacques de Campaigne de nom et de naissance
N'eust de ceste maison fort longue jouyssance (2).

NOEL DUCANDAS.

XXXIIe ABBÉ. — (1627-1636).

« De.... à la fasce de.... accompagnée en chef de deux
« calvaires, en pointe d'un cœur de.... »

A la mort de Jacques de Campagne, le siége abbatial resta vacant trois mois et trois semaines. L'évêque de Saint-Omer et le président du conseil d'Artois, M. du Grospré, commissaires délégués pour informer de l'élection, vinrent à Hesdin dans les premiers jours de carême, 1627, et le résultat de l'enquête, favorable au prieur du Valrestaud, Noël Ducandas, lui valut d'être nommé par lettres patentes du 10 mars (1). L'installation se fit le 8 avril avec le cérémonial ordinaire, mais la consécration plusieurs fois ajournée, à cause de la santé délicate du prélat, n'eut lieu

---

(1) *Archives du Pas-de-Calais. L. P. t. 1, f° 42 et t. II, f° 1 à 5.*
(2) SALÉ, f° *161 et* LADE, f° *455.* Il reposait dans la nef devant le petit autel de Saint-André.
(1) *Archives du Nord, fonds St. André, orig.*

que six ans plus tard, par les mains de messire Maximilien Vilain de Gand, évêque de Tournai.

Le premier décembre 1627, deux religieux de Saint-Pierre-les-Selincourt, ayant assisté à la fête de Saint-André, sollicitèrent, au nom de leur prieur, la faveur de renouveler les liens étroits de confraternité spirituelle, qui unissaient jadis les deux monastères. Noël Ducandas accueillit avec empressement la proposition, heureux de rétablir une pieuse communauté de prières un moment interrompue au temps de Jehan Pinte. Les moines s'engagèrent réciproquement à chanter trois services et les prêtres à célébrer trois messes pour chaque défunt, dans les trente jours qui suivraient son trépas.

La saisie au profit d'un certain musicien du roi, nommé Eustache Picot, abbé commandataire de Cercamp, des biens que cette église possédait en France, devint le signal des séquestres extrêmement oréneux, pour la maison de Saint-André, pendant près de trois années (2).

Les religieux de Cercamp obtinrent, par représailles, la jouissance des revenus de Saint-Sauve à Caveron et aux environs (3); à son tour l'abbé de Saint-Sauve se fit adjuger les fermages de Bloville jusqu'à concurrence des sommes exécutées sur lui, tandis que l'année suivante, 1629, les moines de Saint-Josse-sur-Mer obtenaient du lieutenant civil de Montreuil, la confiscation des produits de Brunehautpré et Valrestaud, comme indemnité des biens dont ils étaient dépouillés en France. Epuisé par ces injustices et les procès dispendieux qui s'en suivirent, Noël Ducan-

---

(2) Lédé, *chronig. f° 445 et seq.*
(2) *Appendice*, n°⁸ *XII et XIII.*

das se vit encore contraint d'accorder deux mille livres au comte d'Estaire, chargé par S. A. Isabelle de requérir des souscriptions « par forme de prêt à jamais rendre, » pour être employées à la guerre contre les Hollandais, qui assiégeaient Bois-le-Duc. La récompense devait être la mainlevée des saisies qui pesaient sur la malheureuse abbaye, mais les circonstances n'ayant pas permis l'exécution de la promesse, la contribution ne fut jamais acquittée.

Lédé raconte longuement les excentricités du frère Martin Duhamel, qui, sur une simple observation du prieur, s'oublia au point de le menacer d'un couteau, dont il l'aurait frappé, sans le secours de deux moines, qui se précipitèrent pour empêcher cet attentat sacrilége.

Furieux, il s'enfuit et se réfugia au Mont-Saint-Martin; là il sut gagner les bonnes grâces de ses supérieurs, jusqu'au jour où son esprit aventureux, fatigué d'une retraite sévère, lui suggéra de solliciter l'indulgence de Noël Ducandas par l'entremise de l'abbé de Dommartin, qu'il vint trouver en personne. Instruit de sa présence dans le voisinage, Ducandas envoya immédiatement deux religieux chargés de le lui amener en voiture, les fers aux pieds; le malheureux ne fit aucune résistance et arriva très-confus et humilié à Saint-André, le 2 décembre dans la soirée; on le mit immédiatement au cachot et il n'en sortit qu'au mois de mai suivant pour l'instruction de son procès. Le général de Prémontré délégua à cet effet les prieurs de Dommartin et de Saint-Augustin; sur leur rapport, il le condamna à cinq années d'exil à la Vicogne après réparation solennelle de ses fautes à genoux, la tête découverte en présence de toute la communauté « *in capitulo, nudo capite, flexis genibus.* » Refusé à la Vicogne, le coupable fut envoyé à Selincourt, puis à Hermières où il demeura jusqu'à la guerre « toujours volage, léger et d'esprit sans repos. »

L'abbé Ducandas ordonna la reconstruction de la (1) maison de refuge d'Hesdin et obtint le 9 novembre 1633 l'autorisation d'y ériger une chapelle.

Un chronogramme du F. Salé précise la date de sa mort : *DVCanDas qVI nobIs DVX fVIt abIIt* (1633). (2).

NICOLAS LÉDÉ.

XXXIIIe ABBÉ. — (1636-1680).

« *De.... au chevron accompagné en chef de 2 étoiles et en* « *pointe, d'un pélican de....* »

Le nom de Nicolas Lédé rappelle autant de vertus que de bienfaits : Pontife éclairé, administrateur habile, scrupuleux observateur de la règle, véritable providence des pauvres, il fut l'un des plus dignes prélats qui gouvernèrent l'abbaye (1).

Les brillantes qualités du nouvel élu faisaient oublier sa grande jeunesse car, il avait à trente-six ans la maturité d'un

---

(1) Ce refuge existe encore, c'est la maison formant le coin de la rue de la paroisse, vis-à-vis l'ancienne église des Récollets. On voyait sur la façade une croix de Saint-André avec la date 1633.

(1) Noël Ducandas avait un frère, Charles Ducandas, prieur de Dommartin, auteur d'une histoire de saint Charles Borromée, très-rare, et d'une histoire de saint Thomas de Cantorbéry, écrite, en vue du culte rendu à ce saint dans l'église de Dommartin. Elle contient 65 relations de miracles obtenus dans les environs de Montreuil, Hesdin ou Abbeville par l'intercession de saint Thomas. Ces deux volumes ont été imprimés à Saint-Omer, en 1615.

vieillard et ses contemporains, comme les vétérans de la communauté, saluèrent avec bonheur l'avènement de celui qu'ils prévoyaient devoir être l'une des gloires de leur ordre ; le frère Salé ne manqua pas une si bonne occasion de faire entendre sa muse et composa quelques rimes en l'honneur de son abbé (1).

    HeVreVX Le Dé qVI est tombé
    DessVs LéDé PoVr être abbé.

O mille fois heureux, ô heureux coup de dé
Qui ne faisant que deux : A et B pour Lédé,
L'a fait gagner le jeu au profit de ses frères,
A la gloire de Dieu, a l'honneur de ses pères.

Les religieux, obligés de se soustraire aux persécutions des gens de guerre, s'étaient transportés à Hesdin ; c'est là que mourut Noël Ducandas, là aussi Nicolas Lédé connut son élévation à la dignité abbatiale, par les lettres de Ferdinand d'Autriche, infant d'Espagne, cardinal-archevêque de Tolède et gouverneur des Pays-Bas. 6 avril 1636.

Les événements menaçant de retarder indéfiniment l'installation du nouveau prélat, elle eut lieu par procureur et la cérémonie de la bénédiction se fit à Aire, le 14 septembre, par le ministère de monseigneur de France, évêque de Saint-Omer (2).

(1) Nicolas Lédé naquit à Offin, au commencement de 1600, de parents pauvres ; admis au noviciat le 28 mai 1617 ; profès le 19 mai 1618 ; prêtre le 21 septembre 1624 ; prieur claustral en février 1630. *Cf : Nicolas Lédé, 33° abbé de Saint-André-au-Bois, par l'abbé Robert, curé de Robecq. Amiens, 1864, brochure in-8, extraite de la revue : la Picardie et aussi la vie de Lédé, publiée par M. le chanoine Parenty, dans les mémoires de l'Académie d'Arras.*

(2) Témoins : les abbés Jean Marsille, de Dommartin, Jacques

La paix, qui durait depuis trente-sept ans entre la France et l'Espagne, ayant été rompue en 1635, une guerre terrible lui succéda, guerre qui se termina seulement par le traité des Pyrénées en 1659 : Montreuil appartenait à la France, Hesdin à l'Espagne ; Saint-André se trouvait donc sur la limite des deux puissances. Avec l'onction sainte, Nicolas Lédé reçut du ciel une patience, une énergie admirables qui l'aidèrent à supporter sans faiblesse les épreuves multipliées, résultat de cette situation mixte pendant les premiers temps de son gouvernement. Il évitait soigneusement d'exciter la convoitise de l'ennemi ; trois ou quatre religieux demeuraient à Saint-André, célébrant les offices au péril de leur vie. Ils recevaient d'Hesdin le pain de chaque jour et cachaient pour le souper, ce qui restait du dîner. Plusieurs fois menacé de la disette, le jeune abbé cultivait lui-même le jardin du couvent, aussi les Croates de la garnison d'Hesdin ne trouvèrent-ils pas à faire le moindre butin en 1639.

Quand le maréchal de la Meilleraye vint assiéger cette ville, le comte de Lannoy établit à Saint-André l'hôpital général de l'armée, et le doyen de Saint-Pierre de Montreuil, Jean Sannier, bénit à cette occasion, avec l'autorisation de l'évêque d'Amiens, un cimetière spécial (1) pour les soldats. Lorsque la place se rendit, on respecta le refuge de Saint-André avec ce qu'il renfermait (2) à la

---

Corbeau, de Saint-Augustin-les-Thérouanne, Mathias le Roi, de Blangy, Jacques Cousin, de Ruisseauville.

(1) Le 18 mars 1650, l'abbé Lédé avait béni le nouveau cimetière des religieux dans les cloîtres.

(2) Les cloches de l'abbaye et celles d'Hesmon furent ainsi épargnées ; celles des villages environnants n'ayant pas été comprises

prière d'un récollet, aumônier du grand maître de l'artillerie.

Trois moines retournèrent aussitôt à l'abbaye afin de tout réorganiser ; les étables étaient vides ; à peine y comptait-on une vache et un poulain ; pas de chevaux pour labourer les terres, pas d'argent pour s'en procurer ; il fallait cependant subvenir aux dépenses les plus urgentes et Lédé céda le refuge de Montreuil, aux religieux de l'Hôtel-Dieu, moyennant 1,200 liv. et des rentes de la valeur de 300 liv., 12 février 1641 ; la vente des orgues à l'abbaye de Longvilliers produisit 700 liv. (1) et l'on entreprit immédiatement les réparations qui furent interrompues par les persécutions du gouverneur d'Hesdin, Antoine de Joigny, marquis de Bellebrune. Celui-ci furieux de voir refuser l'accès du couvent à l'une de ses créatures, jeune Français ignorant et difforme, inquiet d'ailleurs à cause des tendances espagnoles de l'abbé, le menaça de faire piller les récoltes par ses soldats et de chasser les moines pour les remplacer à son gré : il osa même intercepter des lettres du seigneur de Plumoison, gentilhomme habitant les Pays-Bas. Bien plus, il accusa Lédé d'entretenir avec l'ennemi des intelligences coupables ; mandé à Péronne, sous le coup de cette accusation mensongère, il s'y rendit à pied, et se justifia aisément devant l'intendant de Picardie, qui reconnut son innocence et lui conseilla toutefois de se soustraire quelque temps à la haine de son persécuteur.

---

dans la capitulation sont transportées à Abbeville. *Archives du Nord.* Loc-cit.

(1) Van Isaac établit de nouvelles orgues à Saint-André, en 1674. Le frère Jacques Outrem en fit la menuiserie et la sculpture. BOUBERT, *Chroniques.*

Il s'exila donc à Selincourt pendant six mois, mais son influence demeura prépondérante à Saint-André, en dépit de Bellebrune, obligé par ordre du roi de consentir enfin au retour de sa victime, 8 novembre 1642 (1).

Lédé travaille alors à effacer le souvenir de toutes ces calamités ; le Val-Restaud « estoit un désert sans aucun « édiffice. » Bloville, Brunehautpré, le Valivon n'avaient pas moins souffert. Il renouvelle les vases sacrés, les meubles servant au culte et se procure de nombreuses reliques (2). Les ossements du premier abbé de Saint-André, le vénérable Anscher, qui reposaient encore dans la modeste chapelle située près du dortoir, sont exhumés et déposés en grande pompe au milieu du chœur.

Une haute réputation de science et de vertu valut à Lédé l'honneur d'être choisi comme visiteur des maisons de Dommartin (3), Saint-Nicolas de Furne, Saint-Augustin-les-Thérouanne et Licques, puis vicaire général de la circarie de Ponthieu (4), 28 juin 1653. Il assista aux chapitres provinciaux de Valsery, de Saint-Jean d'Amiens, et présida à l'installation du R. P. Philippe Babeur, élu abbé de Dommartin, à la mort de Jehan Marsille.

---

(1) Trois ans plus tard, le gouverneur obtint des lettres de cachet enjoignant à l'abbé de Dommartin d'émissionner trois religieux de Saint-André et de les remplacer par trois autres de son choix. Marsille comprit l'injustice de cette mesure et refusa de l'exécuter.

(2) *Appendice n° XVI*.

(3) *Cf. Histoire de Dommartin, supra.*

(4) Cette charge lui donnait droit d'inspection à Dommartin, Abbecourt, Saint-Just, Marcheroux, Saint-Jean d'Amiens, Selincourt, Saint-Augustin, etc. Le chapitre de 1657 y ajouta Bellozane et Lile Dieu. BOUBERT, chroniques.

Les évènements militaires troublaient encore la Picardie (1649) ; au lendemain de nouvelles déprédations, les abbés de Saint-André et de Dommartin conjointement avec huit villages voisins parvinrent à s'affranchir des réquisitions et logements militaires de la garnison de Lucheux (1), en offrant une somme de 3,000 livres au sire de Villequier qui la commandait, pour le comte d'Harcourt; une sauvegarde spéciale logea même à Saint-André près d'un mois, à raison de 30 sols par jour.

Quelques années plus tard, Bellebrune, le persécuteur de Lédé, mourut à Paris ; le roi nomma le comte de Moret au gouvernement d'Hesdin, mais Baltazar de Fargues, irrité de le voir préféré à son beau-frère, Monsieur de la Rivière, leva l'étendard de la révolte, et se déclara indépendant, il interdit l'entrée de la ville au nouveau gouverneur, et réussit à éloigner les officiers dont la fidélité lui était suspecte. Demeurés les maîtres de la contrée, Fargues et la Rivière entreprennent de raser les forteresses qui peuvent gêner leurs déprédations : les châteaux de Fressin, Rollencourt, Beaurain, Montcavrel, Labroye,

---

(1) « Le 23 avril 1649, 100 cavaliers partis de Lucheux arrivèrent à Saint-André, deux heures avant le jour; quelques-uns ayant sauté la muraille et cassé la serrure de la grand'porte firent entrer une partie de leurs camarades, pendant que les autres gardaient les avenues. Tous les domestiques se retirèrent dans l'église avec les chevaux, hors 5 ou 6 cavales et 3 poulains que ces maraudeurs enlevèrent. Ils ne prirent qu'une douzaine de vaches et firent sortir les moutons des bergeries sans en prendre beaucoup, car ils se dispersèrent et on harcelait lesdits maraudeurs du clocher. Quelques-uns de ces brigands pénétrèrent dans l'abbatiale, forcèrent quelques coffres et prirent ce qu'ils trouvèrent, mais nos domestiques s'étant enhardis, descendirent des voûtes et chassèrent ces malheureux. » BOUBERT, *Chroniques*.

Fontaine, Embri; la tour du Vieil-Hesdin ; les clochers de Fillièves, Saint-Georges, Sains-les-Fressin sont démolis; celui de Saint-André, plusieurs fois menacé est finalement épargné, mais il fallut acquitter de lourdes contributions, ainsi, la taxe de Bloville et Brunehautpré s'éleva pour la seule année 1658, à la somme énorme de 5,500 livres.

La révolte de Fargues, produisit une vive sensation à la cour : le roi, se rendant à Dunkerque voulut passer par Hesdin, dans l'espoir que sa présence réveillerait le patriotisme des rebelles, et ébranlerait leurs chefs ; le 19 mai 1658, il quitta Montreuil, escorté de sa maison et d'un gros de cavalerie, et fit une halte à Saint-André. Tandis qu'il s'y reposait, bon nombre de paysans vinrent à passer avec des bêches. Sa majesté leur demanda où ils allaient : « travailler aux ouvrages du roi, » répondirent-ils et celui-ci de sourire.

C'est que l'on croyait au siége d'Hesdin et plus encore on le désirait ardemment ; Fargues lui-même n'en doutait pas et activait les préparatifs de défense. Grande donc fut sa surprise quand le lendemain il vit les Français s'éloigner dans la direction de Saint-Omer.

L'année suivante, l'article 52 du traité des Pyrénées rendit la ville d'Hesdin à Louis XIV. Monsieur d'Ormesson, intendant de Picardie, en reçut les clefs, et Fargues se retira dans une riche terre, aux environs d'Orléans, jusqu'au jour où justice fut faite de son odieuse trahison, sur la place Saint-Pierre à Abbeville. 27 mars 1665.

Trois religieux habitaient alors le refuge d'Hesdin et le nouveau gouverneur, M. de la Prune, leur suscita mille vexations ; il les retint prisonniers sous un prétexte futile, durant dix jours, sans permettre qu'on les visitât. Des soldats émus de compassion procuraient aux captifs un peu de pain, tandis que les démarches de l'abbé à Amiens et à Arras obtenaient la mise en liberté de ces malheureux.

Il est intéressant d'étudier le détail de l'administration de Lédé, dans la chronique de Boubert. On y lit des renseignements curieux sur la valeur des denrées et les conventions en usage au XVIIe siècie. Il racheta quantité de rentes et censives en nature qui devenaient très-onéreuses surtout au moment des guerres (1) et acquit les fiefs du Mesgen (2) de Jumetz (3) et de Canteraine à Douriez (4).

Les études avaient été interrompues dans les villes de la province à cause de la guerre ; à Saint-André on cultivait encore les lettres et les sciences : Dom Philippe Babeur, qui, depuis, occupa le siége abbatial de Dommartin, y enseignait les humanités en 1649 et comptait parmi ses élèves trois novices de l'abbaye de Licques.

---

(1) Les redevances en nature dont l'abbaye était autrefois chargée s'élevaient à 920 septiers 12 boisseaux de blé et 672 septiers 2 boisseaux d'avoine. Aux seigneurs et au prieur de Beaurain seulement il était dû 200 couples. Ces redevances qui furent successivement éteintes atteignaient encore en 1665, le chiffre de 160 septiers de blé et 140 septiers d'avoine.

(2) 1669. Acheté de M. Dubois de Saint-Omer consistant en rentes à Marcsquel, Aubin et Ecmicourt, moyennant 380 florins *L. R. t. 2 f° 235*

(3) 1678. Acheté de Georges de Monchy marquis d'Hocquincourt consis ant en 27 mesures de bois et 7 mesures de pré à Beaurain, moyennant 1600 livres, deniers principaux. *L. R., t. 2, f 39 v°.*

(4) 679. Acheté des héritiers de Claude Penet, moyennant 800 livres. *L. R. t. 2, f° 242.*

S'agissait-il d'une cérémonie religieuse aux environs, on invitait le prélat pour la présider et officier pontificalement, comme à la bénédiction des cloches de Contes et de Campagne, en 1665 ; à l'inauguration d'une statue de Notre-Dame de Foy érigée dans la chapelle fondée à Beaurain par le grand bailli du comte de Rœulx ; à la consécration du nouveau sanctuaire de la commanderie de Loison, 30 juin 1666, etc.....

Le 25 juin 1665, une ordonnance du général de l'ordre minutée par le R. P. Babeur, abbé de Dommartin, affilia à Saint-André la prévôté de N.-D. de Magdebourg autrefois célèbre par le tombeau de saint Norbert ; le fait seul de cette affiliation, conférait à Lédé les insignes pontificaux (1).

Le 30 juin 1670, le roi de France passa à Saint-André au retour d'un voyage dans les Pays-Bas ; les moines et leur supérieur allèrent à sa rencontre, mais conformément à son désir il n'y eut ni harangue, ni réception.

Le P. Babeur, appelé à Paris, pour les affaires de la province y mourut le 20 décembre 1675 ; Lédé présida à ses funérailles et puis à l'élection du successeur, Fr. Durlin. Il devait prochainement, hélas ! suivre dans la tombe l'abbé de Dommartin, et siégea, une dernière fois, en 1676 aux Etats d'Artois dont il avait si souvent dirigé les travaux par ses lumières et sa haute sagesse.

Lédé observa jusque dans l'extrême vieillesse les pres-

---

(1) *Cf.* BOUBERT *chronique.*, ROBERT, *biographie précitée.* — Le 15 janvier 1669, Lédé donna l'habit religieux à F. François Marie de Bryas, fils du marquis de Royon qui rentra dans le monde quelques mois après.

criptions les plus pénibles de la règle : octogénaire, il faisait encore l'édification de tous ; sa générosité proverbiale semblait épuiser les ressources de la communauté, mais il avait également l'art de les multiplier. La mort le surprit au milieu de continuels exercices de bienfaisance et de piété le 2 novembre 1680. La douleur publique honora la pompe de ses obsèques plus encore que les éloges mérités qui furent prononcés par deux prédicateurs fameux. Le prieur des Carmes de Montreuil prenant pour texte ces paroles du livre des proverbes : *Sperat autem justus in morte sua*, établit que le défunt avait été tout à Dieu, tout au prochain, rien à lui-même. Le P. Gourdin, bénédictin célèbre, de passage à Saint-Sauve, faisant allusion aux armoiries de Lédé qui portait un pélican avec cette devise: *Lœde suaviter*, développa cet autre texte : *Similis factus sum pelicano solitudinis Ps. 101*, et parla de la vie intérieure et publique du prélat.

Savant historien, théologien distingué, l'abbé Nicolas Lédé est l'auteur de nombreux ouvrages restés manuscrits, et notamment de la chronique dont nous avons si fréquemment fait usage. « Il fallait, remarque Ignace Crépin,
« autant d'esprit, de mémoire et de discernement qu'il en
« avait, autant de zèle pour le bien du monastère, autant
« d'assiduité à lire, à écrire et à recueillir pour mener à
« bonne fin tous les travaux qui lui sont attribués. » (1)

Chronogramme composé à l'occasion du jubilé de prêtrise de Nicolas Lédé, 8 juillet 1666.

QVARTO CALENDAS JUNIAS NICOLAUS LÉDÉ

---

(1) *Appendice: n° XV.*

Lætans se consecrat arChiManDrita
se voto SeneX religat.

Chronogramme composé à l'oceasion de sa mort :

LeDe qVI nobIs eXtItIt VerVs
bonVsqVe prælatVs, Vt pIe VIXIt
Ita natVrœ trIbVta DeDIt.

ANTOINE GODART,

XXXIVᵉ ABBÉ. — (1681-1688).

« De..... à 3 flèches de..... au chef de..... chargé de 3
« étoiles de.....

Le jour de sa nomination (1), Antoine Godart, entreprit à cheval, malgré son grand âge, le voyage de Paris, pour solliciter du père de la Chaise, le tout-puissant confesseur du roi, l'exemption des charges injustes et inusitées que lui imposait le brevet. La démarche fut inutile et il dut se soumettre ; mais le pensionnaire de l'abbaye, M. de Saint-Martin, aumônier de la citadelle de Tournai, obligé de poursuivre en cour de Rome l'homologation de son titre, recula devant les dépenses du procès qui pouvait en résulter, procès dont le résultat était fort douteux et il y renonça de lui-même. Antoine Godart fut installé le 17 mai 1681, par l'abbé de Dommartin, et bénit dans la chapelle

---

(1) Commissaires à l'élection : de Breteuil, intendant de Picardie ; de Villepeaux, lieut. du roi à Hesdin ; Durlin, abbé de Dommartin. Brevet du 7 mars 1681.

de Saint-André ; l'évêque d'Amiens lui conféra la mitre, qu'il eut le premier l'honneur de porter à son sacre. Son état de santé ne lui permettait guère de s'occuper des affaires ; le prieur, Fr. Delnort les régissait en son nom, avec tant de sévérité, que le général de Prémontré dut l'engager à plus de modération.

Antoine Godart étant mort le 1er mai 1688, dans la 78e année de son âge, le recteur des PP. Jésuites d'Hesdin prononça l'oraison funèbre. Des éloges mérités qu'il a décernés au vénérable vieillard, il reste ce peu de lignes empruntées à la chronique :

« Grand amateur de la pauvreté et de la simplicité évangéliques, toujours vêtu comme le dernier des religieux, l'abbé Godart a employé son existence à pratiquer la charité ; fêtes et dimanches on le trouvait au confessionnal dès le matin ; sa piété envers Jésus flagellé et Notre-Dame de Miséricorde, lui faisait élever au milieu de la nef, un autel spécialement destiné à honorer cette dévotion, depuis le dimanche de la passion jusqu'au vendredi-saint et pendant l'octave de la Nativité. »

ANDRÉ THOMAS,

XXXVe ABBÉ. — (1688-1731).

« *De..... à la croix de Saint-André de.....*

Le calme dont jouissait l'abbaye au moment de sa nomination, ne convenait guère à l'activité dévorante de l'homme léger et changeant, qu'on nous a dépeint dans ce fâcheux tableau :

« Il fallait apprendre à jouer toutes sortes d'instruments, Monsieur l'abbé Thomas luy mesme apprit la musique, à jouer du violon, de la basse, de l'épinette. La musique a esté abandonnée et reprise à plusieurs fois. Aujourdhui il estudioit le grec, demain l'hébreu et puis il s'appliquoit à l'histoyre. Dans les temps qu'il faisoit la procure, il s'est rendu ridicule : par des nouvelles manières de labourer la terre, faisant venir de grandes charrues de Saint-Omer et des valets de ce païs là ; par des nouvelles manières de coupper les grains, tous nos moissonneurs ayant quitté leurs faucilles. On fit des outils pour coupper la paille et donner des achis aux chevaux ; l'on établit des manufactures dans l'abbaye, où on a employé la laine de nos troupeaux pendant plusieurs années. »

André Thomas voulut rebâtir le quartier abbatial dans des proportions exagérées pour le déplorable état des finances, et 40,000 livres de dettes furent la conséquence de ses folles entreprises ; chose étrange ! incapable de se diriger lui-même, il prétendait corriger les autres. Des plaintes sérieuses s'étant produites au chapitre provincial de 1696, contre le dérèglement des abbayes de Gascogne, Thomas offrit de les aller visiter avec le prieur de Valchrétien ; tous deux se rendirent l'année suivante à la Chaise-Dieu et à Combelongue ; de nombreux abus s'y étaient introduits à la faveur de la commende, les délégués prêchèrent la réforme et imposèrent à ces maisons des prieurs émissionnés de Saint-André, auxquels on suscita tant de traverses, qu'ils revinrent deux mois après, désespérant du salut de leurs frères de Gascogne.

A peine rentré chez lui, André Thomas s'imagine de réformer l'ordre de Prémontré lui-même. Sans reculer devant les difficultés immenses d'une pareille tâche, se prétendant inspiré du ciel et autorisé des conseils de l'éminent abbé de Rancé, il veut, nouveau Norbert, soumettre à l'approbation du pape le projet fantaisiste d'une congrégation composée de six abbayes, dont celle de Saint-André sera comme la mère.

Chacune des maisons, écrit-il quelque part, recevra 100 religieux :

La première, celle de Saint-André aura 600 journaux de terre et 30 journaux de bois.

La deuxième, celle de Saint-Joseph de Brunehautpré aura la ferme de Brunehautpré.

La troisième, celle de Saint-André de l'Aulnoye jouira du moulin de Maresquel et des dépendances.

La quatrième, celle de Sainte-Marguerite du Val-Retaud aura les biens du Val-Restaud et d'Hesmon.

La cinquième, celle de Sainte-Marie de Montreuil, aura la ferme de Bloville.

La sixième, celle de Sainte-Marie d'Hesdin jouira des rentes en argent et en nature.

Les moines, ajoute-t-il, façonneront eux-mêmes le drap et la toile de leurs vêtements ; ils récolteront les légumes qui seront, avec le lait, le beurre, la bière et le cidre, la seule alimentation permise. L'abstinence sera donc de rigueur et le jeûne des plus austères, surtout au Val-Restand, et à Saint-André de l'Aulnoye, car les revenus, valant 2,000 livres à peine, devaient pourvoir à l'entretien de deux cents moines.

Le réformateur comptait sûrement que Dieu renouvellerait pour ses disciples les prodiges accordés aux Israélites dans le désert. Les préceptes de saint Norbert augmentés et modifiés par les rêveries d'André Thomas formaient la base des statuts qui ne trouvèrent, comme on le pense, aucun adepte sérieux. Ces rêveries eurent toutefois pour conséquence fâcheuse de troubler, pendant plusieurs années, la paix intérieure de la communauté qui opposa d'abord de judicieuses observations, puis une résistance ouverte aux volontés de son chef.

Sur les entrefaites, le frère de la Barre, profès de Prémontré, homme d'un caractère indocile et méchant, qui se disait le parent de Madame de Maintenon, et avait été deux fois exclu de la Trappe, vint cacher sa honte auprès d'André Thomas; celui-ci ne se préoccupe nullement de ses déplorables antécédents et le reçoit avec bonheur comme un envoyé de la Providence, destiné à le seconder dans son œuvre. Il l'initiait à ses doctrines lorsque le général de l'ordre lui enjoignit de venir le trouver. Le 27 novembre 1701, l'abbé de Saint-André et son protégé partent pour Prémontré. En passant au Mont-Saint-Martin, ils persuadent au prieur Fr. Cardon, de s'associer à l'œuvre de restauration, et décident ensemble que ce monastère deviendra le berceau de la réforme. Thomas ne tient aucun compte des observations de son supérieur; à ses conseils paternels, il opposait un entêtement ridicule, à ses reproches il répondait qu'il était inspiré du ciel; le général de l'ordre voyant qu'il avait à faire à un insensé le renvoya dans l'espoir que le temps guérirait son cerveau malade. De retour à Saint-André, il trouve ses religieux plus fidèles que jamais à la règle, et déterminés à ne pas la modifier, si bien que, promesses ou menaces demeurant infructueuses, l'abbé les quitte très irrité, le 31 décembre 1701, n'emmenant que l'un de ses neveux et trois jeunes novices.

On comprend les luttes intestines qni divisèrent la communauté mécontente de la destitution des principaux dignitaires, et des largesses de l'abbé pour sa famille (1); Les expédients auxquels il fallait recourir pour combler le déficit des finances, auraient entraîné la ruine si la nomination de A. Boubert à la charge de procureur inamovible, imposée par le général de Prémontré ne lui eut enlevé la gestion du temporel. André Thomas passait des semaines, des mois entiers loin de Saint-André, poursuivant toujours la même idée, désireux surtout d'échapper aux contradictions qu'une humeur aussi bizarre lui suscitait journellement.

Dans l'un de ses fréquents voyages à Paris, admis à présenter au cardinal de Noailles les plans de réforme, il rencontra l'évêque de Québec, qui l'engagea à partager l'apostolat du Canada et lui proposa de l'attacher à sa personne. L'imagination de l'abbé Thomas s'enflamme aussitôt à la pensée de se consacrer aux missions et d'entraîner par delà les mers ses disciples du Mont-Saint-Martin. De réformateur, le voilà devenu apôtre!

Il sollicite immédiatement en cour l'autorisation de se vouer à la propagation de la foi et, par l'entremise de l'intendant Bignon, demande à l'abbaye de Saint-André un subside de trois mille livres.

Le frère Boubert et le prieur, peu satisfaits de partager avec le Nouveau-Monde des ressources à peine suffisantes

---

(1) André Thomas acheta, des deniers de l'abbaye, une maison à Montreuil, pour loger son frère, receveur des rentes de l'abbaye de Sainte-Austreberthe. Elle coûta plus de mille écus et fut par lui convertie en fabrique de savon, — le 19 février 1723, il l a rendit mais seulement en échange de deux fiefs situés à Gouy.

pour l'abbaye, accordèrent, non sans difficulté, une somme de 1200 livres ; Thomas, piqué de trouver si peu d'empressement pour seconder sa grande entreprise, arrive à l'improviste à Saint-André, un soir de septembre 1703, dans l'espoir d'y recruter du moins des disciples : des religieux pour évangéliser ; des séculiers pour fonder une colonie ; quelques familles s'inscrivent ; son frère offre de l'accompagner avec femme et enfants, mais il exige du roi l'abandon de deux lieues carrées de terrain qu'il tiendra en fief de la couronne de France avec moulins à eau, moulins à vent, la qualité d'écuyer, enfin la permission de passer et repasser l'océan quand bon lui semblera.

A Saint-Omer, à Serques, où Thomas est allé vanter les avantages de son projet, se produisent de nombreuses adhésions ; seuls, les moines de Saint-André connaissaient trop bien leur abbé, pour se risquer à le suivre dans une pareille aventure. Lorsqu'il fallut quitter famille et patrie, lorsque, au retour de Paris, où il avait dû organiser le voyage, André Thomas fit appel aux missionnaires et aux colons, personne ne se présenta ; lui-même, ébranlé par les larmes de ses parents, hésite et cherche de mauvais prétextes : il mande à Monseigneur de Québec qu'un abbé ne peut abandonner sa communauté et traverser les mers sans l'autorisation du Pape, et l'évêque lui répond par l'organe du ministre Pontchartrain, qu'il doit remplir ses engagements et se trouver à la Rochelle, le 12 juin 1703. L'évêque de Québec se souciait peu des colons recrutés par de belles paroles, mais il comptait sur les missionnaires et ne pouvait partir sans eux ; une dernière fois, il écrit à André Thomas ; puis, comme le temps presse, il le renvoie honteusement, tandis que les Récollets prennent sa place sur le bateau qui fait voile vers le Canada.

L'abbé de Saint-André ne comprit pas l'humiliation sévère qui lui était infligée : ses excentricités étaient la fable de la province ; la cour en plaisantait ; mais lui, calme, hautain, reparaît en Artois, fort surpris du bruit qui se fait autour de son nom.

Cependant, la dignité de l'ordre ne permettait pas de supporter plus longtemps les innovations du Mont-Saint-Martin ; les prieurs de Laon et du Valchrétien, chargés par l'abbé de Bonne-Espérance de les étudier, les déclarèrent inutiles et déraisonnables. Les religieux exilés rentrèrent au couvent et quelques novices qui ne consentirent pas à revenir à la primitive observance, furent impitoyablement chassés (1704).

La funeste journée de Malplaquet refoula le maréchal de Villars aux frontières de Picardie (1706). A la nouvelle de son approche, chacun s'empressa de disputer les récoltes aux fourrageurs. Rentrés et battus à la hâte (1) les grains furent cachés sous les planchers ; les ornements de l'église furent confiés aux religieuses de Sainte-Austreberte et l'argenterie envoyée à Hesdin, chez M. du Quesnoy. Effectivement, la maison du roi prit ses cantonnements à Saint-Josse-sur-Mer (novembre 1706) et les troupes s'échelonnant entre la Canche et l'Authie, vers Abbeville, Saint-André devint le quartier-général du maréchal d'Harcourt qui s'installa dans l'infirmerie. Son frère occupa l'abbatiale ; le réfectoire leur servait de salle

---

(1) Il y eut à la fois 40 batteurs dans les granges, les cloîtres et les cours, c'était, dit A. Boubert, un carillon incessant.

à manger et la communauté dût se contenter du chauffoir pour la journée et partager le dortoir avec les officiers.

La dévastation des bois où les soldats coupaient indistinctement futaie et taillis (1) et le pillage des récoltes causèrent une perte de plus de 10.000 livres. Durant ces jours malheureux, pas un moine ne s'absenta et l'office n'a jamais été interrompu.

André Thomas aliéna en 1713 le refuge d'Hesdin, le plus souvent habité par les lieutenants du roi, et dont MM. de Villepeaux et de Mauroux ne voulaient même plus acquitter le loyer. Il fit oublier, dans les derniers temps de sa vie, les désordres qui s'étaient produits au début ; nous sommes heureux d'en trouver le témoignage dans cette phrase du Voyage littéraire rédigé par les Bénédictins : « C'était un homme de Dieu, plein de zèle
« plus pauvre que le dernier de sa communauté, charitable,
« qui ne respirait que la réforme et qui a répandu dans le
« voisinage le parfum de ses vertus » !

Avouons que le changement opéré chez l'abbé de Saint-André est merveilleux ; nous ne contestons pas l'opinion élogieuse des Bénédictins, mais nous pensons que leur séjour a été trop court à Saint-André, pour qu'on ait eu le temps de leur raconter les aventures qui auraient probablement modifié un jugement aussi indulgent.

L'abbé Thomas surveilla la construction de l'escalier actuel de l'abbatiale, d'après les plans du frère Adrien de

---

(1) On paya plus de 200 écus pour couper ras de terre les arbres mal abattus et réunir les débris épars ; l'année suivante, 70 portions de taillis ainsi dévasté se vendirent 4, 5 et 6 sols la portion. BOUBERT, *chronique.*

Canlers (1), rétablit le clocher renversé par le terrible ouragan du 25 septembre 1713 et succomba à une attaque d'apoplexie le 4 mars 1731.

ANTOINE BOUBERT,

XXXVI· ABBÉ. — (1731-1736).

Antoine Boubert, né à Saint-Omer, recueillit presque l'unanimité des suffrages (2) et obtint le 10 juillet 1731, le brevet de sa nomination, à charge d'une pension de mille livres, en faveur du père Porlier, trinitaire de Paris. L'évêque d'Amiens le bénit, assisté des abbés de Dommartin et d'Auchy ; il était âgé de 72 ans.

Ce vénérable prélat est avant tout célèbre par les volumineuses annales qui nous ont si fréquemment guidé dans le cours de ce récit. Il rédigea la chronique de Saint-André, depuis l'origine du monastère jusqu'en 1733 ; à cette époque il pria Ignace Crépin de la continuer, elle embrasse une longue période de six siècles : moins diffus que Lédé, Boubert se borne à l'histoire du cloître, omettant les digressions sur la politique de la France et de

---

(1) Adrien de Canlers, mort en 1741, profés de Saint-André, donna les plans des escaliers de Longvilliers, Clairmarais et Beaupré en Beauvaisis. Celui de Saint-André coûta plus de 2400 liv. A quoi bon observe Boubert, ce « faste dans la maison d'un religieux ? par nos « vœux nous renonçons au siècle, nous faisons profession de pau-« vreté et de retraite, l'obligation d'aspirer à la perfection nous « oblige encore de rechercher le recueillement et ces bâtiments fas-« tueux ne servent qu'à y attirer toutes sortes de gens et à nous en-« tretenir dans le goût du siècle ! »

(2) COMMISSAIRES A L'ÉLECTION : de Chauvelin, intendant de Picardie et Artois; marquis d'Havrincourt, gouverneur d'Hesdin ; et Brémart, abbé de Dommartin.

l'Espagne qui sont si fréquentes chez son devancier.

« J'écris précisément, nous annonce-t-il au début, ce
« qui regarde les affaires domestiques ; ce qu'il est bon
« qu'un abbé sache, un procureur ou quelque religieux
« prudent et zélé pour le bien de sa maison ; c'est pour
« eux seuls que j'ai travaillé et bien loin d'avoir en vue
« que cet écrit passe sous la presse, il ne doit pas même
« être communiqué à tous nos religieux indifféremment,
« encore moins à des personnes étrangères ; nos voisins
« n'ont pas besoin de connaître nos affaires ; *secretum*
« *meum mihi.* »

Le savant chroniqueur indique les sources auxquelles il a puisé : ce sont, outre les nombreux ouvrages de Nicolas Lédé, la chronique latine du P. Joseph Comin, le catalogue des abbés rédigé par Jacques d'Ostrel et quantité de titres originaux qui existaient à Saint-André. Le tout imprime aux travaux d'Antoine Boubert un caractère d'authenticité irrécusable.

Il suffit à la gloire du modeste prélat qu'il ait légué à la postérité le résultat de longues et patientes recherches, et ce qui ne vaut pas moins, l'exemple des vertus qui le distinguaient : aucun événement remarquable n'a signalé son gouvernement.

Obligé de garder la chambre pendant les deux dernières années de sa vie, Boubert opposa toujours une résignation angélique aux souffrances de la longue et cruelle maladie qui le ravit à l'affection de ses enfants, le 25 février 1736 (1).

---

(1) A. Boubert fut inhumé devant l'autel du Sacré-Cœur de Jésus dont il avait introduit l'association à Saint-André.

AUGUSTIN LAGACHE,

XXXVII° ABBÉ. — (1736-1750.)

Nous avons déjà fait observer que la commende livrait le titre d'abbé et la plus grande partie des revenus d'un monastère à des ecclésiastiques étrangers à la vie régulière, quelquefois même à de simples laïques. Les privilégiés investis par le roi des bénéfices, sans intervention de la communauté dont ils allaient dévorer la fortune, avaient seulement à se pourvoir auprès du pape, qui expédiait une bulle de substitution aux droits des anciens abbés en réservant au prieur claustral l'administration du spirituel.

Comment, dès lors, s'étonner du relâchement de la discipline, et de la décadence intellectuelle dans des abbayes dépouillées de leur autonomie et métamorphosées en fermes exploitées par la faveur ! Et combien il est aisé de comprendre les démarches multipliées faites par les religieux de Saint-André dans la vue de se soustraire à pareille ignominie et de garder les avantages de leurs vieilles franchises (1).

A la mort d'Antoine Boubert, il fallut recourir aux puis-

---

1) L'article 57 de la joyeuse entrée de Brabant, jurée par Charles-Quint et Philippe II, et abolie seulement par Joseph II, portait : « le souverain ne donnera en aucune manière ou ne laissera donner en commende aucune abbaye, prélatures ni dignités de Brabant.

L'Artois partagea longtemps ce privilége. »

santes influences que le crédit de monseigneur d'Orléans de la Motte ménageait à Paris et à Versailles au profit de F. Ignace Crépin, afin d'obtenir du cardinal ministre de Fleury, la confirmation de l'élection. L'élection obtenue, restait à s'affranchir des pensions : un état détaillé des revenus et des charges de Saint-André, dressé par le subdélégué d'Hesdin, M. du Quesnoy, et envoyé à l'intendant de Picardie, comme preuve de la faiblesse des ressources, compléta les négociations et le brevet qui nomma Augustin Lagache, ne lui imposa aucune nouvelle charge (8 août 1736).

La tour de l'église de Valloires s'écroula en 1741, entraînant, dans sa chûte, une grande partie de la nef et Lagache, effrayé de cette catastrophe, ordonna de démolir la tour de Saint-André, achevée depuis peu d'années, mais dont l'élévation excessive sur une base disproportionnée (elle avait 200 pieds de hauteur), faisait craindre une ruine imminente ; elle renfermait un carillon de huit cloches et la flèche s'apercevait de Ruisseauville et du Boulonnais.

Le roi Louis XV ordonna la levée du vingtième denier sur le revenu ; aussitôt le clergé de France protesta et se refusa à rédiger la déclaration des bénéfices ; celui d'Artois au contraire, effrayé des menaces de l'intendant, obéit sans même pouvoir remplacer la taxe du vingtième par une sorte d'abonnement annuel, comme il l'avait pratiqué pour le dixième, en 1733 et 1741.

Les notables de chaque paroisse, aidés d'hommes de loi, dressèrent le rôle exact des propriétés et revenus ; la contribution du domaine de Saint-André a été fixée comme il suit :

Saint-André, Gouy, Maresquel et Aubin.	307 liv.	6 sols
Brunehautpré	225 liv.	3 sols 6 den.
Bloville.	120 liv.	
Jumel et les censives de Beaurain	49 liv.	8 sols
Seigneurie de Campagne . .	49 liv.	6 den.
Seigneurie de Hesmon. . .	13 liv.	3 sols
Fief de Douriez	1 liv.	16 sols
Dîmes de Contes.	1 liv.	16 sols
Manoir d'Ecquemicourt . .	1 liv.	16 sols
	769 liv.	10 sols

Augustin Lagache avait un grand fond de vertu et de religion, il aimait la régularité, l'exacte observance de la règle, et sa dévotion à la sainte Vierge était bien connue ; très-minutieux, se mêlant des moindres détails de l'administration, il s'occupait du jardin, du réfectoire avec un soin qui le fit souvent critiquer et tourner en ridicule ; son successeur avoue que, n'accordant aucune confiance au dépensier, il tenait sous clef les veaux et les moutons tués et qu'il se faisait même apporter les œufs dans la chambre abbatiale; il les donnait, suivant les besoins, au cuisinier, aussi bien que la viande et le gibier. On pardonnerait cette méfiance à une ménagère économe, mais elle convient peu à la dignité d'un prélat.

IGNACE CRÉPIN.

XXXVIIIe ABBÉ. — (1750-1777.)

Quatre mois après la mort d'Augustin Lagache, le général de Prémontré reçut la lettre suivante du ministre chargé de la feuille des bénéfices :

Versailles, 21 mars 1751.

« Je vous apprens avec plaisir monsieur que le roy vient
« de nommer à l'abbaye de Saint-André-au-Bois le père
« Ignace Crépin. Jay été charmé d'autoriser la proposi-
« tion, que jen ay faite au roy, d'un témoignage comme le
« vôtre, mais franchement il n'en avait pas besoin ; je
« nay jamais vu d'élection plus unanime. Le roy en a
« été surpris et édifié. Jay eu égard à ce que vous m'avez
« mandé de la triste scituation de ceste maison. Il n'y a
« que pour 1100 livres de pension, encore faut-il retenir
« là dessus le sixième. Je suis avec les plus sincères et
« les plus respectueux sentimens, monsieur, votre très-
« humble et très-obéissant serviteur. »

« l'ancien évêque de Mirepoix. »

Ignace Crépin, né à Werwick, prit donc possession le 27 avril 1751, assisté de l'évêque d'Amiens et de l'abbé de Dommartin.

Le parlement rendit, quelques mois après, un arrêt de la plus haute importance pour les prévôtés de Brunehaut-pré et de Bloville : Il est bon de savoir qu'elles jouissaient autrefois, comme enclaves d'Artois, de l'exemption des aides, gabelles et autres tailles françaises ; une sentence de 1654 avait consacré ce privilége mais les fermiers généraux de Picardie réclamèrent le paiement des impôts à Brunehautpré (1697). Les religieux formèrent alors opposition et obtinrent gain de cause (1698). Le grand conseil oubliant que Brunehautpré et Bloville avaient la même origine, comme dépendances de Brimeux, stipula l'exemption pour la première prévôté et non pour la seconde.

L'assiette de l'impôt était alors bien arbitraire, car plus de trente villages ou hameaux limitrophes de l'Authie et de la Canche ne payaient de contributions ni en Picardie ni en Artois, en vertu de priviléges anciens. Les états d'Artois élevèrent au sujet de ces localités des prétentions immédiatement combattues par les fermiers généraux et il en résulta quantité de factums, de mémoires, qui aboutirent à une nouvelle délimitation basée sur l'avis de commissaires d'enquête :

Argoules, Dominois, Petit-Chemin et autres bourgades au-delà de l'Authie furent assujetties aux taxes de Picardie ; Vaux, Haravesne, Ray, Rapechy, Lepinoy, Brimeux demeurèrent tributaires de l'Artois.

Les deux fermes restèrent en dehors de cette division, grâce à l'opposition de Chauvelin qui obligea à continuer des procès déjà fort dispendieux, pour obtenir enfin, le 12 septembre 1752, qu'elles partageâssent le sort de Brimeux.

La chose n'était certes pas indifférente : Brunehautpré soumis à la Picardie payait annuellement 1100 livres ; Brunehautpré rendu à l'Artois paiera 450 livres au plus, y compris les droits de ferme sur les boissons et bêtes vives.

Bloville, Picardie, payait près de 900 livres, Bloville, Artois, paiera au plus 340 livres.

Au mois d'Avril 1752, l'abbé Ignace Crépin jeta les fondements des magnifiques bâtiments de basse cour, si justement admirés de nos jours ; trois architectes avaient été consultés et les matériaux réunis à grands frais.

On procéda donc le 18 avril à la bénédiction d'une large pierre renfermant plusieurs pièces de monnaie ; elle fut placée « à un pied plus haut que le rez-de-chaussée, à « droite en entrant dans la cuisine de la basse cour, dans « le trumeau entre la porte et la fenêtre, » et l'on y scella une plaque de plomb avec inscription commémorative : (1)

AMP. AC R. ADM. DOM. IGN. CREPIN ABB. HUJUS ECCL. BENEDIXIT ET POSUIT XVIII° APRIL MDCCLII, VIVENTIBUS ET PARTIM PRESÉNTIBUS RELIG EJUSDEM ECCL. SCILICET : P. JACOBO STÈVE PRIORE. — F.F. MILONE ARNOUX CURATO DE FAVIÈRES. — HERMANO BRULOT SENIORE. — PETRO DEBREST. — GILBERTO DENEL. — JOANNE BAPT. BÉCOURT. — EMMANUELE LAMOTTE PPOSITO BRUNELLIPRATI. — ALBERTO LEPRESTRE PRIORE VALLIS RESTOLDI. — PHILIPPO DEVAUX CELLARIO.—MAURICIO MEURICHE CURATO DE VINCELOTTES. — AUGUSTINO LEGAY. — NORBERTO DE LA CRESSONNIÈRE PROVISORE. — ANDREA CHOISY MAGISTRO NOVITIORUM. — ANTONIO REANT SACRISTA. — JOSEPHO LEFEBVRE CANTORE.—JOANNE LEBRUN.—IGNATIO FRAMECOURT. — BERNARDO PHILIPPOT. — THOMAS LECOINTE ET ALEXIO BOURY NOVITIO.

Un entrepreneur de maçonnerie d'Hesdin dirigea les

---

(1) Très-haute et très-révérende personne Ignace Crépin, abbé de cette église a béni et placé cette pierre le 18 avril 1752 vivants et présents en partie les religieux dont les noms suivent....

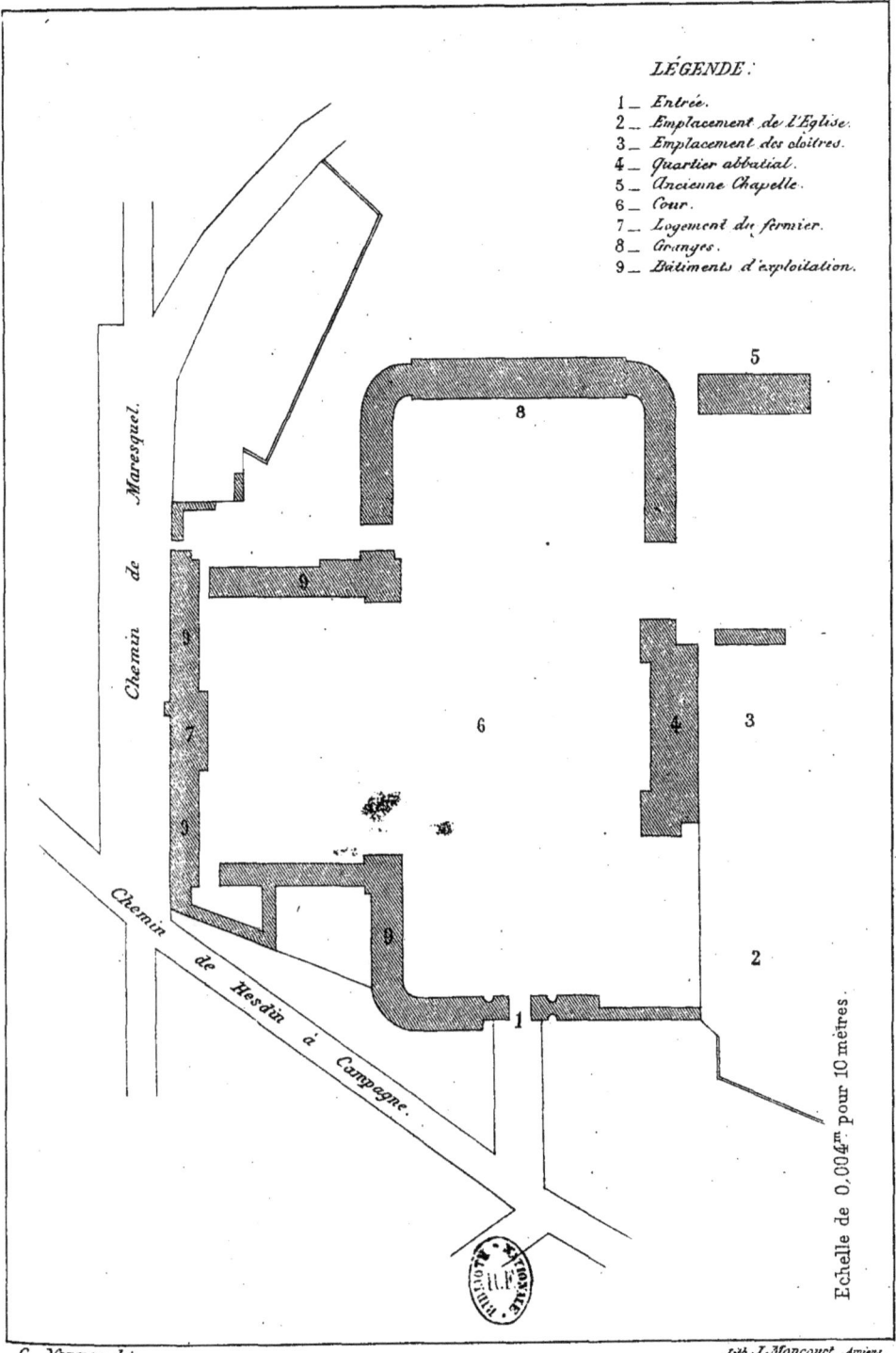

ABBAYE de SAINT-ANDRÉ-AU-BOIS — état actuel.

travaux, qui se poursuivirent activement l'espace de trois années. On termina :

En 1752 : la cuisine et les deux chambres, la grande écurie et les vacheries, soit 240 pieds de bâtiments voûtés en briques, et l'aile droite comprenant les étables à porcs, à poulains, et le pressoir, soit 140 pieds de bâtiments.

En 1753 : L'écurie des étrangers, deux remises, la charronnerie, le bûcher, la grand'porte et la loge du concierge, la forge, en tout 275 pieds de longueur et la petite cour à porcs.

En 1754 : L'aile gauche formant la brasserie et les fourneaux, le bûcher, les bergeries et les granges. (1)

L'église n'était plus solide, elle n'était surtout pas en rapport avec les nouvelles constructions, et le luxe des dépendances faisait regretter son délabrement ; l'abbé voulut la remplacer ; Messieurs Brunion, d'Hesdin, et Merville, d'Arras, lui présentèrent des plans ; celui de Merville, exécuté déjà au prieuré d'Aymeries, en Haynaut, fut adopté et l'on se mit immédiatement à l'œuvre.

---

(1) Tarif des matériaux d'après la chronique de F. I. Crépin :

Ardoises achetées à la Rimogne, près Rocroy par le P. de la Cressonnière à raison de 7 liv. le mille et 24 liv. le mille pour le transport.

Fers et clous achetés à Liessies et à Maubeuge, pour 4,142 liv.

Briques faites à St-André, revenant à 50 s. le mille.

Pierres extraites de la carrière du bois du Fayel à 6 liv. 5 s. le cent de pieds. — les mœllons coutaient 7 s. 6 d. le tombereau.

Grés extraits des carrières d'Incourt à 4 lieues de St-André, moyennant 14 liv. le cent de pieds, — les marches de 4 pieds 1|2 coûtaient 4 liv. la pièce.

Bois abattus dans les bois de l'abbaye et les chênes achetés dans les bois de Valloires.

Monseigneur d'Orléans de la Motte vint placer la première pierre, qui portait en relief le blason du prélat (1) et consacrait les noms des témoins de la cérémonie :

Ill^{mus} ac R^{dmus} DD. Lud. Fr. Gab. Delamotte Amb. episc. benedixit et posuit, vi nonas aprilis MDCCLVIII, assistentibus Amp. DD. Josepho Tholiez Abb. Domp. et Igna. Crepin abb. huj. ecc. viventibus et partim præsentibus religiosis scilicet : P. Jacobo Steve priore. — FF. Andreo Choisy subp. — Milo Arnoux cur. de Favières. — J. Bécourt seniore. — Em. Lamotte. pr. Brunelli prati.—Alb. Leprestre pr. Vallis Restaudi. — Mauricio Meuriche cur. de Hénin. — Aug Legay.— Norberto de la Cressonnière prov.—Ant. Reant cur. hujus ecc. — Jos. Lefevre cell. — Joanne Lebrun s. th. prof.— Ign. Tramecourt, mag. noviciorum. — Bernardo Philippot sacr. — Th. Lecointe. — Alexio Boury. — Mathia Allart. — Fr. Maria Boidin clerico. — Henrico Gregoire novitio.

Quatre années suffirent au complet achèvement de l'édifice ; le 12 septembre 1762 fut choisi pour la consécration du nouveau sanctuaire ; une foule immense assistait à la solennité, foule vivement impressionnée et très recueillie qui unissait ses prières à celles des évêques d'A-

---

On fit la chaux sur place, — le charbon venait de Fresne et le chaufournier nourri et logé recevait 4 s. 6 d. du septier de chaux.

Grille d'entrée, forgée à Arras.

La maçonnerie fut payée 20 s. de la toise, non comprise la taille des pierres.

(1) *De gueules au léopard d'or, traversé d'une fasce d'azur, au chef d'or chargé d'un aigle de sable.*

miens et de Saint-Omer, conjurant le ciel de lui conserver longtemps encore le pieux asile de Saint-André !

Un banquet réunit autour de l'abbé les notabilités du voisinage ; on y remarquait :

L'évêque d'Amiens, Mgr d'Orléans de la Motte.

L'évêque de Saint-Omer, Mgr de Montlauet.

L'abbé de Dommartin, F. Joseph Tholliez.

L'abbé de Saint-Augustin-les-Thérouanne, F. Charles Marche.

L'abbé de Saint-Silvin d'Auchy, F. Louis Frevier.

L'abbé de Ruisseauville, F. Jean Marie Loquety.

Le prieur de Valloires, D. Bernard Comeau.

Le prieur de Blangy, D. Benoît Potel.

Le prieur de Saint-Sauve, D. Charles Fontaines.

M. de Remond de Modène, archidiacre de Ponthieu.

M. de Gargan Rollepot, vicaire général de l'évêque de Boulogne.

M. Caron, chapelain de l'évêque d'Amiens.

M. Vital, aumonier de l'évêque de Saint-Omer.

Dom Ignace Hébert sous prieur de Valloires.

Dom Joseph Carnin receveur de l'abbaye d'Auchy.

M. Boivin, curé de Conteville, doyen rural de Labroye.

Le R. P. Lemarchand, ancien recteur des jésuites d'Hesdin.

Plusieurs curés des environs.

M. de Salpervick, seigneur d'Huby, lieutenant du roi à Hesdin.

M. de la Couture, chevalier de St-Louis, major d'Hesdin.

M. de Raincheval, seigneur du Ponchel, grand bailli d'Hesdin.

M. de Cardevacque, comte d'Havrincourt et son frère le comte de Gergy, capitaine au Régiment de Bourgogne, cavalerie, fils du marquis d'Havrincourt, gouverneur d'Hesdin.

M. de Brunes de Montlauet, frère de l'évêque de Saint-Omer.

M. Vintimile de Lascaris, seigneur de Bureuilles, chevalier de St-Louis, ancien lieutenant colonel au régiment royal Italien.

M. le marquis de Crény, seigneur de Bailleul, député en cour des états d'Artois.

M. Varlet, ingénieur en chef à Hesdin.

M. Testart de Campagne, fils.

M. Fromentin, avocat à Abbeville.

M. Charles-Marie Danvin, fermier-propriétaire à Gouy.

MM. Claude et Charles Brunion, architectes et entrepreneurs des bâtiments construits à Saint-André depuis dix ans.

M. Blondel de Roquétoire, écolier à Aire, etc..., etc..., etc...

A cette première cérémonie en succéda une autre non moins touchante : Ignace Crépin fit exhumer avec précaution les ossements des anciens abbés et bienfaiteurs qui reposaient dans le chœur de l'ancienne église (1) afin

(1) L'église abandonnée appartenait à différentes époques. — Anscher avait construit la nef. — Le chœur et les bras de la croisée dataient de Tesson 1220. — Jehan Pinte, 1554, avait réparé la nef. — André Thomas voulant la prolonger, 1698, détruisit le portail en briques orné de statues construit en 1619 par l'abbé de Reyswich. — Le clocher de bois ruiné en 1595, rebâti en pierres, 1614, renversé par le vent le 25 septembre 1713, réparé puis foudroyé en 1739, avait été définitivement rasé en 1741, la base menaçant de s'écrouler.

de les transporter dans le nouveau temple, où les attendait, hélas, une indigne profanation, car les puissants seigneurs de Beaurain, de Brimeux, de Thiembronne qui avaient voulu « dormir leur sommeil », dans cette terre bénie, n'ont pas joui tranquillement du tombeau qu'ils s'étaient choisi; comme à Saint-Denis, des hommes impies et sacrilèges sont venus chercher de l'or parmi les sépulcres de Saint-André et disperser les cendres des moines et de leurs fondateurs dont ils exécraient la pieuse mémoire.

Une série de revers non interrompus et le luxe de la cour avaient accru l'embarras des finances du royaume et créé des difficultés que les ministres de Louis XV cherchaient vainement à conjurer. Quelques économies au budget et la suppression de divers priviléges ne suffisaient point; le roi invita la noblesse et le clergé à porter leur argenterie à la monnaie; lui-même donna l'exemple qui fut suivi par les plus grandes familles; l'abbé de Saint-André dut produire l'état de sa vaisselle d'argent; (1) elle

---

(1) Estat de toute l'argenterie de l'abbaye régulière de Saint-André-au-Bois :

Six Chandeliers d'église qui servaient à orner l'autel les jours de fêtes.

Un Bénitier, une aiguillière, une soucoupe, deux burettes qui servent les jours de fête que l'abbé fait office solennel.

La communauté est composée de quatorze religieux, compris l'abbé, qui ont chacun une tasse ou gobelet et une cuillière et une fourchette d'argent que leurs parents paient le jour de leur profession. Deux moutardiers et six salières.

Au quartier abbatial ou des hôtes : une cuillière à soupe, trois à ragoûts, quinze couverts, un moutardier.

Je certifie que l'estat ci-dessus est exact.

FR. IGNACE CRÉPIN.

était si modeste que le ministre de Saint-Florentin lui exprima son étonnement de voir une maison abbatiale aussi pauvre ; « vous sentez trop bien, écrivait-il à Ignace Cré-
« pin, la conséquence de cette observation pour réserver
« autre chose que ce qui est absolument destiné au service divin. »

Chaque religieux était autorisé à conserver le gobelet, la cuillière et la fourchette à son usage ; l'abbé envoya donc à Lille un poids de 33 marcs, 4 onces, 2 gros d'argent qui fut payé 1740 livres. Le poinçon de Paris était évalué 56 liv. le marc ; celui de province 54 liv. 7 s. le marc, dont le quart étoit soldé comptant et le surplus produisit intérêt au denier 5, jusqu'au remboursement qui se fit en 1776.

Dans les pays d'états, en Artois, par exemple, l'impôt régulier se remplaçait par la contribution volontaire de la province dite le don gratuit. Chaque année, six députés l'offraient solennellement au roi ou à son représentant : les députés furent en 1764 : l'abbé de Saint-André et M. Groult archidiacre de Saint-Omer, pour le clergé ;

M. de Beaulaincourt, comte de Marles et M. le comte de Trasegnies, pour la noblesse ;

M. Muller, avocat et échevin d'Hesdin et M. Thelliez, avocat et échevin de Saint-Pol, pour le tiers état.

L'abbé de Saint-André, chargé de complimenter le duc de Chaulnes, au nom de ses collègues, le fit en ces termes :

« La province d'Artois toujours attentive à donner au roi des marques de son zèle et de son obéissance, accorde d'une voix unanime le don gratuit demandé par Sa Majesté et nous sommes chargés, de la part des trois ordres assemblés, d'avoir l'honneur de vous en remettre l'acte d'offre.

« C'est une nouvelle preuve de notre amour pour un souverain maître de nos biens et encore plus de nos cœurs ; c'est cet amour qui nous fait oublier nos propres besoins et qui nous cause de justes appréhensions de succomber sous le poids des charges multipliées et des impositions, inconnues jusqu'à présent en Artois, et qui, pour être nécessaires, ne sont pas moins accablantes.

« Permettez, Monsieur, que malgré nos calamités, nous renouvelions au nom de toute la province, une soumission aux ordres de Sa Majesté sans réserve et sans borne.

« Accoutumés à sentir les effets de son amour paternel et appuyés de vos puissantes protections, dont vous avez daigné nous donner plusieurs fois des assurances flatteuses, quels soulagements n'avons-nous pas lieu d'espérer, surtout si le récit de nos maux, ainsi que de nos efforts, est porté jusqu'au pied du trône du meilleur des rois, par les illustres commissaires qu'il honore, avec tant de justice, de toute sa confiance.

« Nous vous supplions, messieurs, de l'accorder cette protection à un peuple docile, toujours prêt à sacrifier ses intérêts les plus chers, pour le service et la gloire de son prince et à lui donner, dans toutes les occasions, des preuves constantes de son inviolable fidélité. »

Les fréquentes inondations de la Canche et de la Ternoise préoccupaient depuis longtemps les états de la province ; une commission chargée d'y remédier jugea nécessaire de curer, d'élargir et de redresser la rivière de Canche (1765). L'assemblée autorisa les travaux, mais ils furent entravés, dès le début, par le seigneur de Ricquebourg. Alors parurent plusieurs mémoires concluant à l'utilité de la canalisation de Brimeux à Hesdin ; on devait rétablir les bassins de Beaurainville, Brimeux et Marenla, et en creuser cinq nouveaux : La canalisation, depuis les confins de l'Artois, jusqu'aux fortifications de la ville d'Hesdin, coûtait 190,689 liv. La réparation des anciens bassins était évaluée à 33,125 liv. et l'établissement des nouveaux à 16,632 liv. Les avantages du projet, auquel l'épuisement des finances ne permit pas de donner suite, paraissaient incontestables. L'abbé de Saint-André n'en était cependant pas partisan et la décision du conseil d'Artois lui inspira ces observations très-judicieuses :

« Les états d'Artois ont enfin décidé de faire un canal ou de rendre la rivière de Canche navigable, depuis Hesdin jusqu'au village de Brimeux, d'emprunter pour cela la somme de 165,058 livres, dont on paiera l'intérêt, sans que qui que ce soit ait fait observer que la province est chargée de près d'un demi million de cours de rente par an ; sans que personne ait fait observer que les experts chargés de l'estimation du canal ont omis de mentionner le bassin et le rivage qu'il faudrait nécessairement construire près d'Hesdin et qui coûterait considérablement ;

« Sans estimation faite des dédommagements à accorder aux particuliers expropriés pour redresser le canal ou la rivière, sans songer que cette navigation empêchera la flottaison de environ 2000 mesures de prés et dérangera considérablement la manœuvre des moulins ; qu'elle occasionnera, tous les ans, de grandes dépenses pour l'entretien des écluses, les gages des éclusiers, le curement du canal, etc.....

« Nous ne pouvons, ajoute l'abbé Crépin, travailler à cette navigation que jusqu'aux confins de l'Artois, c'est-à-dire, jusqu'à la petite rivière de Marles où la Canche pénètre en Picardie d'un côté, en Boulonnais de l'autre. Il faut donc que ces deux provinces concourent avec la nôtre, or, elles ne sont pas pays d'États ; elles ne peuvent pas aisément faire d'emprunts ; si l'on demande à ouvrir un octroi sur le peuple, déjà surchargé, presque tous les habitants s'y opposeront. Le canal est seulement utile à Montreuil, à Étaples et environs ; ces deux petits endroits déjà très-pauvres ne peuvent contribuer à la dépense. Les villes de Boulogne, Abbeville, Saint-Valery en souffriront pour leur commerce, il sera donc de leur intérêt de s'y opposer.

« On ne peut, en outre, exécuter le projet sans faire deux bassins considérables dans l'intérieur des fortifications, au-dessous de la ville de Montreuil : ils coûteront au moins 6000 livres. Le roi y consentira-t-il? j'en doute, bien que l'ingénieur en chef de cette ville et quelques magistrats travaillent à des mémoires, qu'ils doivent présenter à son conseil, touchant l'utilité de cette navigation. »

Les prévisions de l'abbé de Saint-André se réalisèrent et le canal de Montreuil à Hesdin longtemps étudié, discuté, demeura à l'état de projet rendu inutile par la création de la route qui relia ces deux villes en 1769.

Un siècle plus tard, la route tant désirée des populations, considérée comme une amélioration immense perd également son importance devant l'établissement de la voie ferrée d'Arras à Etaples.

L'abbé Crépin veillait avec une tendre sollicitude au maintien de la discipline sévère qui faisait l'honneur de sa maison, il s'efforçait de préserver ses religieux de la contagion du mauvais exemple, aussi n'hésita-t-il point à rompre les relations séculaires avec l'abbaye de Ruisseauville où se produisaient de graves désordres ; certain jour de *confraternité*, quelques moines peu édifiants avaient voulu entraîner les Prémontrés dans le village ; on avait soupé chez le fermier avec joyeuse compagnie de parents et d'amis réunis à l'occasion de la fête ; elle s'était prolongée fort avant dans la nuit au grand scandale des religieux de Saint-André qui revinrent tout troublés de ce qu'ils avaient vu et entendu ; ce n'était pas la première fois que Ignace Crépin avait eu à se plaindre de ces réunions où, sous prétexte de *confraternité*, se passaient des choses fort peu convenables ; il décida qu'à l'avenir, on n'irait plus à Ruisseauville et pour dédommager ses frères de l'agrément dont il les privait, il leur accorda seize jours de promenade au lieu de quinze qui se faisaient ordinairement dans l'année.

Sous l'influence de coupables abus, exagérés par la mauvaise foi de ses détracteurs, l'institut monastique s'acheminait de plus en plus vers une décadence rapide ; il est cependant souverainement injuste de généraliser la réprobation que l'on serait tenté d'infliger aux couvents de cette époque et de méconnaître les exceptions remarquables qui protestaient contre l'envahissement du mal et en retardaient les funestes progrès.

L'abbaye de Saint-André-au-Bois est du nombre de ces exceptions ; la piété solide et la discipline sévère y fleurirent jusqu'au dernier jour ; évoquons encore le témoignage de Mgr de Lamotte qui disait à Ignace Crépin : c'est ici qu'il faut venir pour s'édifier. La charité de l'abbé était inépuisable : Lors du rigoureux hiver de 1767, une foule de malheureux se pressaient à la porte du couvent : Dès le mois d'octobre, quatre à cinq cents pauvres se présentèrent chaque semaine ; en décembre, ils étaient huit cents et leur nombre augmenta tellement que le mardi de la Semaine-Sainte on en compta 1500, et 3500 le Jeudi-Saint ! Chacun recevait un pain de trois quarts de livre ; du mois de février au mois d'août, mille à quinze cents indigents obtenaient tous les mardis la même aumône et l'on distribuait en outre à cinquante-six ménages des villages environnants, quatre-vingt pains de trois livres.

La mendicité ayant été interdite sous des peines sévères en 1769 ; les moines cessèrent de donner à la porte de l'abbaye et, sur le rapport des curés, ils envoyèrent désormais :

A Gouy, trente-deux pains de trois livres et demie par semaine.

A Campagne, trente-quatre pains.

A Aubin et Bouin, vingt-quatre pains.

A Ricquebourg et Maresquel, vingt pains.

A Contes, dix pains.

A Ecquemicourt, six pains.

A Brimeux et Lépinoy, vingt-deux pains.

A Buire, dix pains.

A Beaurain et Jumel, huit pains.

MATHIEU ALLART,

XXXIXe ABBÉ. — (1777-1791.)

Mathieu Allart, né à Bazuelles en Cambraisis, fut pourvu de l'abbaye le 29 octobre 1777 ; c'est à lui qu'il était réservé de répondre aux dernières accusations portées contre le clergé, de fournir ces inventaires minutieux (1), qui furent exigés de toutes les communautés, avant la suppression, d'assister enfin aux préparatifs du départ pour la terre étrangère ; il eut aussi la douleur indicible de voir dépouillés et fermés à jamais l'église et les cloîtres que dix-neuf religieux habitèrent avec lui jusqu'au jour de la séparation.

Ce que nous avons dit des dernières années de Dommartin, nous aimons à le répéter de Saint-André-au-Bois. C'est un démenti formel adressé aux philosophes qui représentent l'esprit monastique comme à jamais disparu, une éloquente protestation contre la réprobation générale que l'on serait tenté d'infliger aux couvents de cette époque.

Le 9 juin 1790, chacun des religieux déclara formellement, en présence des autorités de Campagne qu'il voulait vivre et mourir sous le toit de la paisible et sainte retraite « qu'ils avait épousée pour la vie ».

« Messieurs, écrit Mathieu Allart, je déclare que tous mes désirs sont de vivre et de mourir dans l'état de religieux de Prémontré que j'ai embrassé volontairement, d'en conserver l'esprit, Dieu aidant, jusqu'à la fin de mes jours, cela dans la maison que j'ai épousée et que le roi m'a accordée par son brevet du 6 octobre 1777.

« C'est là, messieurs, l'objet essentiel de mes vœux, ce qui constitue mon état, état publiquement reconnu de tous les citoyens et solennellement consacré par le concours de deux puissances.

« Je déclare en outre qu'il n'y aura que la contrainte qui

(1) *Appendice n° XVIII.*

pourra me porter à enfreindre d'aussi importants devoirs.

Ecoutons le prieur, frère Choisy :

« Je déclare que je veux vivre et mourir dans l'état que j'ai contracté ainsi que dans la maison où je me suis consacré à Dieu par des vœux solennels et que rien ne me fera changer de sentiments relativement à ce que je viens d'énoncer.

« Messieurs, écrit le frère Detève, sous-prieur, j'ai l'honneur de vous annoncer que je veux vivre et mourir dans l'état religieux de Prémontré, c'est-à-dire dans la maison de Saint-André que j'ai embrassée, sans néanmoins refuser de rendre service au public, soit en exerçant les fonctions du ministère, soit autrement, en cas que l'on veuille employer les religieux.

La restriction stipulée par le F. Detève se retrouve sous la plume de quelques-uns de ses frères, mais la plupart s'indignent à l'idée d'abandonner la maison de Saint-André ; leur ambition est « d'y couler leurs jours dans la paix, en travaillant à leur sanctification et à celle du prochain, si on le juge convenable ». Nous pourrions continuer la nomenclature des protestations, qui respirent avant tout l'amour des religieux pour le couvent qu'ils étaient à la veille de quitter à jamais (1).

L'assemblée constituante ayant rendu le décret qui détruisait de fond en comble l'édifice monastique, les religieux sortirent de leur antique asile : les vieillards, l'âme pleine de regrets et ne comprenant point qu'on les empê-

---

(1) *Le procès-verbal de la déclaration des moines appartient à M. Testurt de la Neuville.*

chât d'y mourir ; les autres, inquiets pour l'avenir, mais espérant encore des jours meilleurs.

Presque tous se retirèrent en Allemagne sous la conduite de Mathieu Allart qui ne cessa de les encourager par sa résignation, et de les aider par ses bons exemples, à supporter les amertumes de l'exil.

Alors, commence et se poursuit froidement, administrativement, l'œuvre de destruction : tous les biens sont aliénés ; les objets mobiliers frappés du scellé national et vendus à l'encan, sans toutefois que l'on ait à déplorer les scènes de désordre et de scandale qui ont accompagné le pillage de Dommartin (1). La bibliothèque inventoriée par les commissaires bibliographes du district de Montagne-sur-Mer, fut transportée, dans cette ville ainsi que le médailler et les instruments pouvant servir à l'étude des sciences. L'église et une grande partie des lieux réguliers tombèrent sous le marteau et se vendirent successivement à la toise et pierre par pierre (1).

Au retour de l'émigration, l'abbé Allart visita l'ancien monastère et ne retrouva que le quartier abbatial et la ferme ; il fondit en larmes à la pensée des souvenirs que la vue de ces ruines évoquait dans son cœur de religieux et de prélat.

Il se rendit à Arras et mourut, le 21 octobre 1804, frappé

(1) *Archives du Pas-de-Calais*. — Liasses du district de Montreuil-sur-Mer.

(1) *Saint-André-au-Bois* devint le centre de la commune appelée: l'*Union-au-Bois*, pendant la révolution et qui redevenue commune de Saint-André, sous l'empire, fut dissoute par ordonnance royale de 1814 ; — alors Brunehautpré, Valivon, l'Aulnoye, Bloville, Saint-André furent réunis aux communes de Campagne, Bois-Jean, Maresquel et Gouy.

d'apoplexie au moment où il terminait le sacrifice de la messe, dans l'église de St-Jean-Baptiste.

L'abbaye de Saint-André-au-Bois n'existe plus, mais elle vivra longtemps encore dans la mémoire des habitants de la contrée ; on se rappelle les aumônes abondantes que les moines distribuaient ; nous avons signalé les secours qu'ils accordaient aux indigents, mais cent fois plus précieuses étaient encore les consolations qu'ils prodiguaient aux affligés ! Si donc il est permis d'omettre tant d'autres vertus oubliées, nous ne pourrons nous empêcher d'appliquer à Saint-André-au-Bois ces paroles éloquentes, que le comte de Montalembert, visitant les ruines d'une abbaye de Champagne, recueillit de la bouche d'un vieillard contemporain des moines :

C'était un couvent de charité !

NOMBRE

DES ABBÉS DE

SAINT-ANDRÉ-AU-BOIS

MIS EN RYMES

Par le F. Claude SALÉ (1).

Prieur du Valrestaud.

I — 1154 — Anscer très-vertueux
        Fut de Saint-Josse-au-Bois
        Dit depuis Dommartin,
        Choisy comme une fleur,
        Dans ce sacré jardin
        D'où la plante et l'odeur
        Creut aux champs fructueux
        De Saint-André-au-Bois.

---

(1) F. Claude Salé, fils de François Salé, secrétaire du comte de Lannoy, gouverneur de Montreuil, né le 2 juin 1599, admis à l'âge de 13 ans 1/2 à Saint-André-au-Bois, profès le 14 juin 1615, prévôt de Brunehaupré en 1642 et de Valrestaut en 1649. Il a publié outre l'histoire de Saint-André, intitulé : *Recueil des choses remarquables* ... un tableau dédié à l'abbé Lédé et reproduisant les quatre premières rimes de chaque biographie de ce catalogue. Ce tableau, devenu très-rare, imprimé à Saint-Omer, chez Joachim Carlier, MDCLXVIII, appartient à M. de Coussemaker, juge au tribunal de Lille.

Les trois pièces rimées que l'on va lire sont extraites d'un petit volume in-32, écrit de la main de Fr. Claude Salé et appartenant à M. Ch. Henneguier.

II — 1168 — Hugues de zèle esmeu
　　　　　　Commença le premier
　　　　　　Pour à l'honneur de Dieu
　　　　　　Son église édiffier.
　　　　　　Soulz lequel Clarembaut,
　　　　　　Lors seigneur de Tiembronne,
　　　　　　Au lieu de Valretaut
　　　　　　Fit la première aumôsne. —1176—

III — 1180 — Gossuin, de bonne foy,
　　　　　　Eut la dévotion
　　　　　　En l'honneur de saint Eloy
　　　　　　D'ériger Valyvon.　　　— 1185 —
　　　　　　Puis il mist sa maison,
　　　　　　Comme aiant cause juste,
　　　　　　En la protection
　　　　　　Du roy Philippe Auguste. —1190—

IV — 1199 — Robert prit à bonheur
　　　　　　Guillaume de Saint-Omer,
　　　　　　De Beaurain son seigneur,
　　　　　　Pour ses biens confirmer. — 1201 —
　　　　　　Et, après Clérembaut,
　　　　　　Guillaume de Thiembronne
　　　　　　Lui céda Valrestaut
　　　　　　En pur don et aumosne. — 1208 —

V — 1209 — Guy reçut de Guillaume,
　　　　　　Seigneur de Maresquel,
　　　　　　Douze arpens de sa terre
　　　　　　Au terroir du Fayel, 　　—1214—
　　　　　　Estant lors aux abois,
　　　　　　Par triste tragœdie,

Tout le païs d'Arthois
Comme la Picardie.

VI — 1215 — Senold ou bien Senaut,
Estant soulz Guy prieur, — 1214 —
Eut charge du troupeau
Florissant en odeur. — 1215 —
Son règne cependant,
Qui fut peu de durée
Environ de deux ans,
Passa comme en fumée.

VII — 1218 — Thesson fist achever
L'église heureusement
Et puist la fist dédier
L'an vingt et douze cent.
Du dortoir et du cloistre
Aussy fust constructeur
Ce qui le fait cognoistre
Très zélé conducteur.

VIII — 1230 — Jean premier de ce nom
Fit œuvre aussy louable
En laissant bon renom
Après soy perdurable.
Mais plus fust en estime
Aïant laissé s'induire
Aux accords sur la disme
Es grands Caurroys de Buire. — 1228 —

IX — 1241 — Hugues de Fruges obtint
Du S. Siège à Lion,
Sur tous ses biens soudain

                La confirmation.   — 1247 —
                En après il acquit
                Des biens outre lespérance
                Et de murs investit
                Son lieu par bienséance.

X — 1256 — Eustache eut franchement
                De Guy de Chastillon
                Ample amortissement
                Des biens de sa maison.   — 1257 —
                Comme arbitre mist fin
                Au différent fascheux
                D'un prieur de Beaurin
                Contre Jean de Brimeux.   — 1268 —

XI — 1269 — Selles fut pour un temps
                Requis surintendant
                Aux orphelins enfans
                D'Henry de Montaubant.   — 1273 —
                Ses biens et sa maison
                Mit en toute asseurance
                Soulz la protection
                De Philippes roy de France. — 1278 —

XII — 12   — Radulphe bien aisé
                Rémunéra l'aumosne
                De Jean de Goy (*Gouy*) croisé
                De la croix d'Arragone,   — 1285 —
                Pour sur cest advantage,
                Animer sa valeur
                A faire heureux voiage
                Outremer de grand cœur.

XIII — 1293 — Thomas prist sauvegarde
　　　　　　　Oyant partous sespandre
　　　　　　　Grand nombre de gendarme
　　　　　　　Au voïage de Flandre ;　　— 1298 —
　　　　　　　Qui fust cause depuis
　　　　　　　Dune calamité
　　　　　　　Parmy tout le païs
　　　　　　　Ruine et mortalité.

XIV — 1301 — Guillaume eut sa naissance
　　　　　　　Dedans Tortefontaine
　　　　　　　De qui fust l'espérance
　　　　　　　En temps droicte et certaine,
　　　　　　　Puisque de Dommartin
　　　　　　　Religieux fut esleu
　　　　　　　Pour régir à la fin
　　　　　　　L'église de ce lieu.

XV — 1314 — Jean d'Embri procura
　　　　　　　La rénovation
　　　　　　　De tous ses biens et droits
　　　　　　　En la cour d'Avignon.　　— 1316 —
　　　　　　　Son mesme advis fust tel,
　　　　　　　Par occasion rare,
　　　　　　　Soulz Charles, dit le Bel,
　　　　　　　Roy de France et de Navare. — 1323 —

XVI — 1328 — Pierre Grenier veit jour
　　　　　　　En sa haute entreprise
　　　　　　　Pour édifier la tour
　　　　　　　L'ornement de l'église,
　　　　　　　Nonobstant l'inconstance

           En temps de paix ou de guerre
           Entre les roys de France
           Et de ceux d'Angleterre.

XVII — 1351 — Jean Monfélon jadis
           Eut fort affaire en main
           Vers Robert de Lorris
           Seigneur lors de Beaurain,
           Contre lequel, contrainct
           En cour de parlement,
           Pour son esglise obtinct
           Arrest et jugement.   —1353—

XVIII — 1374 — Jean de Fortel sceut bien
           Faire opposition
           A l'évesque d'Amiens
           Sur son exemption.   —1383—
           Et on lui sceut bon gré
           Seigner l'élection
           D'un nouveau père abbé
           Par supplication.   — 1385—

XIX — 1390 — Jean Leclercq vint à temps
           Pour se voir en misère
           Et depuis cinquante ans
           Son esglise à l'arrière.   —1407—
           Il mist sous le tombeau
           Ce qu'Alix de Thiembrone
           Avoit fait à Valretau,
           Par don pieux et aumosne.   —1253—

XX — 1403 — Guillaume dit du Bus

    Fist un juste partage
    Pour obvier aux abus
    Sur un droict de dismage, — 1417 —
    En aïant de surplus,
    Par cette action bonne,
    Aux sœurs de l'hostel Dieu
    De Monstreuil fait aumosne.

XXI — 1417 — Engran de Fruges obtint
    Du pontife romain
    Que son bien aliéné
    Rentrast en son domaine ; — 1428 —
    Au concile de Basle
    Eut toute exemption
    De droit épiscopal
    Et visitation. — 1438 —

XXII — 1440 — Isaac Flahaut vestu,
    De prudence et scavoir, — 1446 —
    Monstra que la vertu
    De clémence eust pouvoir,
    Remettant sur autruy
    Son accord par amour
    Avec Pierre de Goy
    Seigneur de Ricquebourg. — 1457 —

XXIII — 1460 — Jean Tieulier eut lhonneur
    D'installer son voisin,
    Son père supérieur,
    Abbé de Dommartin. — 1467 —
    Lan suivant répara — 1468 —
    Le bras droit de l'église

Que le clocher brisa
Tombant de son assise.

XXIV — 1474 — Philippe Baillet usa
Vers les morts d'un grand bien,
Quand il renouvela
Son obituaire ancien. —1474—
C'est un ressouvenir
Qui nous laisse à peser
Sur la mort advenir
Et à nous adviser.

XXV — 1483 — Sohier, aucuns Siger,
Eut son surnom le Maistre,
Qui fut contraint céder
Et voir un nouveau maistre.
Le peu de vigilance
En soit trop endormie
Causa sa nonchalance
Au faict d'œconomie

XXVI — 1498 — Denys Daviau mist ordre
A tout soigneusement,
Comme estably de l'ordre
Aux emplois puissament,
Dont s'estant acquitté
Par ses faicts plein de lustres
De droist a mérité
D'être aux rangs des illustres.

XXVII — 1521 — Jehan Pinte fist voûter
La nef de son église

Et le doxal dresser
D'une structure exquise,
Partant est de mémoire
En la manufacture
Considérable en gloire
Et longue prélature.

XXVIII — 1557 — Jacques de Dosterel
Eut crédit aux estats
Dans la cour de Brussel
Entre les grands prélats.
D'essangles fit couvrir
Le clocher de l'église
L'aïant fait rétablir
Tombé de son assise.

XXIX — 1581 — Jacques Vainet souffrit
En guerre et en sa prise
Par les gueux ennemis
De Dieu et de l'église.   — 1605 —
Qui fut un détriment
Notable et grande ruse
Pour son prisonnement,
Douze mois à Lescluse.

XXX — 1606 — Claude de Reyswich
Rédifia le clocher   — 1614 —
Et veit un feu depuis
La maison désastrer.
A la fin, comme appert
Par sa commission,

Es mains du prince Albert,
Fist sa démission.

XXXI — 1625 — Jacques de Campaignes,
De nom et de naissance,
N'eust que de sa crosse,
Dix-neuf mois jouyssance.
O changement soudain
Dans ce cas d'aventure
Eust lors bien à desdain
Ce faix de prélature.

XXXII — 1627 — Noël Ducandas, poussé
D'un louable dessin,
Fist à propos couvrir
D'ardoises son église.   — 1631 —
N'est pourtant pas loué
Pour sa maison d'Hesdin
Qui longtemps fera bruit
D'une vaine entreprise.

XXXIII — 1636 — Nicolas, dit Lédé,
Pour estre en guerre entré,
Tout ce temps n'a cédé
Mais en paix est mytré.
Trente et trois ans entier
Se voit en prélature
Comparable au laurier
En ses faits de nature.

PRIÈRE
DU BOURGUIGNON CONTRE L'ESPAGNOL

PAR

F. Claude SALÉ.

« *Da pacem Domine in diebus nostris quia non est alius qui pugnet pro nobis nisi tu Deus noster.* »

Seigneur délivres nous de la race Espagnolle
Proférant Diveros odieuse parolle
Da.

Ces pouilleux Hidalgos ne demandent la paix
Ains (mais) ils travaillent tous affin navoir jamais
Pacem.

Aux abbois de la mort, s'ils demandent pardon
Leur temps sera trop tard réclamer votre nom
Domine !

Tous ces cavaliéros vont rodants faire chère
De nos riches joyaux pour nous mettre en misère,
In diebus nostris.

Ils nous appellent cy tous traitres du païs
Eux seuls fidèles au roy, mais ils sont démentis
Quia non est.

Quand l'un de nostre argent a remply sa besace
Il fait voile en Espagne et puis vient en sa place
Alius.

Et quand il est saison se trouver aux batailles,
Pas un vaillant sera d'entre tous ces canailles
Qui pugnet.

Les bons gouvernements sont pour eux ès cuisines
Mais les coups de mousquets, de canons, carabines
Pro nobis.

Aucun ne peut chasser du païs ces harpies
Ravisseurs de nos biens, d'honneur et de nos vies
Nisi tu Deus noster !

ESTRENNE DE L'AN 1666

PRÉSENTÉE AU

R. P. Abbé LÉDÉ

Par F. Claude SALÉ.

Ha ! pauvre saint André.
Qu'on te doit avoir gré !
[Je parle à la maison
Avec droit et raison
Comme estant ma nourisse,
Malgré que dire on puisse,
Dès lâge de treize ans
Et passé cinquante ans.]
Que de sortes de gens,
Riches. pauvres d'argens,
Ont souvent libre accès
Soulz ombre de procès
Ou forme de visite,
Pour la grasse marmite !
Tous ecclésiastiques
Entr'aucuns polytiques
Comme toute noblesse,
[qui bien souvent la blesse,]
Soit qu'elle fut de rasse,
Haute, moyenne ou basse,
Y prennent logement
Parfois trop longuement.

Scachant qu'eux et leur train
S'assouviront soudain
A bien manger et boire ;
Et puis nous faire a croire
Que pourceaux mangent foin
Dans un païs bien loin.
Les carmes capucins
De Montreuil, ses voisins,
Les récollets d'Hesdin,
Du Biez et Valentin
La surprennent d'assaut,
Le soir, quant le jour faut,
Par fines estocades
Dont ils en font bravades,
A mendier leur pain
Pour ne mourir de faim.
Tous ses voisins curéz,
Les boyaux écurez,
Ont aussy la routaine
De huitaine en quinzaine,
Les gras jours de mardy
Ou plus tard de jeudy,
Prendre l'heure convenable
Pour se trouver à table :
Tantost celuy de Goy,
Sochoy ou Saint-Remy,
De Ricbourg et Beaurain,
D'Ecmicourt et d'Aubain,
De Contes et de Loizon,
Comme de Plumeoison,
Sans obmettre derrier

L'hermite de Dourrier ;
Mais ce qui plus m'estonne,
Souls prétexte d'aumosne,
Sont aussy les sœurettes,
Tant vieilles que jeunettes,
Tant blanches, grises, noires,
Partout assez notoires
Qu'elles sont si souvent
Absentes du couvent ;
Bien mieux vaudroit pour elles
De se soubmettre aux treilles
Pour leur plus grand honneur ;
Ce leur seroit bonheur
Garder cette ordonnance
Comme celles de France ;
Car autrement faisans,
Et toujours tracassans
Parmy les champs et villes,
Cela les rend trop viles.
Voir sont en hasard,
[Comme dit saint Bernard,]
Non moins que le poisson
Hors l'eau par l'hameçon.
Donc, pauvre saint André !
Qu'on te doibt avoir gré !
Fais ce que tu pourras
Refuge a tous seras,
Tant aux pauvre que riche,
Pour n'être jamais chiche
Aux allans et venans,
Chaque jour en tous temps,

Et en toute saison,
Non sans cause et raison,
Puisqu'en rien ne les touche
La dépense de bouche.
C'est ma conclusion
Sur mon opinion !

TROISIÈME PARTIE.

LES CHATELAINS ET SEIGNEURS

DE

BEAURAIN-SUR-CANCHE

FONDATEURS DES ABBAYES

DE

DOMMARTIN ET DE SAINT-ANDRÉ-AU-BOIS.

TROISIÈME PARTIE.

LES CHATELAINS ET SEIGNEURS

DE

BEAURAIN-SUR-CANCHE

FONDATEURS DES ABBAYES

DE

DOMMARTIN ET DE SAINT-ANDRÉ-AU-BOIS.

LES
CHATELAINS & LES SIRES

DE

BEAURAIN-SUR-CANCHE

Chargé par Edouard le confesseur de se rendre en Normandie, et d'annoncer au duc Guillaume qu'il le désigne comme son successeur à la couronne d'Angleterre, Harold, comte de Kent, l'un des plus grands seigneurs du royaume, s'embarque à Bosham, port de la province de Sussex (1065). Mais les vents contraires écartent les vaisseaux de leur route et les poussent vers la côte de Ponthieu, soumise alors au droit de *lagan* ou de *bris* (1). Ce droit, universellement répandu et très-ancien, attribuait au suzerain du rivage les navires que le hasard des tempêtes y faisait échouer : les marchandises devenaient sa propriété et les passagers, retenus prisonniers, acquittaient une forte somme d'argent.

Guillaume de Malmesbury, racontant l'aventure d'Harold, s'indigne de la coutume barbare et cruelle qui préci-

---

(1) Le roi Philippe-Auguste, les comtes de Boulogne et de Ponthieu, qui exerçaient chacun à son profit, le lagan sur les côtes de Picardie renoncèrent à ce droit en 1191.

Recueil des monuments inédits de l'histoire du Tiers-État par A. Thierry. T. I. f° 115.

pitait dans de nouveaux dangers sur terre les malheureux échappés à la fureur des flots.

La prospérité du duc de Normandie, appelé à régner sur l'Angleterre, avait excité la jalousie du comte Guy de Ponthieu ; l'exercice du droit de lagan lui donnait l'occasion d'humilier son puissant voisin en retardant l'accomplissement du message, il la saisit avec bonheur. La célèbre tapisserie de Bayeux (1), œuvre de la reine Mathilde, le représente donc s'emparant de Harold et le faisant conduire dans la forteresse de Beaurain :

Venit in terram Widonis comitis Harold, hic apprehendit Wido et duxit eum ad Belrem ibi eum tenuit.

Ce Belrem est incontestablement le château de Beaurain-sur-Canche (2). Lancelot (3) et tous les historiens de Picardie le reconnaissent ; seule, la chronique de Normandie, imprimée en 1535 (4), rapporte qu'Harold fut mené à Abbeville ; Montreuil n'était plus il est vrai la capitale du Ponthieu et la résidence ordinaire des comtes, mais ils y venaient encore souvent. D'ailleurs, la châtellenie de Beaurain s'étendait jusqu'à la mer et l'on peut croire que le naufrage eut lieu, dans ses limites, entre Berck et Merlimont, à l'endroit où de nos jours encore un courant dangereux occasionne fréquemment des sinistres.

Il existait autrefois à Saint-Valery une tour dite la tour

---

(1) *Mémoires de l'académie des Inscriptions et Belles-Lettres. T. VIII, f° 608.*

(2) *Beaurain-Château*, commune de Beaurainville, canton de Campagne-les-Hesdin, arr. de Montreuil-sur-Mer.

(3) *Mémoires de l'académie, précités. T. VI, f° 759.*

(4) *Recueil des historiens de France. T. VIII, f° 223.*

d'Harold, où, suivant une tradition accréditée, le chef Saxon aurait été enfermé après avoir échoué à la pointe du Hourdel (1). En admettant même cette opinion, on ne peut rien conclure contre l'emprisonnement au château de Beaurain, le comte de Ponthieu n'ayant pu laisser son prisonnier sur les bords de la mer, et ayant dû au contraire l'éloigner de la côte pour le mettre à l'abri d'un hardi coup de main.

Le Roman de Rou, (2) composé moins d'un siècle après l'invasion Normande en Angleterre, fournit un nouvel argument : il raconte que :

> Guy garda Hérolt par grand cure,
> Moult en creut mésaventure,
> A Belrem le fist envoyer
> Pour faire le duc esloigner.

La tapisserie de Bayeux représente le comte de Ponthieu dictant ses conditions à Harold, qui paraît dans une attitude modeste, l'épée renversée, lorsque surviennent les messagers du duc de Normandie : Guy les reçoit de bout, revêtu de la cotte de mailles et de la clamyde, la main droite sur la hanche, la main gauche armée d'une hache : derrière lui se tient un officier, la lance au poing. Le chef des envoyés Normands expose l'objet de sa mission et sollicite la mise en liberté du captif ; la scène se passe dans une salle voûtée, sans doute, celle du château de Beaurain, témoin de ces pourparlers.

......UBI EUM TENUIT, UBI NUNTII WILLELMI DUCIS VENERUNT AD WIDONEM.

---

(1) Louandre, *hist. d'Abbeville et du Comté de Ponthieu.* I. f° 119.
(2) *Roman de Rou.* T. II, f°s 110 et 111.

Deux cavaliers apparaissent dans le fond du tableau : ils viennent déclarer la guerre au comte de Ponthieu s'il ne consent à livrer immédiatement son prisonnier. Messire Guy, demeuré sourd à la prière et aux menaces, ne cède qu'à l'offre d'une grosse somme d'argent et d'une belle terre sur la rivière d'Eaulne. Harold sort donc de la forteresse de Beaurain et se rend à Rouen.

On sait quel fut le résultat de sa mission, on sait les engagements solennels qu'il prit à l'égard de celui qu'il venait saluer comme futur roi d'Angleterre et comment, parjure audacieux, il se fit ensuite proclamer successeur d'Edouard le Confesseur. Guillaume de Normandie, frustré de ses espérances, prépara alors, pour chasser l'usurpateur, la glorieuse expédition qui aboutit à la mémorable journée d'Hastings, le 14 octobre 1066.

L'origine de la forteresse illustrée par la réclusion de Harold, se perd dans la nuit des temps ; elle dominait la vallée de la Canche et la protégea longtemps contre les incursions des Normands ; au XIIe siècle, elle devint le centre d'une châtellenie importante démembrée et tenue du comté de Saint-Pol. Elle avait plusieurs lieues d'étendue et comptait dans sa mouvance les seigneuries de Berck, Bureuilles, Campagne, Ecquemicourt, Ecuire, Gouy, Jumetz, Lianne, Maresquel, Merlimont, Offin, Verton, etc, etc. à quelques pas de ces remparts imposants de Beaurain-Château « ceints de murs et de fossés profonds avecq ung fort chasteau qui estoit de fort belle structure basti tout de pierre blanche sur un rocher joignant le bois, » (1) vi-

(1) LÉDÉ, *notes f°. 20*. — C'est l'endroit dit aujourd'hui : *le grand Parcage*; les derniers vestiges de la tour ont disparu en 1822 ; les

vaient, en la dépendance des châtelains, deux familles également connues par la protection et les bienfaits dont elles honorèrent les abbayes de Dommartin et de Saint-André-au-Bois : Les Colet, possesseurs de la tour appelée maintenant le château des Lianne ; les de Beaurain, surnommés Péchot, issus des Colet, qui jouissaient dès le douzième siècle de droits distincts.

Nous étudierons successivement :
    1° Les châtelains de Beaurain
    2° Les Colet
    3° Les de Beaurain, dits Pechot.

I. — LES CHATELAINS DE BEAURAIN.

Les châtelains de Beaurain (1) jouissaient de nombreuses prérogatives, levaient des armées, percevaient des impôts, rendaient la haute, la moyenne et la basse justice ; ils se distinguèrent par leurs alliances, par les expéditions guerrières auxquelles ils concoururent, par les

---

matériaux qui en provenaient furent employés à la construction de l'écluse du moulin de *Beaurain-Château*. On peut suivre la trace des anciens fossés qui l'environnaient sur une longeur de 80 mètres environ et une largeur de 30 mètres : trois ouvrages avancés s'élevaient à pic sur la falaise de craie qui borde la vallée, le donjon (10 mètres carrés) occupait le milieu de la ligne fortifiée, vers le bois ; au centre était un puits, comblé il y a peu d'années et appelé le *Puits Langeron*.

(1) Origines du nom de Beaurain :
    1065. — Belrem. — Description de la tapisserie de Bayeux.
    1131. — Belrinium. — Récit du désastre de Saint-Riquier, — *Malbrancq*, t. III, 160.
    1138. — Belraim. — Accord pour Dommartin, — *C. de Dommartin*, 7-9-23.

fonctions éminentes qu'ils ont occupées à la cour de France et plus tard à celle d'Espagne.

Le savant abbé Lédé raconte que Guillaume de Saint-Omer (*Willelmus de Sancto Audomaro*) hérita de son père Oston la terre de Beaurain, terre fort noble : Oston vivait vers 1050, il serait donc le premier châtelain mentionné dans l'histoire et il fut probablement le geôlier d'Harold pour le compte de Guy de Ponthieu.

Les pèlerinages en Palestine, si fréquents alors, offraient mille dangers : quelques chevaliers, émus des périls qui menaçaient les voyageurs dans ces lointaines contrées et touchés du désir d'une vie plus parfaite, se consacrèrent spécialement à la défense du pèlerin et à la garde des chemins ; ils se soumirent à la règle austère de saint Augustin. C'est là l'origine des Templiers : Hugues de Payen

1140. — Belramum. — Ch. de F. Garnier, abbé de Marmoutiers. — *C. de Valloires*, 67.

1185. — Belram. — Ch. de Guillaume, châtelain de Saint-Omer. — *Arch. du Pas-de-Calais*, original.

1201. — Bellumramum. — Ch. de Guillaume de Beaurain. — *C. de Valloires*, 61-142.

1203. — Biaurain. — Ch. de Hugues Colet. — *C. de Selincourt*, 32.

1224. — Biaurein. — Sigillum alelmi de Biaurein. — *C. de Valloires*, 110-143.

1234. — Bellumramum Villa. Bellumramum Castrum. — Ch. de Guillaume de Saint-Omer. — *Arch. municipales*.

1244. — Bellumramum. — Délimitation de la châtellenie. — *Arch. du Pas-de-Calais*, orig.

1311. — Biaurain. — Aveu de la seigneurie de Maintenay. — *Titres de famille*.

1346. — Biauraing. — Récit de la bataille de Crécy, — *Froissart*.

1369. — Biaurrain. — Lettres de Béatrix, comtesse de Saint-Pol. — *Arch. du Pas-de-Calais*, orig.

1507. — Biaurain-le-ville et Biaurain-Chastel. — Procès-verbal des Coutumes. — *Bouthors*, t. II, 602.

et Geoffroy de Saint-Omer en sont les fondateurs (1118).

Geoffroy était le fils d'Oston et le frère de Guillaume, châtelain de Beaurain : celui-ci voulut attirer dans son voisinage les religieux militaires dont l'institution était l'une des gloires de sa famille; il les établit à Loison (1), non loin de Beaurain et les dota de revenus considérables qui ont donné naissance à la commanderie du Temple de Loison, la première de l'Artois, déjà mentionnée sous la grande maîtrise de Girard de Riderfort. (2)

A Guillaume Ier de Saint-Omer succédèrent, en 1138, Guillaume II; en 1162, Guillaume III; en 1198, Guillaume IV. Mais d'autres puissants feudataires, les Tyrel, sires de Poix, en Picardie, exerçaient en même temps dans la châtellenie de Beaurain certains droits incontestables ; c'est ainsi qu'ils ratifient les aumônes d'Eustache Colet à Dommartin (1153) (3) ; qu'ils confirment la fondation de l'abbaye de Saint-André-au-Bois (1160); (4) et augmentent le domaine de l'abbaye de Valloires (1162) (5) ; L'autorité supérieure semble néanmoins appartenir aux châtelains de Saint-Omer, à ces preux dont les annalistes de l'Artois ont retracé l'existence chevaleresque et dont ils

---

(1) *Loison*. — Canton de Campagne-les-Hesdin, arrondissement de Montreuil. — La commanderie de Loison était régie, en 1165, par Waultier Brisebare qui se qualifiait chef de tous les Templiers qui avoisinent la mer (*circa mare*), en 1273, par Warin (*Arch. de Saint-André*. Waultier Brisebare, Henri de Nouvion (de Noviono), Vilebertus de Draisenwart, Oislebertus et Otto étaient Templiers (*fratre pauperis militiæ templi*) de 1149 à 1153. *Pt cart. de Dommartin* f° 22 39-47.

(2) *Hist. de l'ordre du Temple par M. J. prieur d'Etival*, f° *170*.

(3) *C. de Dommartin*, f° *46*.

(4) *Arch. du Pas-de-Calais, orig.*

(5) *C. de Valloires*, f° *128*.

ne pouvaient oublier les bienfaits, que nous même avons maintes fois reconnus, en déroulant l'histoire des abbayes de Ponthieu : trompés par un acte de 1185, plusieurs auteurs attribuent à Guillaume la fondation de Saint-André-au-Bois, qu'il enrichit de la cense du Valivon, mais qui comptait déjà cinquante années de prospérité.

Les archives municipales de Beaurainville conservent un précieux témoignage de la munificence de Guillaume IV (1); c'est le titre de propriété des marais communaux : Le châtelain les inféode à perpétuité à ses chers vassaux de Beaurainville (*de Belloramo villa*) et de Beaurain-Château (*de Belloramo castro*), moyennant la redevance illusoire de six livres de cire, janvier 1234 ; ces marais sont situés, d'après la charte, entre les limites de Lépinoy (*Spinetum*) et de Contes. La femme du donateur, c'était Béatrix de Loos, et lui-même décident que de la cire on formera un cierge qui sera déposé chaque année, au jour de la Nativité, 8 septembre, devant l'autel de la sainte Vierge, en l'église de Beaurainville. La révolution a respecté la pieuse intention des châtelains de Beaurain et le conseil municipal de la commune inscrit au budget une somme de vingt-cinq francs pour l'accomplissement de leur fondation. Depuis plus de six siècles, la modeste flamme de ce cierge proclame hautement la dévotion de Guillaume IV de Saint-Omer et de son épouse à la sainte Mère de Dieu et rappelle aux habitants de Beaurainville la générosité de leurs châtelains !

En janvier 1223 (2), des difficultés étant survenues

---

(1) *Appendice*, n° *XIX*.
(2) *Inventaire des chartes d'Artois de Godefroy*, t. 1, f° 88. La préten-

entre Guillaume IV et les Templiers, au sujet du relief des hommages perçu à cause des marais que le comte de Flandre avait donné autrefois à Guillaume Ier, Guillaume IV les leur abandonne en aumône, à l'exception de ceux du comté de Fauquembergue, et des domaines de Beaurain et de Verton.

Le traité qui fixe les limites de la châtellenie de Beaurain et du comté de Ponthieu, au moment de l'aliénation par la comtesse Marie, au profit du comte d'Artois, de certains fiefs par delà l'Authie, n'est pas moins intéressant :

Le cinquième dimanche après Pâques, année 1244 (1), se trouvent assemblés à Dommartin, outre l'abbé Jehan et les religieux, messires : A. de Beaurain et A. de Renty, mandataires de Guillaume IV de Saint-Omer ; messires Guillaume de Maisnières, seigneur de Maintenay (2) et Guillaume, seigneur de Wailly, délégués du comte de Ponthieu ; messires Firmin de Ponches et Robert d'Avesne, envoyés de Guy de Ponches, dont les domaines sont limitrophes ; messires Arnould de Renty et son fils André, Jehan de Lambersart, chevalier, le bailli d'Hesdin, Wenemer ; Guillaume Colet et bon nombre d'autres notables, qui tous déclarent solennellement que la châtellenie de Beaurain s'étend du fief de Douriez à celui d'Anconnay (à

---

tion des Templiers reposait sur un titre de Thierry, comte de Flandre, en date du 13 septembre 1128, *aux Arch. nationales, orig., K. 22, Nº 53.*

(1) *Archives du Pas-de-Calais, orig.*

(2) Guillaume de Maisnières, fils de Jean, seigneur de Maintenay, du chef de sa femme, Clémence, héritière et dame de Maintenay, fille de Guillaume II de Montreuil-Maintenay. *C. de Valloires,* f⁰ 134.

feodo de Dourihier usque ultrà feodum de Anconai, in longitudine) et du milieu de la rivière d'Authie jusqu'aux terres cultivées, vers Beaurain : *(a medieta e magnœ Alteiœ usque ad terram arabilem versùs Bellum Ramum, in latitudine).* Les limites ainsi reconnues, Guillaume IV se rend accompagné des chevaliers que nous avons nommés, sur les bords de l'Authie et rétablit les bornes de sa châtellenie, près du moulin de Ponches.

Guillaume IV de Saint-Omer, châtelain de Beaurain eut un frère, Guillaume V, mort comme lui sans enfants et trois sœurs : Béatrix, Alix, Marguerite (1).

Béatrix, mariée à Philippe d'Aire, lui donna les titres de châtelain de Saint-Omer et comte de Fauquembergue; Alix, dame de Beaurain, épousa Baudouin de Créqui qui trancha, en qualité de seigneur de Beaurain, le différent élevé entre le seigneur de Maresquel et l'abbaye de Saint-André-au-Bois, en 1253 ; Marguerite, enfin, s'allia à Philippe de Créqui, fils du précédent, et ils vendirent la châtellenie de Beaurain, dont ils avaient hérité à la mort de Beaudouin, au comte de Saint-Pol qui la possédait en 1257 (2).

Les droits respectifs du nouveau châtelain et du comte d'Artois demeurant incertains, on convint au mois d'avril 1271, que ce dernier exercerait toute justice dans ses fiefs, Aubin et Tortefontaine exceptés : (1) que si des dé-

---

(1) Dom Devienne; *hist. d'Artois et* P. Anselme, *les grands officiers de la couronne*, t. VI, f° 779.

(2) Ce ne peut être en 1248 qu'eut lieu la vente de Beaurain au comte de Saint-Pol, comme l'écrit le P. Anselme (VI, 779) puisque Beaudouin de Créqui jugeait encore en qualité de seigneur de Beaurain en 1253.

(3) *Inventaire de Godefroy précité*, t. 1, n° 425.

pendances de la seigneurie de Beaurain sont comprises dans le comté d'Hesdin appartenant au comte d'Artois, celui-ci y rendra la justice, avec obligation de réciprocité de la part du comte de Saint-Pol.

Raoul Ier, comte d'Eu et de Guines, connétable de France, devint châtelain de Beaurain, par son mariage avec Béatrix de Saint-Pol (1); ses baillis étaient Jehan Postel en 1292 et Guillaume de Hocquélus en 1319 (2); Raoul II, son fils, accusé de trahison, ayant été mis à mort sans forme de procès, le roi confisqua tous les biens et pour justifier une violation criminelle de l'équité, il allégua chez la victime des intelligences coupables avec l'Angleterre.

« En ce comte Raoul d'Eu, écrit Froissard, avoit un
« chevalier durement able, gài, frisque, plaisant, joli et
« léger et estoit en tous estas si très gracieux que dessus
« tous autres il passoit route..... Je le tiens si vaillant et
« si gentil que jamais il n'eut pensé trahison. »

Le supplice du connétable fournit au roi l'occasion de distribuer de nouvelles faveurs aux courtisans. Il accorda: le comté d'Eu à Jean d'Artois, la charge de connétable à Jean d'Espagne et la châtellenie de Beaurain enrichit Robert de Lorris, sire d'Ermenonville, chambellan, conseiller du grand et du petit conseil, ambassadeur en Angleterre, etc. (3).

---

(1) *Cart. de Montreuil*, f° 191. Les francs hommes de Beaurain étaient alors : Renaud de Canaple, Eustache de Gouy, Eustache de Contes, Pierron de Molliens, Jehan de Ricquebourg.

(2) Lédé, *notes, mns, 70 v°*.

(3) *Archives nationales de France, JJ.* 84 f° 326 et P. Anselme, *t. II,* f° 412.

Le fils de Robert, Jean de Lorris était le filleul de Jean le Bon et lorsqu'il épousa Marie de Châtillon, sa dot comprit la terre de Beaurain et la vicomté de Montreuil-sur-la-Mer qui rapportait environ mille livres tournois de rente(1), Le vicomte de Montreuil jouissait du droit de travers, percevait un droit fixe sur les marchandises étalées aux marchés (2) et son autorité se trouvait constamment en opposition avec celle du mayeur et des échévins. Jean de Lorris leur proposa de céder ses droits moyennant une rente annuelle et perpétuelle de 160 livres parisis. La commune de Montreuil accepta avec empressement l'échange qui mettait un terme à des difficultés incessantes et l'acte fut passé le 12 septembre 1352 (3). Le vendeur se réservait pour lui et ses descendants le titre de vicomte de Montreuil et l'emplacement « *que on dit le* « *gardin le Conte* (4) *séant en ladite ville* ». Quelques années après, au mois de juin 1368, le roi Charles V réunit la châtellenie de Beaurain au domaine, avec l'intention de ne l'en jamais distraire : « yceux chastel et chastelle-
« nie voulons et ordonnons, par ces présentes, perpétuel-
« lement estre et demourez miz, appliquéz, uniz, an-
« nexéz et adjoinz au domaine..... sans que jamais ils en
« soient ou puissent estre divisez, aliénez, ne séparez,

---

(1) *Archives Nationales de France*, J. 82, n° 85.

(2) *Voir notre essai sur les seigneurs de Maintenay, vicomtes de Montreuil, in-8°, f° 27.*

(3) *Archives nationales de France J. reg.* 81, n° 798.

(4) Le GARDIN LE CONTE, aussi nommé, dans d'autres titres, la COUR LI CUENS ou cour le Comte; c'est l'emplacement de l'ancien château des comtes de Ponthieu, à Montreuil, situé dans la rue actuelle des Bouchers et qui servit longtemps d'habitation aux sires de Montreuil-Maintenay.

« en aucune manière par quelque cause que ce soit (1).

La ferme résolution de Charles V fut bien courte, car dès la fin de l'année 1368, il accordait encore le sanglant héritage du comte d'Eu, à messire Emond de la Motte, puis à messire Jehan de Dainville (2), son maitre d'hotel et frère de Gérard de Dainville, successivement évêque d'Arras, de Thérouanne et de Cambrai, qui fonda le collége de Dainville à Paris (3).

Oudart de Renty reçut ensuite la châtellenie de Beaurain (1371), Messire Enguerran de Coucy, seigneur de Marles, la Fère, comte de Soisson, l'obtint à son tour, le 23 mai 1384. « Celui-ci estoit ung chevalier esprouvé, qui » toute sa vie n'avoit finé d'armes suivre et moult estoit « de grande vertu. »

Il marcha sous les ordres du comte de Nevers, au secours de Sigismond, roi de Hongrie (1396), et assista au désastre de Nicopolis, où les chrétiens se virent écrasés par les Sarrasins, qui « plus de vingt estoient contre ung. » (1)

Tombé entre les mains des mécréants, Coucy expira dans les fers, après une longue captivité et le château de Beaurain, toujours octroyé « à viage » retourna une sixiè-

---

(1) *Archives nationales de France*, J. 361, n° 3. Ces lettres, données à Paris, sont scellées du grand sceau de majesté : *Le roi assis sur un trône formé par des aigles portant sur des lions avec la légende* : KAROLVS FRANCORVM REX. Le contre sceau porte *l'écu de France avec sceptre et main de justice.*

(2) Salé, *recueil des choses...., f° 216 et 217. Arch. de l'abb. de Saint-André-au-Bois.*

(3) *Cart. de l'évêché d'Arras*, ch. 283. Jehan mourut sans enfants de Agnès de Gueulezin qui fonda de concert avec lui deux chapelles dans l'église de Dainville-lez-Arras.

(4) *Livre des faits de Jehan Boucicault,* ch. xxv.

me fois à la couronne, fort à propos, pour récompenser messire Jehan de Croy, seigneur de Renty, de Seninghem et d'Airaines, grand bouteillier de France, conseiller et chambellan du roi de France et du duc de Bourgogne :

Le duc d'Orléans venait de succomber sous les coups de la faction Bourguignonne; ses enfants, effrayés de l'ascendant du meurtrier de leur père formèrent, avec le comte d'Armagnac, une ligue qui prit son nom, ligue destinée à renverser l'orgueilleux Jean sans Peur. Celui-ci n'était point préparé à soutenir une attaque aussi redoutable; il voulut négocier et faire entrer dans ses intérêts le vieux duc de Berry, oncle du roi. Jehan de Croy, chargé de cette délicate mission, partit aussitôt pour Bourges.

Il chevauchait un jour à travers les plaines incultes de la Sologne, lorsqu'une bande d'Armagnacs attaque à l'improviste sa petite escorte et s'empare de sa personne : Enfermé au château de Blois, accusé de participation au meurtre du duc d'Orléans, Croy fut si cruellement maltraité, qu'il perdit les ongles des pieds et des mains. L'intervention de la duchesse de Bourbon, dont les enfants avaient été incarcérés au château de Renty, par le fils du malheureux prisonnier de Blois, put seule mettre un terme à cette affreuse captivité, qui dura treize mois.

Le duc de Bourgogne et le roi s'efforcèrent de faire oublier à leur cher fils, le sire de Croy, les mauvais traitements dont il avait été la victime, en exécutant leurs ordres : Ils se plurent à le combler de faveurs, et il reçut, au mois de janvier 1412 (1), non plus à viage mais pour lui

---

(1) P. ANSELME, T. VIII, f° 565.

et ses descendants, la châtellenie de Beaurain, avec les dépendances.

Jean de Croy périt à Azincourt, laissant comme héritier de son immense fortune, messire Antoine de Croy, seigneur de Renty, Seninghem, Beaurain, etc., dit le grand Croy, qui épousa Marguerite de Lorraine, dame d'Arschot : C'était une alliance princière dont il fallait perpétuer le souvenir, aussi leur fils aîné ajouta-t-il à l'*écu de Croy écartelé de Renty*, que portaient ses ancêtres, le blason de *Lorraine*, écartelé de : *Alençon et Wallon Capelle*, ses parents maternels ; trois générations adoptèrent les armoiries de Croy, ainsi modifiées de 1475 à 1553. Ce blason sculpté, tel que nous le décrivons (1), au chœur des églises de Buire-le-Sec et de Maresquel, ainsi qu'à la voûte de la chapelle latérale de l'église de Beaurainville (2), fixe d'une manière certaine l'époque de leur construction, dans les premières années du XVIe siècle.

A messire Antoine de Croy, succéda Jean, premier sei-

---

(1) Écartelé : au 1 et 4 : *d'argent à 2 faces de gueules*, qui est de Croy.
   au 2 et 3 : *d'argent à 3 doloirs de gueules*, qui est de Renty.
Sur le tout, en abîme, un écusson écartelé :
   au 1 et 4 : *d'or à la bande de gueules, chargée de 3 alérions d'argent*, qui est de Lorraine.
   au 2 : *d'azur à trois fleurs de lys d'or à la bordure de gueules chargée de besans d'argent,* qui est d'Alençon.
   au 3 : *de gueules à 2 faces d'or*, qui est Wallon Capelle.

(2) L'écusson qui formait la clef de voûte de cette chapelle était entouré de B sculptés, il s'est brisé lors de la restauration exécutée en 1870.

gneur du Rœulx, châtelain de Beaurain, qui se maria avec demoiselle Jehanne de Crecques ou de Crésecques, dame de Contes et de Maresquel, fille de Jean de Crésecques, sire desdits lieux et de Bonne de Fromessent. Ils eurent un fils, Ferry de Croy qui leur succéda en 1475 (1) et attacha son nom à la rédaction des coutumes de la seigneurie de « Beaurain-Chastel et Beaurain-le-Ville, avec Neufville, Berck, Campagnes, Gouy, Saint-Remy, Ecquemicourt, Bureuilles, Maresquel, Ricquebourg, Hesmond, Saint-Vast, Verton et Merlimont qui en relevaient. » Les coutumes du comté de Saint-Pol et de la prévôté de Montreuil ont servi de base à la législation de Beaurain, sauf 10 articles spécifiés par M. Bouthors. (2) Ainsi, pour le pâturage des marais, l'article 6 limite à neuf, le nombre des bêtes à laine que chaque ménage y peut envoyer, sauf « entre Beaurain-
« le-Chastel et Beaurain-le-Ville, au lieu dit le Franc-Ma-
« rest, auquel lieu, par privilége accordé par les seigneurs
« dudit Beaurain-le-Ville et Beaurain-Chastel, le Nœfville
« et les quatre portes (3) et nuls autres pœuvent mener
« pasturer tel nombre que bon leur semble. »

(1) BOUTHORS, *Coutumes locales du Bailliage d'Amiens*, II, p. 602 et suiv.

(2) En 1472 la châtellenie de Beaurain rapportait 460 livres. (*Reg. P. 35 de la chambre des comptes de Lille*), les principaux fiefs en dépendant sont :

Maresquel, du revenu de 70 liv. — Hesmon, en 2 fiefs aux Créqui Hemon. — Gouy, pairie jadis à Enguerran de Werchin aujourd'hui disputée par Jean et Martin de Werchin. — Campagne, pairie à Isaac de Campagne. — Beaurainville, pairie. — Verton, à Péronne de Soissons, dame de Soyecourt. — Offin. — Léaulne, à N. de Bournonville. — Ricquebourg, pairie à Pierre de Gouy, seigneur de Genne.

(3) Les *quatre portes* dont il est ici question prouvent qu'une enceinte

Défense absolue d'envoyer dans les marais « tor ou ver » (taureau ou verrat), sous peine de confiscation. (art. VII). De toute ancienneté, les vassaux devaient, en temps de guerre et à la première réquisition de leur suzerain, faire le guet au donjon du manoir ; la plupart des hommes de fief de la châtellenie de Beaurain s'étaient affranchis de cette obligation par une redevance annuelle : chaque ménage payait 4 sols parisis en deux termes ; un homme veuf, ou une femme veuve payait 2 sols parisis, également en deux termes. Toutefois, les habitants de « Beaurain-Chastel, Bercq et Merlimont sur la mer » demeuraient tenus « en péril imminent de faire guet en personne, au chasteau dudit Beaurain.

Le procès verbal de la rédaction des coutumes a été dressé le 25 septembre 1507, en présence de :

N. RUNET, bailli de Beaurain. — H. DE CANLERS, procureur pour office de Beaurain, bailli de Gouy et de Verton pour M. de Soyecourt; de Campagne, pour Guillot-le-Grand et de Canaples, pour M. Ferry de Vaudricourt. — N. BLANC, lieutenant de Beaurain. — LEGRAND, greffier du bailliage de Beaurain. — DAVIAU, abbé de Saint-André et homme de fief. — JACQUES LE PRÉVOST, prêtre, curé de Beaurain et doyen de chrétienté de Fauquembergue. — LEGRAND, bailli du prieuré de Beaurain. — ADRIEN d'ESTREVILLE, vicaire de Cucq. — DAVESNE, curé de Hesmon. — J. COTUN, vicaire de Bercq. — NICOLAS DE QUAY, curé de Verton. — GUY, vicaire de Merlimont. — J. CORNAILLE, vicaire de Gouy. — B. LAMY, vicaire d'Aubin, curé d'Ec-

---

de murailles environnait les maisons les plus rapprochées du château ; le chemin de Montreuil à Hesdin la traversait.

micourt. — GUILLAUME DE LA PORTE, bailli de Merlimont.
— DE GOUY, seigneur de Ricquebourg. — NICOLAS DE GOUY. — S. JUMES, boulanger, pour M. de Rambures. — GUILLAUME BELOT DE LA PORTE. — A. DE HILDREQUEN, seigneur du Plantis. — HUE REGNAUT, homme de fief. — REGNAULT. — Mᵉ JEAN D'ANEL, pour A. Bastard de Sorchy. — ED. D'ERVILLY, homme de fief et procureur de Andrieu d'Avesne. — N. VELLET, pour J. Vellet, son père. — JEHAN ROUSSEL, homme de fief. — S. GRAND, pour monseigneur Jehan de Fresnoy, comme lieutenant général du bailli de Hesmon. — Les échevins et lieutenant de Verton. — JEHAN PAILLETTE, vicomte de Merlimont. — JEHAN D'ESTAMPE, etc.

Voici maintenant qualifié châtelain de Beaurain, un capitaine fameux, qui fut mêlé à toutes les expéditions militaires de son temps :

Adrien de Croy, gouverneur de l'Artois et des Flandres, plus connu sous le nom de comte de Rœulx. Il avait obtenu du roi de France, une sauvegarde spéciale pour le château de Beaurain, où sa mère, Lamberte de Brimeux, résidait habituellement.

La garnison de Montreuil, assez mal disciplinée, se répandait parfois aux environs de la ville et se livrait à de regrettables excès. Les soldats osèrent même un jour pénétrer dans la forteresse de Beaurain, au mépris de la haute protection qui la couvrait : ils y commirent mille horreurs et se montrèrent, raconte Lédé, « si impudents « et si effrontément lascifs et impudiques qu'ils outragèrent « les demoiselles de la dame de ce lieu, en sa présence, « sans crainte ny respect de Dieu ny des hommes. »

On comprit à Montreuil les conséquences terribles que

pouvait avoir ce fâcheux incident ; les coupables furent sévèrement punis et le seigneur de Lignon, ancien page du comte de Rœulx, alla conjurer la châtelaine d'épargner au pays, la redoutable vengeance de son fils, mais son indignation était extrême et les supplications demeurèrent inutiles. Bientôt, les troupes espagnoles, que commandait le comte de Rœulx firent cruellement expier à d'innocentes populations le libertinage de quelques soldats, « vilains et infâmes ribauds. »

Le siége de la ville de Montreuil, suivi du massacre des habitants et de l'incendie d'une partie des maisons apprit à respecter la mère du tout puissant général des armées impériales.

La comtesse de Rœulx vint encore à Beaurain dans la suite. Adonnée à une haute dévotion, elle fréquentait l'abbaye de Saint-André-au-Bois et assistait avec ferveur aux matines ; son fils, Adrien de Croy, mari de Claude de Melun hérita de ces bonnes dispositions pour les moines. La grande verrière du chœur de l'église, les représentait tous deux avec leurs armoiries. On y voyait l'image du Christ, ayant à sa droite, la sainte Vierge ; à sa gauche, saint Jean l'évangéliste ; à ses pieds, Marie Magdeleine; la partie inférieure du vitrail était occupée par saint-André, saint Claude et saint Adrien.

D'après un compte dressé en 1521, la châtellenie de Beaurain rapportait la somme de 3115 livres parisis, 9 sols, 6 deniers ainsi répartis (1) :

Beaurain et dépendances . 876 liv. 9 sols
Berck . . . . 120 liv. 19 sols 4 den.

(1) *Arch. du Pas-de-Calais, liasse de Beaurain.*

Fief de Croy	117 liv.	19 sols	
Verton	50 liv.	6 sols	
Contes	945 liv.	19 sols	7 den.
Maresquel	92 liv.	19 sols	
Belleville	30 liv.	3 sols	9 den.
Nuncq	39 liv.	4 sols	2 den.

Jean de Croy, comte de Rœux, seigneur châtelain de Beaurain, fils d'Adrien, étant décédé sans postérité, ses biens passèrent à un cousin nommé Claude de Croy. Le roi de France prétendit alors retraire la châtellenie de Beaurain, au profit de la couronne, sous le prétexte que Charles VI avait formellement stipulé cette éventualité et fixé le prix de rachat à 500 chaises d'or (monnaie de l'époque valant 16 fr. 20 centimes ; soit : 8100 francs.)

La garnison de Montreuil vint occuper la forteresse ; on tremblait de voir se rallumer la guerre à peine terminée, mais les ambassadeurs de France et d'Espagne, chargés d'étudier la question y apportèrent une grande modération et résolurent après de longues conférences, tenues à Hesdin, de s'en remettre à l'appréciation d'arbitres de leur choix : S. M. catholique, Philippe II, nomma :

Pierre Greuet, seigneur de Fermont, conseiller ordinaire au conseil d'Artois ; Pierre Payen, seigneur de Bellacourt, avocat fiscal audit conseil ; le seigneur de Belvalet, seigneur de Pomera aussi conseiller.

Henri III délégua un président de la Chambre des comptes, un président de la Cour du Parlement et un troisième personnage de qualité. Les six commissaires se réunirent à Saint-André-au-Bois le 5 décembre 1579. Les pourparlers durèrent 18 jours, durant lesquels il y eut à l'abbaye grande affluence de gentilshommes qui venaient saluer les arbitres. Ceux-ci et leurs serviteurs au nombre de vingt-six occasionnèrent des frais considérables : « Ils « beurent 3 muids de vin et 18 tonneaulx de bière, pour- « quoi, il cousta beaucoup et croys, remarque Lédé, qu'il « n'y eust pas grand récompense. Dieu nous garde tous- « jours de telles déschargées en ceste petite maison ! »

Le résultat de la conférence fut favorable aux préten- tions du comte de Rœulx et, par là même, de S. M. Catholique, au détriment du roi de France (1).

Eustache de Croy, comte de Rœulx, succéda donc paisiblement à Claude ; Il eut deux fils : Albert Claude, qualifié baron de Beaurain, mort sans enfants et Ferdinand Gaston Lamoral, dit le duc de Croy, baron de Beaurain, après son frère, général de l'artillerie du duc de Saxe, etc. Il rétablit l'hôpital de Beaurain ; cet hôpital, vulgairement nommé le *Cocquempot* (2), autrefois doté par les châtelains, avait été dépouillé dans le cours du XVIe siècle. L'ordre de Saint-Lazare s'était emparé de la majeure portion des biens ; le commandeur de Loison s'attribuait le surplus, lorsqu'à la sollicitation du duc de Croy, le roi Louis XIV décréta la réunion à l'hôpital des pauvres malades de Beaurain, des propriétés qui lui avaient été enlevées et de celles qui dépendaient des anciennes maladreries de Jumel et de Cavron. L'arrêt du 4 mars 1697

---

(1) *Archives du Nord. Titres de Saint-André.*
(2) Le *Cocquempot*. Primitivement il avait été établi sur l'emplacement du jardin où les archers s'exerçaient au tir, le but était ordinairement un oiseau, souvent un coq empaillé placé, empaillé sur un piquet ou *paul* d'où l'expression : *coq en paul* d'où l'on a fait par corruption Cocquempot, nom conservé à l'un des quartiers de Montreuil qui a la même origine.

porte que les habitants de ces deux localités auront droit dans l'hospice nouvellement rétabli, à un nombre de lits proportionné aux revenus annexés (1).

L'histoire des châtelains de Beaurain se confond ensuite avec celle de la maison de Croy, qui a possédé jusqu'à la fin du dernier siècle la forteresse dont les ruines n'avaient pas été relevées depuis plus de deux cents ans.

II. — LES COLET.

A droite de la route d'Hesdin à Montreuil, à cent mètres de la Canche, apparaissent deux larges pans de murailles, débris de la redoutable forteresse dite de Lianne, Léalne, Léaulne ou Léaune. Ancienne résidence des Colet, elle a conservé le nom de ses possesseurs du XIVe siècle.

On se perd en conjectures sur l'origine des Colet. Malbrancq leur accorde un paragraphe spécial intitulé : « *Colletonum familia præsertim è Belriniensibus (Gallicé Beaurain) comiti sancti Pauli odiosa.* » Il les qualifie de nobles et puissants seigneurs : « *Viri nobilitate ac potentiâ insignes, divitiis pariter ac possessionibus opulenti* » et, pour donner une idée de ces vastes possessions, l'auteur ajoute qu'ils étaient propriétaires de Beaurain et de la Caloterie : « *Domini de Belloramo et de Calothria* (2) . » Meyer, dans sa chronique, parle des *Calotois*, aussi bien que dom Cotron, l'un des continuateurs du moine Hariulfe (3). Pour Jean de la Chapelle, les *Calletois* sont

---

(1) *Archives du Pas-de-Calais, titres de l'hôpital de Beaurain.*
(2) MALBRANCQ, *de Morinis, III,* 160.
(3) *Chronica Centulensis Abb. Sti Richarii continuatio auctore V. Cotron, ch. VI.*

RUINES et PLAN de la TOUR des LIANNE
à Beaurainville.

des feudataires très-nobles, très-riches, *domini temporales de Biaurain et totius Caletariæ* (1).

Les *Calotins*, d'après Devérité, « appartenaient à une nombreuse famille dont l'influence chaque jour grandissante portait ombrage aux voisins (2). »

Les Bénédictins, racontant la fondation de l'abbaye de Cercamp, l'attribuent à l'expiation rendue nécessaire par les massacres qui ont ensanglanté la guerre du comte de Saint-Pol, contre les *Calaterienses Toparchas* (3).

Dans l'histoire littéraire de la France, les *Caletes domini de Belloramo*, sont désignés comme habitants de Calais (4). Cette dernière assertion est inadmissible et ne se rencontre nulle part ailleurs, elle a toutefois inspiré à un complaisant antiquaire, une étude longue et approfondie sur la géographie de l'ancienne Gaule-Belgique, la situation de la tribu des Calètes etc., etc.... Il consacre sept pages entières à l'examen de cette question obscure, modifiant à son gré les syllabes et il trouve de sérieuses raisons de croire que l'agglomération d'individus, possédant au XIIe siècle un vaste fief sur les bords de la Canche, la famille des *Caledonum* ou *Caletonum*, était un clan, une tribu celtique demeurée, avec le nom primitif, dans ce coin obscur de la Morinie (5).

Or, il est très-contesté que la peuplade des Calètes, le *Pagus Caletensis*, se soit étendu au-delà de la Bresle, limite du pays de Caux. Danville, Walkenaer et autres

---

(1) *Chronica abreviata, cap. XLI.*
(2) *Histoire des comtes de Ponthieu,* I. 124.
(3) *Gallia Xna X. col. 1336.*
(4) *Hist. littéraire,* XI, 612.
(5) LABOURT, *La Bête Canteraine.*

géographes ne lui assignent pas d'autres bornes. Comment admettre ensuite que la tribu des Caletes ou Coletes se soit perpétuée distincte, homogène, pendant onze siècles après l'anéantissement de la nationalité gauloise et l'occupation successive du territoire par les Romains et par les Francs.

A ces nombreuses citations, basées pour la plupart sur le récit de Malbrancq, emprunté lui-même au chroniqueur Hariulfe, ne convient-il pas d'ajouter le témoignage des moines comblés des bienfaits de la famille Colet ? Les cartulaires de Picardie renferment beaucoup de chartes octroyées au XII° et au XIII° siècles, par les *Colet Coleth* (1), *Colez* (2), *Colès* (3) : Guillaume de Tyr (4) cite parmi les victimes de la seconde croisade :

« uns molt bons chevaliers, Huistace *Cholez* qui »
« nez estoit de la terre de Pontif (Ponthieu) »

Le Polyptique de Dommartin, rédigé en 1252, dit que les *Coletois* partagent en l'étendue du fief de Dommartin récoltes et frais de semences (5).

Faut-il donc chercher dans l'antiquité celtique la signification du surnom de *Colet* ? nous en avons démontré l'impossibilité. Dans le nom de *Caloterie* ? pas davantage, car la Calotterie faisant partie de la banlieue de Montreuil, n'eut pas de seigneurs au moyen-âge ; Turpin, l'historien des comtes de Saint-Pol avance que les *Colet* dominaient : « *in Belrinio totâque castellania* (6) » ; Serait-ce l'expli-

---

(1) *Cart. de Valloires*, 146. *Cart. de Dommartin*, 47.
(2) *Pt. Cart. de Dommartin* f° 42.
(3) *Cart. de Selincourt*, f° 32, *Bibliothèque de la ville d'Amiens*.
(4) *Guillaume de Tyr XIX-926. édition publiée par l'Institut*.
(5) *Polyptique*, f° 4.
(6) TURPIN. *Annales comitum Tervanensium, edit.* 1731.

cation de l'énigme ? les *Calaterienses toparchæ* seraient-ils simplement les *Colet* dont le nom aurait été, en quelque sorte, latinisé et qui exerçaient leur autorité à Beaurain et dans toute la châtellenie ?

L'importance des Colet portait ombrage au comte de Saint-Pol ; leur armée, recrutée de la Canche à l'Authie et d'Auxi-le-Château à la mer était menaçante ; Hugues Campdavaine crut devoir organiser une ligue destinée à réprimer l'orgueil de ses fiers vassaux ; dans cette ligue entrèrent immédiatement le comte de Ponthieu, les sires d'Auxi, de Beauval, de Saulty (1). « *Dynasta Auxiacensis, Bellovacensis, Saltiacensis* » Campdavaine était le chef, peut-être même et nous le croyons, n'avait-il d'autre allié que le comte de Ponthieu, et était-il lui-même seigneur de Beauval, de Saulty et d'Auxy ; après quelques alternatives de succès et de revers, les Colet se retirèrent dans l'enceinte fortifiée de Saint-Riquier alors gouvernée par l'abbé Anscher, qui, mécontent de certains procédés du comte de Saint-Pol à son égard, accueillit ses ennemis avec empressement.

Or, le 28 août 1131, Campdavaine étant arrivé sous les murs de l'abbaye et ayant sommé la garnison de se rendre, on se met en mesure de résister énergiquement. Les tours sont donc garnies de frondeurs habiles et d'arbalétriers qui repoussent les assaillants, en leur infligeant des pertes considérables. De part et d'autre, le combat se poursuit avec fureur jusqu'au moment où Campdavaine,

---

(2) JEAN DE LA CHAPELLE, *chon. abrév.* ch. XLI. *Sigeberti Gemblacensis chronicon*, f° *196*. MALBRANCQ, *de Morinis*, III, *160*. MEYERUS, *annales, sive historia rerum Belgicarum*, f° *49*.

surpris et irrité d'une défense héroïque qu'il n'attendait pas, ordonne de changer de tactique et, abandonnant l'attaque des remparts, il fait lancer dans la place des projectiles enflammés ou feux grégeois.

Ces engins meurtriers, véritables obus du XII° siècle, sont envoyés à l'aide de flèches ; ils pénètrent les toits les plus solides, même ceux de l'église qui est couverte en plomb, allument partout l'incendie et produisent un tel désordre, que les assiégeants peuvent enfin se glisser dans la ville embrasée.

Donnant alors libre carrière à la soif de vengeance qui l'anime, « le Sanpaulois joua sans forme de procès au carnage ! » Ses soldats égorgent impitoyablement les habitants, ils dépouillent le monastère de ses archives et de ses trésors; l'église, des reliques et des ornements précieux. Après quoi, ils mettent le feu aux lambris et les flammes dévorent en quelques instants le remarquable édifice! Un prêtre périt à l'autel, tandis qu'il célébrait la messe et le martyrologe de Saint-Riquier porte à 2700 le chiffre des victimes, hommes, femmes ou enfants, qui succombèrent dans cette fatale journée où s'abîma pour jamais la puissance militaire des Colet.

L'abbé Anscher se plaignit au pape Innocent II, qui présidait alors le concile de Clermont, de la cruauté de Campdavaine : ce grand coupable avait d'autres forfaits à expier et notamment l'assassinat du curé de Beauval ; traduit au tribunal des pères du concile, il donna des marques éclatantes de repentir. Les prélats voulurent l'obliger à reconstruire les bâtiments incendiés ; Anscher s'y opposa, craignant d'attacher le nom d'un criminel à la réédification de son église. Campdavaine fonda l'abbaye de

Cercamp, mais cette expiation si généreuse qu'elle fût, ne pouvait désarmer la colère du ciel et le ressentiment des générations futures.

Les vieilles chroniques, aidées de la superstition, représentent Hugues Campdavaine, comte de Saint-Pol, condamné à visiter après sa mort, les localités jadis témoins de ses cruautés, chargé de chaînes, transformé en loup et parcourant la nuit, les rues de la ville de Saint-Riquier, en poussant des hurlements affreux. C'est, ajoute le peuple crédule, le redoutable fantôme connu à une époque encore récente, sous le nom mystérieux de : *bête Canteraine.*

Ceux des Colet ou de leurs parents qui survécurent au massacre se reprochaient d'avoir été la cause involontaire des malheurs attirés sur l'église de Saint-Riquier ; ils cherchaient à étouffer les remords de la conscience et distribuaient d'abondantes aumônes, ainsi :

Eustache Colet donna aux moines de Saint-Josse-au-Bois le vaste fief de Dommartin (1) ; ses cousins, Robert et Guy sires d'Argoules enrichirent les Bernardins qui s'établissaient à Valloires (2) et Enguerran de Beaurain fonda l'abbaye de Saint-André (3). Eustache II Colet, fils de Hugues Ier avait quatre frères : Enguerran, Barthélemy, Gualdric, Robert et une sœur, Odette, qui épousa messire Richard de Rollencourt (4). Lui-même, marié à Liéjarde, fut père de Hugues II, dont la veuve Aélis, demeurant à

---

(1) *Hist. de Dommartin, suprà.*
(2) *C. de Valloires.*
(3) *Hist. de Saint-André, suprà.*
(4) *P. C. de Dommartin, f° 23, r° et 46-47.*

Campagne, désigna l'église de Dommartin pour abriter son tombeau (1).

Hugues II et Aélis eurent trois enfants : Pierre, Ade et Eustache II Colet (2) qui habitait le château de Beaurain et dont sont issus Guillaume (3) le dernier de sa race et Eustache ou Tassette Colette qui transmit le fief des Colet et leur forteresse à son époux, messire Enguerran de Lianne, l'un des douze barons du Boulonnais (4). Tassette portait, comme son aïeul Hugues II (5), le Créquier sur le sceau de ses armoiries. De cette alliance naquit un fils Hugues de Lianne, témoin d'une charte de Guillaume de Montcavrel, le 16 février 1287 (6).

Enguerran de Lianne, seigneur de Beaurain en partie, avait en 1349 Guillaume de Hocquélus pour bailli et représentant de ses intérêts; ses francs hommes étaient: Pierre de Berchin, Enguerran de Campagne, Gizelain, dit le Maréchal, Mathieu du Bus (7). Après Enguerran et Jehanne de Lianne apparaît Baudouin qui, le 6 mars 1377 (8), déclare tenir en fief du roi de France, par 60 sols parisis de relief et service de plaids, aux jours indiqués dans

---

(1) Lédé *notes mns. f° 49 et C. de Valloires, f° 102-146.* Hugues II avait une sœur Agnès, épouse de Vaultier, seigneur de Waben. *Arch. du Pas-de-Calais orig.* 1188-1202.

(2) *C. de Valloires, f° 185, v.* La veuve de Eustache Colet se remaria à Jehan de la Capelle, chevalier ; ils vivaient ensemble en 1233.

(3) *Arch. du Pas-de-Calais, Fonds Saint-André, testament orig. de 1247.*

(4) *G. cart. de Dommartin, f° 464-465. C. de Valloires, f° 172 et Arch. du Pas-de-Calais, orig.*

(5) Salé, *f° 206.*

(6) Lédé, *notes, mns. f° 56-60.*

(7) *C. de la ville de Montreuil, f° 750.*

(8) *Archives d'Abbeville JJ. n° 88.*

le château de Waben : un vaste domaine s'étendant aux environs de Buires et de Waben, qu'il vendit l'année suivante (23 juin 1378) à noble dame Blanche de Harcourt, dame de Maintenay (1).

Le sceau de Baudouin de Lianne, appendu à l'aveu original servi par lui au roi de France et conservé aux archives d'Abbeville, porte l'empreinte d'un lion avec la légende :

SEEL BAVDOVIN DE LIANNE.

Hugues de Bournonville devint seigneur de Lianne, à la fin du XIV° siècle, par son mariage avec Yolande de Lianne ; leurs descendants en conservèrent le titre et les prérogatives (2) jusqu'à demoiselle Anne de Bournonville qui, ayant épousé Philippe de Lameth, seigneur d'Hénencourt, les transmit à sa fille Marie de Lameth, mariée, le 26 juillet 1566, à messire Jean de Maulde baron de Colembert, dont les successeurs ont possédé longtemps le château et la terre de Lianne en Beaurain.

III. — LES SIRES DE BEAURAIN

SURNOMMÉS PÉCHOT.

Le surnom de Péchot (3), Péchol (4) ou Pocoz (5) distinguait une famille probablement issue des Colet (6), qui

---

(1) *Archives de M. de Maintenay, parch. orig.*
(2) P. ANSELME. *T. V. f° 827.*
(3) SALÉ, f° 109.
(4) *Archives du Pas-de-Calais, ch. de Guillaume de Saint-Omer, orig. 1244.*
(5) *C. de Valloires, f° 131.*
(6) Le Fr. C. Salé donne la filiation d'une troisième branche issue de Enguerran, frère de Eustache et fils de Hugues Colet,

possédait de grands biens et dont Sigebrand ou Sobrand, qualifié chevalier en 1096, serait le premier auteur connu. Il avait épousé Mahaut ou Mehaus qui le rendit père de Enguerran, Renaud et Gaultier ; tous trois ratifièrent les donations de Sobrand au prieuré de Saint-Martin-de Beaurainville, mais le plus illustre est l'aîné, fondateur de l'abbaye de Saint-André dans les prairies de l'Aulnoye et de Belleville à Maresquel (1).

L'histoire mentionne les six enfants d'Enguerran de Beaurain, savoir : Hugues, Raoul seigneur de Huppy, Guillaume, Adam, Renaud, Aélis et Eremburge, femme d'Henri de Caumont. Hugues autorisa les Prémontrés à quitter leur résidence primitive pour s'établir dans la forêt de Grémécourt (1153) et il reposa après son trépas, dans leur chapelle, sous une dalle de marbre qui le représentait avec cette inscription (2) :

Por acquérir le salut d'immortalité
Lors durant tout en paix et en tranquillité
Jay prié pour les louanges de Dieu chanter
Le couvent des Aulnoyes en ce lieu habiter.

Guillaume de Beaurain périt malheureusement en Palestine, voici dans quelle circonstance :

Le royaume de Jérusalem était en décadence sous les successeurs de Godefroy de Bouillon et la ville d'Edesse, avant-poste de la Syrie, venait de passer au pouvoir de

---

à laquelle il rattache Oston de Beaurain, bienfaiteur de Saint-André en 1202.

(1) *Histoire anonyme de Saint-André.* Voir aussi les *Histoires de Dommartin* et *Saint-André*.

(2) Lédé, *notes mns.* f° 27.

Norreddin. L'éloquence de saint Bernard rassemble une nombreuse armée commandée par deux grands monarques : Louis VII roi de France et Conrad, empereur d'Allemagne. Guillaume de Beaurain et 26 chevaliers picards s'associent alors à la fortune de Raoul de Créqui, le héros légendaire du XII° siècle.

Des désastres inouïs attendaient ces vaillantes troupes égarées par la perfidie des Grecs ! Elles furent décimées par la maladie et la famine. Quelques jours après le passage du Méandre (1148) qui marqua le seul succès de l'expédition, Raoul chevauchait à l'avant-garde ; son ardeur l'emportant, il s'engage dans un défilé étroit, où les Sarrasins, maîtres des hauteurs voisines l'attaquent à l'improviste ! Ils font pleuvoir sur les Français une grêle de pierres et de flèches. Bientôt, la confusion gagne les rangs de ces braves ; se voyant enveloppés de toutes parts, ils se précipitent tête baissée sur l'épée des infidèles. Là succombent les sires de Breteuil, de Varenne, d'Azincourt, de Humières et bon nombre de « Warletons nobles et « jœunes quy navoient my barbe ou mentons, li Prévost « de Clery, aveuck Jehan de Suresne, Willaume de « *Biaurrain* aveuck Pierron d'Allesnes. »

L'infortuné Créqui fit des prodiges de valeur et par un acte de générosité sublime, il sauva la vie au roi et lui épargna les horreurs de la captivité qu'il subit lui-même pendant dix longues années.

Raoul de Beaurain, second fils d'Enguerran, chevalier et seigneur de Huppy, cité au cartulaire de Saint-Josse-au-Bois en 1158, donna aux moines de Valloires le quart qu'il possédait dans les terres, les bois et les marais de la seigneurie d'Argoules (1140) ; son fils, Guillaume de Beaurain, ratifia cette libéralité et son petit-fils Aléaume y ajouta, vers 1224, les bois que son aïeul avait réservés, ainsi que la redevance annuelle stipulée par lui (1).

Aléaume de Beaurain (*Alelmus de Bello-ramo*) vécut longtemps et nous pourrions multiplier les citations qui rappellent sa mémoire : Lorsque le comte de Ponthieu, Simon de Dammartin, conclut avec le roi de France le traité qui mit un terme à son exil, le souverain exigea des principaux seigneurs et des communes du comté, l'engagement sous la foi du serment et l'autorité de leurs sceaux, de veiller à l'exécution des conditions. Vingt-deux chevaliers et treize communes ont satisfait à cette obligation et les lettres qui l'attestent, portent, la plupart, la date du 22 mars 1230 (1) ; Aléaume de Beaurain fut l'un des premiers à

---

(1) *C. de Valloires* f° 142. Une charte de 1224 rétablit la filiation de ces trois chevaliers, intervertie par le Fr. Salé, f° 110 de son ouvrage.

(2) *Archives nationales*, T. 2 *des pièces publiées par Teulet,* f° 196, N° 2097. *Abbeville*, J. 395, *securitates* n° 113.

Alermus de Belloramo. Matheus de Roya. Eustachius de Auxy. Alelmus de Fontanis. Willelmus de Durcat. Hugo de Aussiaco. Bartholomeus de Thoiriaco. Galterus de S^{to} Mauxeneio, miles. Simon de Dargies, miles. Hugo de Castillione. Willelmus de Caeu, miles. Willelmus Crepin, miles. Gualterius de Waben. Willelmus de Bello Sartu, miles. Simon de Montenaio, miles. Theobaldus de Bellomonte, miles. Radulfus dnus de Arenis. Willelmus de Alneto, miles. Guillermus de Alneto. Eustachius vicecomes Pontis Remigii. Gerardus Vicedominus de Piquiniaco.

Et maiores et scabini communiarum de

Abbatisvilla.	Nigella.
Estranliaus.	Ergnies.
Ponthoilles.	Arguel.
Waben.	Sancti Judoci.
Rua.	Mahoc.
Creciaco. — Wuisgermont.	Mareskiha.

fournir au comte Simon la garantie que l'on exigeait de ses vassaux.

Aléaume de Beaurain, accablé de dettes et poursuivi par les créanciers aliéna une grande quantité de fiefs et de rentes (1). Son héritier, Guillaume, mourut jeune et Elisabeth de Beaurain, dame de Huppy, la dernière de sa race épousa, vers 1250, messire Jehan, chevalier sire de Brimeux (3).

---

(1) *C. de Valloires,* f° *64-96-115-142-143.*
(2) *P. C. de Dommartin,* f° *30 et G. C. de Dommartin,* f° *425-431 et Archives du Pas-de-Calais, fonds Saint-André, orig.*

FIN DE L'HISTOIRE DES SIRES DE BEAURAIN

APPENDICE

APPENDICE

I

PRINCIPALES SOURCES DE L'OUVRAGE.

1. *Petit Cartulaire de Dommartin* comprenant 86 feuillets et 109 chartes de 1137 à 1206.

Autre Petit Cartulaire comprenant 92 feuillets et 106 chartes de 1159 à 1261.

Registre ou Copie des titres des propriétés de Monchy de 1248 à 1482.

Les trois réunis en un volume.

« *Archives du Pas-de-Calais.* »

2. *Grand Cartulaire de Dommartin* comprenant 489 feuillets ; une note du Fr. Humetz, du 14 mars 1709, porte qu'il a trouvé dans les archives plusieurs titres qui ne sont pas mentionnés dans ce recueil, rédigé en 1666 par Pierre Occuliot de Labroye.

« *Archives du Pas-de-Calais.* »

3. *Cartulaire de l'abbaye de Valloires*, autrefois appelé le livre vert ; in-folio de 226 pages de l'écriture du XIIIe siècle décrit par M. Bouthors dans le premier volume des mémoires de la *Société des Antiquaires de Picardie*.

« *Archives de la Somme.* »

4. *Cartulaire de Saint-André-au-Bois dit le Livre rouge* formant 2 volumes in-folio :

1er volume, 492 feuillets numérotés au recto donnant copie de titres la plupart collationnés sur les originaux en 1619 et 1711 : le plus ancien est de l'année 1156 et le plus récent de l'année 1627.

2° volume, 270 feuillets numérotés au recto ; copie de titres depuis 1607 jusqu'en 1715 ; le plus grand nombre concerne les reliques honorées à Saint-André.

« *Archives du Pas-de-Calais.* »

5. *Polyptique ou terrier de l'abbaye de Dommartin* dressé en 1252 par les soins de l'abbé Jehan.

« *Original sur vélin appartenant à Monsieur le Président Quenson.* »

6. *Notes manuscrites de Nicolas Lédé, XXXIII° abbé de Saint-André-au-Bois,* manuscrit petit in-folio de 200 feuillets racontant les principaux événements qui se sont passés en Picardie et en Artois de l'année 1001 à l'année 1652.

« *Bibliothèque de M. Henneguier.* »

7. *Abrégé de l'origine de l'abbaye de Saint-Josse-au-Bois,* de la main du Fr. Jacques Humetz, religieux procureur de l'abbaye de Dommartin et rédigé en 1768 et 1769.

« *Propriété de M. Foconnier.* »

8. *La chronique de Saint-André-au-Bois par l'abbé Nicolas Lédé.* Elle avait 3 volumes :

Le 1er volume, égaré du vivant de l'auteur embrassait une période de près de quatre siècles et donnait sur l'origine de l'abbaye des documents précieux qui ont échappé à Antoine Boubert.

Le 2° volume, de 1498 à 1632, comprend 469 folios, paginés au recto. Il appartient à M. Foconnier qui l'a reçu des mains d'un ex-religieux de Saint-André, parent de sa famille, M. Bocquet, décédé curé de Nempont-Saint-Martin.

Le 3° volume. Récit des événements de la prélature de Nicolas Lédé.

9. *Chronique ou livre journalier de l'abbaye de Dommartin ;* un volume in-folio de 193 feuillets numérotés au recto. Trois religieux y ont successivement travaillé :

Fr. André Guilleman du 30 juillet 1672, au 25 septembre 1716.

Fr. Bruno Bécourt, du 4 septembre 1718, au 30 février 1742.

Fr. G. Homo de 1742 à 1775.

« *Bibliothèque de la ville d'Abbeville.* »

10. *Chronique de Saint-André-au-Bois par F. Antoine Boubert, XXXVI° abbé.* Histoire de l'abbaye et des environs, de 1135 à 1733. L'original a été perdu. Fr. Ignace Crépin en avait pris une copie qui se compose de 362 pages in-folio.

« *Propriété de M. Foconnier.* »

11. *Continuation des chroniques de Saint-André-au-Bois, par F. Ignace Crépin, XXXVIII° abbé,* de 1733 à 1770. Il en existe deux exemplaires : Celui de M. Foconnier finit avec l'année 1760 ; celui de M. Henneguier se termine seulement en 1770.

12. *Recueil chronologique des choses plus remarquables de l'abbaye de Saint-André-au-Bois, Ordre de Prémontré, contenant l'ordre et la suite des abbés dudit lieu. Puis le nombre alphabétique des religieux sur la fin du livre. Ensemble la descente de nostre fondateur Hugue de Beau-*

rain, avec la suite des seigneurs puissants de ladite terre tombée en la maison de Croy, Par F. Claude Salé, chanoine régulier de ladite abbaye et prieur du Val-Restault, à Saint-Omer, chez Joachim Carlier, au nom de Jésus, 1651. Un volume in-octavo de 219 pages, dont une première édition a été donnée à Paris, chez Jean Bessin, en 1634.

« *Trois exemplaires connus : Bibliothèques de MM. Hennequier, de Locher, F. de Monnecove.* »

13. *Notes sur l'abbaye de Saint-André-au-Bois*, faites en 1770, par un moine de cette abbaye, pour M. Enlart de Grandval, de l'académie d'Arras.

« *Bibliothèque de Boulogne-sur-Mer.* »

14. *Le portrait historique de l'abbaye de Saint-Jean-d'Amiens, ordre de Prémontré, par le P. Pierre Borée, sous-prieur de ladite abbaye.* Manuscrit de la fin du XVII° siècle conservé à la bibliothèque de la ville de Laon sous le n° 405 *bis* et donnant la liste chronologique des abbés de Dommartin (f° 61) et de Saint-André-au-Bois (f° 135).

« *Copie de ce manuscrit, Bibliothèque d'Amiens.* »

15. *Archives de France :* Section historique J. 237, N° 93. — J. 81, N° 798. — J. 82, N° 85. — JJ. 84, f° 326. — J. 482, N° 156.

16. *Archives du Nord :*

Fonds Dommartin : 136 pièces de 1319 à 1774, portefeuille A, N° 484.

Fonds Saint-André : 80 pièces de 1327 à 1790.

17. *Archives du Pas-de-Calais :*

Fonds Dommartin et liasses du district de Montreuil.

Fonds Saint-André : XIIe siècle, 7 chartes de 1165 à 1188. XIIIe siècle, 166 chartes de 1201 à 1279. XIVe siècle, 20 pièces de 1304 à 1384.

II

LETTRES DE RENAUD, ARCHEVÊQUE DE REIMS.

In nomine Sancte et Individue Trinitatis, Patris et Filii et Spiritus Sancti, amen. Rainaldus (1), divina propitiante misericordia, Remorum archiepiscopus, dilecto filio suo Miloni ecclesie sancte virginis Marie et sancti Judoci in nemore preposito et ipsius fratribus, qui in eadem ecclesia regularem vitam professi sunt, eorumque successoribus in eadem observantia permansuris in perpetuum. Religiosis desideriis dignum est facilem præbere consensum ut fidelis devotio celerem sortiatur effectum. Quia igitur vos, filii in Christo carissimi, divina proveniente gratia, vitam vestram sub regulari disciplinâ beati Augustini cœrcere et communiter, secundum sanctorum patrum constitutionem, omnipotenti Deo deservire proposuistis, nos votis vestris paterno congratulamur affectu, undè etiam postulationi vestre, juxtà petitionem confratris nostri Ingerrani (2) Ambianensis ecclesie venerabilis episcopi, benignitate debita annuimus ; vite namque canonice ordinem quam professi estis, presentis privilegii auctoritate firmavimus et vos vestraque omnia metropolitana auctoritatis protectione munivimus ; universa etiam ad vestram ecclesiam legitimè pertinentia tam vobis quam successoribus vestris in perpetuum confirmamus.

(1) Renaud II, archevêque de Reims, de 1124 à 1137.
(2) Enguerran de Boves, évêque d'Amiens, de 1110 à 1127.

Videlicet, terram quam Ingerranus de Monsteriolo (1) dedit, in cujus parte ecclesia fundata est et quatuor capones quos Hermanfridus de Cuniaco (2) et frater suus Ingerranus eidem concesserunt ecclesie et terram et nemus que concessit Rorgo de Tortofonte ; ecclesiam de Buiriis et terram eidem pertinentem et nemus que concesserunt Hugo de Ponte (3) et Wiardus de Arguvio (4) ; decimas et terram quas Drogo de Selincuria (5) tradidit ; decimas etiam et terram quas donavit Balduinus de Caico (6) in Boloniensi patria ; præterea quecumque etiam in futurum legitimè adipisci poteritis firma vobis vestrisque successoribus et inconcussa permaneant, salva in omnibus Ambianensis episcopi canonica reverentia. Statuimus etiam, mortuo abbate suo, fratribus ibidem Deo servientibus liberam et canonicam habendam electionem, dum propositam secundum beati Augustini regulam, firmam servaverint religionem. Auctoritate itaque Dei et nostra decernimus et sub anathemate interdicimus ut nulli omnino liceat eamdem ecclesiam temerè perturbare aut ejus possessiones vel

(1) Enguerran de Montreuil, seigneur de Maintenay, fondateur du prieuré de Maintenay.

(2) Hermanfroid de Cugny possédait la terre de ce nom située entre Tortefontaine et Douriez.

(3) Hugues de Ponches, père de Girard, auteur de la famille de Ponches, qui s'éteignit dans la maison de Boufflers en 1431.

(4) Wiard d'Argoules, père de Robert d'Argoules, aïeul de Gouy, Anscher et Hugues d'Argoules, repris au *Cart. de l'abbaye de Valloires*.

(5) Dreux de Selincourt, frère de Milon, le premier abbé de Saint-Josse-au-Bois.

(6) Baudouin de Cayeu, devait être le frère d'Anseau de Cayeu et le père d'Arnould de Cayeu, auteur de la branche des seigneurs de Longvilliers.

cetera bona auferre, vel temerariis vexationibus fatigare. Actum Remis, anno incarnationis dominice M° C° XX° V°, indictione III**a**, regnante gloriosissimo Francorum rege Ludovico, anno XIX°, anno autem archiepiscopatûs domini Rainaldi primo. Fulcardus, cancellarius, recognovit, scripsit et subscripsit. Testes sunt : Nicholaus et Hugo archidiaconi Remenses. Bartholomeus Laudunensis episcopus (1). Lisiardus Suessionensis episcopus (2). Robertus Atrebatensis episcopus (3). Urso, abbas sancti Dyonisii (4). Nicolaus abbas sancti Nicolai (5).

(*Chronique de F. J. Humetz*).

III.

LETTRES DE THIERRY, ÉVÊQUE D'AMIENS.

In nomine Patris et Filii et Spiritûs Sancti, Ego Theodoricus (6), Dei gratiâ Ambianensis episcopus, tam presentibus quam futuris notum facio quod Eustachius Collet et Agnès mater ejus et Bertrannus, assensu et consilio parentum suorum, Guidonis, scilicet, Ursionis, Henrici, Alelmi Ambianensis (7) et aliorum, concesserunt ecclesie sancti Judoci et canonicis in abbatiam construendam quicquid habebant, tam in proprio quam in dominio, hereditario jure possidendum in parochiâ de Dommartin, inter

---

(1) Bartholomée, évêque de Laon, de 1113 à 1151.
(2) Lisiard de Crespy, évêque de Soissons, de 1110 à 1126.
(3) Robert, évêque d'Arras, de 1115 à 1131.
(4) Ours, abbé de Saint-Denis de Reims.
(5) Nicolas, abbé de Saint-Nicolas de Furnes.
(6) Thierry, évêque d'Amiens, de 1144 à 1165.
(7) Aléaume d'Amiens, fils de Guy d'Amiens, seigneur de Flixecourt, l'un des fondateurs de l'abbaye de Saint-Jean-d'Amiens.

hayam de super in Monte (de Surmont) ac pratum ac vivarium subtùs, ac ecclesiam de Dommartin ac spinam in Monte juxta caput predicte hayæ ; ac ab eadem ecclesiâ et spinâ usque ad terram de Torto fonte (Tortefontaine). Concesserunt etiam prædicte ecclesie et canonicis Eustachius et Agnès mater ejus et Bertrannus, quicquid habebant de Aconnai, ac de Dommartin ac de Hostruval, tam in pratis quam in marisco ac aquis, sivè vivariis ac molendinis, vel nemoribus, seu in dominio, seu in proprio, sivè in vicecomitatu, excepto quod totam terram de Dommartin ac de Demencecort sibi propriam extrâ supradictas ecclesie et canonicorum metas canonici incolere debent. Ita videlicet quod Eustachius et heredes ejus medietatem annone tam laboris quam terragii habebunt, ecclesia et canonici aliam. Sciendum verò est quod si canonici decimam prefati territorii quoquomodò adipisci potuerint, ecclesie solummodo et canonicorum erit. Ipse verò Eustachius et mater ejus et heredes et Bertrannus dimidium seminis semper mittent ; quod si semen, sementis tempore non miserint, vel infrà festum S. Joannis Baptiste, ecclesie et canonicis non reddiderint ; quartam partem fructuum solummodò Eustachius et heredes ejus et mater habebunt, canonici verò sinè querela alias partes habebunt.

Ad augendam verò hujus medietatis terram, nova incrementa nemorum usque ad............ nemus canonici extruncare et excolere debent. De prædicta etiam terra ubi necessarium fuerit, sexaginta jugera per annum canonici marlare debent ; hayas quoque et nemus quod inter viam que de Dommartin ad sanctum Judocum et viam iterum que de Ponces ad Sanctum Judocum ducit, continentur......

canonici similiter extruncabunt. Avesnas verò que marlà impinguari non possunt, quantum de....., impinguari poterit, canonici impinguabunt. Licebit insuper Eustachio et heredibus ejus, ad prædicte medietatis annonam colligendam, grangiam suam propriis expensis suis construere infrà curtem canonicorum juxtà vetus castrum. Debent etiam canonici annonam prædicte medietatis ad Eustachium et heredes ejus pertinentem, ad grangiam illam adducere et de grangiâ ad campum partem sementis Eustachii et heredum ejus reducere. Annonam etiam medietatis prædicte, ad opus mense Eustachii et heredum ejus et matris et familie, debent canonici in molendino suo sinè emolumento molere. Retinent verò sibi censum viginti solidorum, quem habere solebant in molendino canonicorum, in nativitate sancti Joannis persolvendum. Sciendum verò est quod in supradicta grangia nullus manere debet prater unum custodem aut duos et hii sinè mulieribus et familiâ. Et si quidem Eustachius et heredes ejus et mater et Bertrannus vel custodes eorum quoquomodo ibi perdiderint vel qualicumque casu grangia illa combusta fuerit, nihil eis indè canonici restaurabunt, et tamen talem custodem et tale firmamentum, quale pro suis domibus, in curia illa canonici pro grangia Eustachii et heredum ejus facient; nulli verò custodum eorum vel clientum, sivè messis tempore, sivè alio tempore, cibum ex debito et præter voluntatem suam canonici dabunt.

Campum verò inter molendinum et calceiam de Ponces, quam antè conventionem istam possidebant canonici, sinè medietate, sibi liberum retinent. Sed non est prætermittendum quod antiquam viam que de Tortofonte versùs mare ducit et alias vias que de curtibus canonicorum ad abbatiam venient canonicis, ubi voluerunt, removere vel construere licebit. Si autem aliquis prædicte medietatis terram vel aliud quodlibet ecclesie et canonicis concessum calumniari voluerit, Eustachius et heredes ejus et mater et Bertrannus ut proprium suum tutabuntur, sub tali videlicet tenore : quod si aliquis calumniator in supràdictis aliquod damnum ecclesie sancti Judoci intulerit, si calumniator ille causale judicium non subterfugerit, Eustachius et heredes ejus et mater et Bertrannus in curia domini de Belraim tutatores et defensores erunt. Si verò calummiator justitiam subterfugerit et in curia domini de Belraim ad justitiam venire noluerit, Eustachius et heredes ejus et mater et Bertrannus nihil de primo damno ecclesie restaurabunt; primum damnum ab Eustachio et heredibus ejus non restaurandum erit pretium unius curraicæ? sed auxilio dominorum suorum et amicorum justitiam de calumniatore exquirent, similiter et canonici justitiam ecclesiasticam providebunt.

Si verò calumniator ille, vel alius quilibet, secundò vel deinceps ecclesie damnum intulerit, Eustachius vel heredes ejus vel mater, vel Bertrannus damnum à calumniatoribus reddi et restitui facient, vel ipsi dimidiam partem damni sustinebunt et ecclesie reddent. Quod si Eustachius, vel heredes ejus, vel mater, vel Bertrannus aliquid de terrâ vavassorum, in parochia de Dommartin, causali judicio et sinè violentia..... potuerint, prædicte medietati adjicietur; terram verò rusticorum extrà prædictas canonicorum metas positam, quam canonici salva pace ipsorum excolere potuerint, excolent. Si quis verò rusticus aliquam terram extrà metas prædictas calumniatus fuerit, canonici terram illam excolere non debent, sed Eustachius, vel heredes ejus, vel mater, vel Bertrannus, vel alius ex parte eorum terram illam quandiù in querela erit excolere poterunt.

Hanc conventionem inter ecclesiam sancti Judoci et Eustachium et Agnetem et Bertrannum, in domo fratrum Templi que dicitur Portas, factam, tam ipse Eustachius, quam Agnès et Bertrannus et avunculi Eustachii Ursio et Henricus, sub fidei sacramento, in perpetuum tenendam firmaverunt, his presentibus et testibus : Alelmo Ambianensi ; Waltero Seniorato, Guidone, Ursione, Henrico de Calvo Monte, Balduino de Caieo, et Heldefrida matre ejus et Helfrido fratre ejus ; Iberto de Altaribus, et Guidone filio ejus, Guidone de Cokerel, Roberto de Noilete, Galtero Beket, Joanne de Mourihier, Henrico de Chiriène, Henrico de Gaissart, Roberto de Maresco, Guidone de Gaspanis, Petro Fraisnel, Hugone Golaffre, Gisleberto de Kamburiis, Ingelranno de Flibocort, Bernardo de Boffleirs, Arnulpho de Gorgochion, Balduino de Calderon ; De fratribus verò ecclesie sancti Judoci interfuerunt : Frumaldus, Berengerus, Robertus, Auricus, Dodelus, Girardus. — Ne igitur hec conventio, in presentiâ nostrâ apud Sancti Judoci domum que dicitur Kaisnoys recognita, ab aliqua ecclesiastica secularive persona usu temerario impetatur, ad hujus rei firmamentum et memoriam tenendam, presens scriptum facimus et in cyrographum dividimus et perturbatores hujus conventionis officii nostri auctoritate excommunicamus.

Actum est hoc et per manum nostram, rogatu Eustachii et Agnetis et Bertranni, ecclesie sancti Judoci in eleemosinam traditum et super altare positum et fidei sacramento ab eodem Eustachio et Agnete matre ejus in manum nostram missum, anno ab incarnatione Domini M° C° L° III°, his testibus presentibus : Guidone de Calvo Monte, Fulcone de Nempunt, Roberto de Noielete, Waltero Beket, Joanne de Mourihier, Bernardo de Boffleirs, Hugone Golaffre, Petro Fraisnel, Bernardo de Fraisne, Hugone de Favières, Henrico de Chiriène, Fulcone Rekin ; Guarino de Calvo Monte ; Interfuit Falco, abbas Ambianensis (1), Walterus, abbas Selincurtis (2), Joannes abbas de Sancto Justo (3), Alelmus monachus et de fratribus sancti Judoci : Frumaldus, Gombertus, Robertus, Dorotheus, Walterus de Waben.

(*Chronique de F. J. Humetz*).

IV.

Echange
ENTRE LES ABBAYES DE MARMOUTIERS ET DE SAINT-JOSSE-AU-BOIS.

Fratres Majoris Monasterii et eorum abbas Robertus, conventionem quam habuerunt cum abbate et canonicis ecclesie Sancti Judoci de nemore, ad memoriam posterum scripto commendare curaverunt. Noverint igitur tam presentes quam futuri quod prior de Mentenai Sanctique Remigii, caritatis et pacis intuitu, cum canonicis Sancti Judoci talem subierunt conventionem ut videlicet quicquid predicti monachi habebant in parochiâ Domni Martini et

---

(1) Foulque de Montdidier, abbé de Saint-Jean d'Amiens, de 1130 à 1157

(2) Waultier, abbé de Selincourt, de 1130 à 1164.

(3) Jean, abbé de Saint-Just, de 1146 à 1160.

Torti fontis et in altari de Alconnay, necnon et campum quem habebant in parochia de Soiberchmetz, ecclesia Sancti Judoci perpetuo jure possideat, sub annuo censu unius marcæ ad magnum pondus, in festo sancti Joannis Baptiste persolvende ; ità videlicet quod monachi habeant terciam partem decime quam canonici possidebant in toto territorio Sancti Remigii et de Capella et de Helbecorth et de Kerrin. Concesserunt eisdem monachis canonici quicquid habebant in nemore de Mosench et campos quos habebant in vadimonium in territorio de Kerrin et quicquid decime habebant in parochiâ de Domrechier. Ut autem hec compositio, assensu utriusque capituli, monachorum videlicet et canonicorum, facta, inconcussa permaneat, chirographum indè factum et in duo divisum est ; parsque canonicorum sigillo monachorum et monachorum portio sigillo canonicorum munita est.

Actum anno M° C° L° VJ°, in capitulo Majoris Monasterii per manum domini Roberti abbatis.....

(*Chronique de F. J. Humetz.*)

V.

EXTRAIT
DU TERRIER RÉDIGÉ, EN 1252, SOUS LA PRÉLATURE DE L'ABBÉ JEHAN II.

Total général des possessions de l'abbaye et des redevances qui lui sont dues :

1° TERRES LABOURABLES : 9570 journaux ou environ dont 800 sont soumis à la dîme et 600 doivent le terrage. Ainsi répartis :

Dommartin :   360 j.

Saint-Josse :   1598 j.
Lambus :   1170 j.
Bamières :   1830 j.
Etruval :   1032 j.
Nouveau lieu :   1261 j.
Tigny :   526 j.
Hanchies.....
Kuesnoy.....
Colroy et Buires.....

2° BOIS : 1370 journaux ou environ, ainsi répartis :
Dommartin :   280 j.
Lambus :   1100 j.
Bamières :   130 j.
Etruval :   67 j.
Nouveau lieu :   61 j.
Tigny :   40 j.

3° TERRES TENUES EN FIEF : 730 journaux environ.

4° REDEVANCES : *en argent* : 78 livres, 2 sols sans le revenu des paroisses.

en nature : 71 chapons.
23 poules.
blé : 56 muids, 10 septiers.
avoine : 47 muids.
Mouture sur les moulins de Tigny, Nempont, Moulinel, Ponches, Ray : 50 muids, le moulin de Moromaisnil, à Abbeville, excepté.

5° SEL : 10 muids, 3 septiers sur les salines de Rue et de Waben.

Total général de ce qui est dû annuellement par l'abbaye :

1° EN ARGENT : 24 livres, 5 sols.
2° EN NATURE : deux paires de bottes.
  deux chapes.
  une paire de socs.
  deux fromages.
  17 chapons.
  11 poules.
  1 porc.
  2050 anguilles menues.
  3 grosses anguilles.
3° EN GRAINS : blé : 66 muids.
  avoine : 33 muids, 8 septiers.

L'abbaye percevait des branches de dîme de grains à : « Anconay juxtà Rapechy, Anconay juxtà Arboream (Labroye), Keus, Viacum, Villa regia, Goussincort, Nulliacum, Capella, Tortofonte, Novus locus, Probavilla (Prouville), Bellum mansum, Frohems, Auguiercort, Aisincort, Puchastre, Durcat, Buires, Wailli, Marconiele, Aienval propè Selincurtis (Selincourt), Aurench propè Tigni, Marcisvilla, Donvaast, Montegni propè Rastiaus. »

(*Bibliothèque de M. le président Quenson.*)

VI.

LETTRES DU ROI DE FRANCE
RELATIVEMENT AU SCHISME SURVENU A DOMMARTIN EN 1586.

Entre frère Michiel de Ghiers relligieus de l'ordre de Prémonstré, soy disant esleu abbé de l'abbaie de Dommartin, le procureur général d'Artois joinct avec luy demandeur et requérant main levée des biens et revenus appartenant à ladicte abbaie, assiz au roiaulme de France et ce faisant l'œconome estre condamné à luy rendre et restituer les fruictz par luy perceuz, et deffendeurs en saisie, d'une part ; et le procureur général du roy et maistre N. Le Roy œconome estably à ladicte abbaie deffendeurs en ladicte main levée et demandeurs en saisie, d'aultre part ; veu par le Roy en son conseil le procès-verbal des commissaires depputez, tant par ledit seigneur Roy que par le Roy catholique des Espaignes, pour congnoistre du différend de l'abbaye de Dompmartin contenant les comparitions et contestations des parties, escritures par elles fournies, enquestes respectivement faistes à leur requeste par lesdictz commissaires, plusieurs extraictz faictz en présence des dites parties des livres et cartulaires de ladicte abbaie, exibéz par ledit frère de Ghiers, faisantz mention de l'abbaye de Dompmartin en Ponthieu ès années MII^c XII.— MII^c XXI.— MII^c XXV.— MII^c XXVIII. —MII^c XXXV.— MII^c XLI.— MII^c XLVI,—lettres d'admortissement, donnations et confirmations faictes par les comtes de Ponthieu tant du lieu de Dompmartin que des déppendances ès années : MCLIX.— MCXXXV.— MCIIII^{xx}III. —et MII^c XL, transaction passée entre Robert de Soibermes, et lesdictz relligieus, abbé et couvent de Dompmartin, passé devant l'autel dudict Dompmartin, en présence du comte de Ponthieu, comme souverain seigneur, du mois de février mil deux cens quatorze ; aultre transaction faicte et passée entre le roy d'Angleterre et la royne son espouse, comtesse de Ponthieu, d'une part et lesdis relligieulx abbé et couvent de Dompmartin, du v° jung an MII^c IIII^{xx}v, producte par les deux parties ; sentence du bailli d'Amiens ou son lieutenant à Monstrœul du VIIIe mars mil IIII^c IIII^{xx}X par laquelle les y dénomés sont condamnez à faire les déclarations y contenues pour excès et injures faictes à la personne de l'abbé dudict Dommartın dedans ladite abbaie; informations faictes par le lieutenant général d'Abbeville le pénultiesme mars an M V^c soixante-quinze sur la requeste présentée au Roy par l'ambassadeur du Roy catholicque; lettres patentes par luy obtenues le vingt-troisième avril audict an portant main levée de ladite abbaie au prouffict de frère Jehan Prévost; aultre requeste présentée par ledict ambassadeur, le sixiesme jour de décembre milv^c IIII^{xx}IJ, sur laquelle pareille main levée auroit esté ordonnée comme à la précédente, sans préjudicier aux droictz de Sa Majesté; aultre arrest dudit conseil du XIIIIe jour de may mil V^c IIII^{xx}III donné sur la requeste dudict ambassadeur d'Espaigne, par laquelle est dict que la saisie tiendra jusques à ce que le différent de ladicte abbaye soit terminé; aultres lettres patentes du premier février, an M V^c LXXVI, obtenues par ledict ambassadeur, par lesquelles le Roy auroit exempté ladite abbaye de Dommartin des cottizations faictes ou à faire sur le clergé de ce Roiaume pour les causes y contenues ; et tout ce que par lesdictes parties a esté produict par collations faictes par lesdis commissaires députés par lesd. Majestez, l'inventaire et ampliation d'inventaire du procureur général d'Artois, signé Thorillon, contredictz et saluations, et oy le rapport dudit commissaire commis par Sa Majesté, tout considéré,

Le Roy en son conseil:

Faisant droict sur les conclusions des parties, sans avoir esgard à la main levée requise par ledit frère Michiel de Ghiers, a ordonné et ordonne que la saisie faicte des fruictz et revenus de ladicte Abbaie en quelque part que les biens soient scituéz et assis, tiendra jusques à ce que la nomination du Roy ayt esté pourveu d'ung titulaire à ladicte abbaie, laquelle le Roy en son dict conseil a déclairé et déclaire estre assize en Ponthieu en et en dedans les limites du roïaulme de France. A faict et faict inhibitions et deffenses à toutes personnes, mesmes audict de Ghiers de troubler et empescher ledict œconome en la perception desdis fruictz et revenus ès mains duquel ledit de Chiers sera tenu restablir tout ce qui a esté par luy prins et perceu, à cause de ladite abbaie et déppendances ; enjoinct aux officiers des lieux, ensemble à tous gouverneurs, de tenir la main à l'exécution du présent arrest et prester main forte sy mestier est et sans despens. Faict au conseil d'Estat du Roy, tenu à Saint-Germain en Laie le vingt et ungiesme jour de novembre mil cinq cens quatre vingt et six.

signé : BRULART.
(*Archives du Nord, fonds Dommartin*)

VII.

FAIRE-PART DE LA MORT DE L'ABBÉ J. DURLIN.

A Christi nativitate, anno 1701, die 6 maï, post ægritudinem quatuor mensium patienter toleratam, acutu febre correptus, Parisiis quo duxerat eum pietas erga patriam, omnibus ecclesie sacramentis munitus, obiit in collegio Præmonstratensi, ubi corpus inhumatum est, corde ad cœnobium in prædictum translato,

Amplissimus Dominus D. F. Joannes Durlin, Sancti Judoci in nemore vulgò Dompmartini sacri et canonici ordinis Præmonstratensis meritissimus abbas, cœnobiorum circarii Pontivi vicarius generalis, plurimarumque abbatiarum pater abbas, œtatis suæ 58 ; professionis religiosæ 34, sacerdotii, 33. Filiorum preces sæva mors non audiit, tanti prelati merito non pepercit. Doctus erat in lege divina; plenus caritate, fratres diligebat ; conspicuus humilitate, in omnibus se præbebat exemplum bonorum operum. Quod Dei, Deo, quod regis, regi reditum, tempestate nequaquam arridente, comitiis artesiorum faventibus, provinciam honoravit. Nec immemor domûs sue, ad cœnobii cultum se astrinxit abbas; parvus sibi, Deo semper munificus. Hostium incursione penè deletum et igne succensum misere tectum ferè eduxit pulvere suo, claustrum perfecit. Interiorem domum ampliavit, collabentem templi basilicam consolidavit ; camera contexit pristinum altaribus splendorem restituit. Quem plangimus, hunc vestris orationibus et sacrificiis in caritate commendamus.

Requiescat in pace !

VIII.

PRINCIPALES CHARTES DU XIIe ET DU XIIIe SIÈCLES CONSERVÉES AUX ARCHIVES DU PAS-DE-CALAIS, FONDS SAINT-ANDRÉ.

AMIENS, Arnould, évêque d' — mai 1240 et mai 1243.

AMIENS, Geoffroy d'Eu, évêque d' — 3 chartes de 1222 à mars 1229.

Amiens, J. de Beauquesne, official d' — 6 chartes de mai 1259 à mai 1265.

Amiens, J. de Lehericourt, official d' — 5 chartes de décembre 1252 à décembre 1253.

Amiens, J. de Wailles, official d' — 4 chartes de l'année 1248.

Bailleul, seigneur de Thiembronne. Robert de — 6 chartes de mars 1261 à février 1277.

Boufflers, Henry de — 4 chartes, février 1248 à avril 1269.

Boulogne, comtes de — juillet 1264.

Brimeu, Eustache, seigneur de — mars 1261.

Brimeu, Jehan, seigneur de — 8 chartes de mars 1243 à décembre 1248.

Contes, Jacques, seigneur de — mai 1262.

Créqui, seigneur de Beaurain. Baudouin de — novembre 1248.

Esquincourt, Arnould, seigneur de — mai 1259.

Esquires, Al. d' — 1270.

Fauquembergue, doyen de chrétienté de — juillet 1253.

Gouy, Eustache, seigneur de — 6 chartes de l'année 1248.

Huppy, Eustache, seigneur le — avril 1221.

Jumel ou Gyemez, les seigneurs de — février 1259 et juillet 1261.

Lespinoy, Hugues, seigneur de — mai 1255.

Lianne, Guillaume, seigneur de — juin 1279.

Maresquel, Baudouin, seigneur de — 7 chartes de 1246 à décembre 1250.

Marles, Eloi, seigneur de — mars 1254.

Mesnil, Guy, seigneur du — 3 chartes de février 1226 à 1237.

Murtlay, Guillaume de — juillet 1227.

Nouvion, Henri, seigneur de — décembre 1248.

Ponthieu, Raoul, archidiacre de — 1204.

Roche, Olivier de la — 1226.

Roussent, Guillaume, seigneur de — juin 1274.

Saint-Firmin-de-Montreuil, prévot de — juillet 1233.

Saint-Martin-aux-Jumeaux, le prieur de — janvier 1225.

Saint-Omer, les châtelains de — 20 chartes de mars 1207 à mai 1262.

Saint-Riquier, doyen de — janvier 1237.

Thérouanne, Adam, évêque de — 1228.

Thérouanne, Lambert, évêque de — 1202 et février 1203.

Thérouanne, Pierre, évêque de — février 1249.

Thiembronne, Aélis, dame de — 16 chartes, janvier 1250 à avril 1261.

Thiembronne, Eustache, seigneur de — 3 chartes de 1251.

Wandonne, Baudouin de — août 1275 et octobre 1277.

Waudrighehem, Enguerran de — mai 1261.

Ypres, seigneur de Reninghes. Jehan de — 7 chartes, décembre 1253 à août 1255.

IX.

SAUVEGARDE POUR L'ABBAYE DE SAINT-ANDRÉ-AU-BOIS.

Nous Pontus de Lalain, seigneur de Bignicourt, chevalier de l'ordre du Toison d'or, gouverneur et capitaine de la citadelle en Cambray et mareschal du camp de l'empereur, inclinant favorablement à la requête et prière des

religieux, abbé et couvent de Saint-Andrieu, au comté de
Saint-Pol, requérons à tous chefs et conducteurs de gens
de guerre, tant de cheval comme de pieds, leurs lieutenants et tous autres qui sont ou seront aux gaiges et
souldes d'icelluy seigneur empereur, leur ordonnant
néantmoins pour sy avant qu'il nous touche que es censes
de Bignaupré, Bloville et le Val-Restauld, ne sur lesdits
remontrants leurs censiers ou familiers estants en icelles,
ils n'aient à loger, prendre, piller ne fourager ne souffrir
estre logés, prins, pillé ne fouragé aucuns vivres pour
gens ny chevaux ny autres biens en manière que ce soit,
enssuivant les lettres de sauvegarde de feu monseigneur
de Rœux icy annexées en date du xviij doctobre xv^{c}Lj, lesquelles nous avons ratifiées et confirmées, ratifions et
confirmons, par ceste, pourveu que lesditz remontrantz,
leurs censiers et familiers ne feront chose quy soit préjudiciable à ladite matre dudit seigneur empereur ny à ses
pays alliés ou subjects à peine de perdre l'effect desdites
lettres de sauvegarde, et de ces présentes données au
camp de Thérouenne, soulz n^{ro} nom et scel cy mis, le premier jour de juillet l'an mil cincq cens cinquante trois. —
Signé : Pontus de Lallain, et scellé de ses armes.

(LÉDÉ, *Chron.* f° *112.*)

X.

AUTRE SAUVEGARDE POUR L'ABBAYE DE SAINT-ANDRÉ-AU-BOIS.

Philippes par la grâce de Dieu roy de Castille, de Léon,
d'Arragon, d'Angleterre, de France, de Navarre, de Naples,
de Sicille, de Majorque, de Sardaigne, des illes et terre

ferme de la mer Océane, archiduc d'Austrice, duc de Bourgongne, de Lothier, de Brabant, de Limbourg, de Luxembourg, de Gueldres et de Milan, comte d'Hasbourg, de Flandre, d'Arthois, de Bourgongne palatin et de Haynaut, de Zélande, de Hollande, de Namur, de Zutphen, prince de Zuatbe, marquis du Saint-Empire, seigneur de Frise, de Salins, de Malines, des cités, villes et pays d'Utrecht, d'Ouérisel et de Groningue et dominateur en Asie et en Affricque, à tous nos lieutenants, gouverneurs, chefs et capitaines, conducteurs de routes et compagnies des gens de guerre de cheval et de pied, baillifs, prévosts, maïeurs et à tous autres nos justiciers, officiers et subjects quy ce regardera et ces présentes seront monstrées, salut et dilection ; scavoir vous faisons que à l'humble supplication de révérends nos chers et bien amés les abbé et religieux et couvent de l'église et abbaye de Saint-Andrieu au Bois située en notre pays et comté d'Arthois entre les villes de Hesdinfert et Monstrœuil et pour certaines bonnes considérations ad ce nous mouvant, avons par la délibération de hault et puissant prince, notre très cher et très amé cousin chevalier de notre ordre, le duc de Savoie, prince de Piedmont comte et pour nous lieutenant, gouverneur et capitaine général en nos païs de pardecha et à l'advis de notre très cher et féal aussy chevalier de notre ordre, gouverneur et capitaine général de notre pays d'Arthois, messire Ponthus de Lallain, sieur de Bignicourt prins et mis et par ces présentes prendons et mettons en notre protection et sauvegarde spéciale les abbé, religieux et couvent de l'abbaye et monastère de Forestmonstier située sur les frontières de France, pour y faire le saint service divin avecq leurs serviteurs domestiques tant seulement, tant et sy longuement qu'il nous plairat et jusques à notre rappel et huict jours après que ledict rappel leur serat inthimé, pourveu et à condition toutefois, que lesdicts abbé, religieux et couvent de l'abbaye de Forestmonstier seront tenus procurer et obtenir semblable sauvegarde du costé de France pour lesdicts suppliantz, contenant ledit terme de huict jours après le rappel et non autrement. Sy vous mandons et deffendons très expressément et à chacun de vous endroict, sy comme et à luy appartiendra, que iceux abbé, religieux et couvent de Forestmonstier, leur église et abbaye ny leursdits serviteurs et domesticques vous ne courries, pilles, endommagies ou foulles en corps ny en biens, en aucune manière, ains les garder, deffendre et préserver de toutte foulle, oppression, inquiétation, molestation et de toutes autres nouvelletés indeubes et ne prenes ne souffres prendre en ladite abbaye aucuns vivres ou autres provisions sans les païer raisonablement, et en signe de ceste présente sauvegarde, en cas d'éminent péril mettes et asses ou faites mettre et asseoir, sy requis en estes, nos blasons et pannonceaux armoriés de nos armes aux advenues et entrées de ladite abbaye de Forestmonstier, et icelle sauvegarde publiés ou faictes publier par tous lieux et mectes de notre jurisdiction et office ou besoing serat et dont requis seres. Faisant exprès comandement et inhibition et deffences à tous sur paine de la hart que nul que ce soit ne s'advance ou présume de faire ou attenter aucune chose au préjudice de notre dite sauvegarde, ains se aucune estoit faicte ou attentée au contraire, qu'ils le facent promptement réparer et remettre au premier estat et deu, procédant contre les transgresseurs et désobeissants par la paine avant dicte sans aucun faveur ou dissimulation, pourveu que lesdicts abbé, religieux et couvent de Forestmonstier, ny leursdicts serviteurs, domesticques ny aucuns d'eux soulz umbre de ceste madicte présente sauvegarde, ne feront ou pourchasseront chose préjudiciable à nous, nos royaulmes, païs et subjects, ny ceux de nos amis alliés et confédérés; dont s'il advenoit, l'on ne se prendroit qu'à celuy ou ceux quy faict l'auroient, demeurants cestes quant aux autres en leur entier, car ainssy nous plaict il. Donné en notre ville de Bruxelles le xxvj° jour de febvrier, l'an de grâce mil cinc cens cinquante et sept, de nos regnes assavoir des Espagnes, Sicille le 3mo; et d'Angleterre, France et Naples le cinquième; ainssy seigné par le roy et plus bas signé : Courteville.

Et au dos desdites lettres estoit escript :

— Le samedy xxvi° jour de mars v° cinquante sept avant Pasques, ceste sauvegarde a esté publiée à son de trompe, par ordonnance de monsieur le gouverneur, pardevant Jean des Hoirs, son lieutenant et autres officiers de sa majesté, au marché de ceste ville de Hesdin, au bourg et lieux acoustumés où le peuple s'assemble.

Ainssy signé : des Hoirs.

(LÉDÉ, *Chron.* f° 157.)

XI.

LETTRES DU S^r DE GOMICOURT EN FAVEUR DE F. A. ROGIER.

Monseigneur,

Le présent porteur Augustin Roger, jadis prévost de Bignaupré, fust celuy quy m'apporta les advertances du lieutenant de Monstreuil pour l'emprise qu'avoit le s' de Humières sur la ville de Saint-Omer, en quoy il feict un grand service au roy. Or il est que dès lors il n'a peu demeurer audit prieuré quy dépend de l'abbaye de Saint-André, laquelle aujourd'hui est ruinée et bruslée et led. pauvre religieux desnué de tous moïens; partant pour donner cœur aux autres de bien faire et zéler le service de Dieu et du roy, Je supplie très-humblement votre excellence le vouloir récompenser de quelque honneste pension de deux à trois cens florins par an sur la recepte de Saint-Omer ou de Lille, jusques à ce que l'on le puisse pourvoir de quelque bénéfice de cinq à six cens florins, ce qu'advenant cesseroit lad. pension, ou bien sy l'abbaye de Clermarest n'est encore pourveu, la charger de lad. pension pour solager le patrimoine du roy; advertissant votre excellence que pour semblable advertance que feict le capitaine André, anglois, l'an 51 pour Arras, il eust six cens florins de pension. Monseigneur, je prie le créateur donner à votre excellence en toute prospérité très longue et heureuse vie. De Hesdin, ce XV° de may 1595, soubscript de votre excellence, humble et obéissant serviteur,

DE GOMIECOURT.

(LÉDÉ, chron. f° 276).

XII.

LETTRE DES ARCHIDUCS ALBERT ET ISABELLE POUR L'ABBAYE DE SAINT-ANDRÉ-AU-BOIS.

Albert et Isabelle Clara Eugenia, infante d'Espaigne par la grâce de Dieu archiducqz d'Austrice, ducqz de Bourgoigne, de Lothier, etc., contes de Flandres, d'Artois, etc.,

A noz très-chiers et féaulx les chiefz, trésorier général et commis de noz domaines et finances, salut et dilection. Receu avons l'humble supplication des pauvres abbé et religieux du cloistre de Saint-André-au-Bois, en nombre de dix huit religieux profès et quatre novices, situé en nostre pays et conté d'Artois, en la frontière et à deux petites lieues de la ville de Monstreul, contenant que, durant la guerre dernière, ilz auroient esté constrainctz abandonner icelle abbaye et eulx retirer en divers lieux de nostre obéyssance pour y gaigner leur vie et y célébrer la Sainte Messe, voires mesmes auroit ladite abbaye esté ruynée et bruslée par les François en contempt de ce que à présent défunct frère Augustin Rogier, prebstre et religieux d'icelle abbaye auroit descouvert au feu Sr de Gommicourt, en son vivant, gouverneur de nostre ville de Hesdin, l'attentat et surprinse que prétendoient lesdis François faire sur nostre ville de Saint-Omer, qui auroit esté rompue par l'advertance dudit religieux, selon que font foy les lettres certificatoires dudit seigneur de Gommicourt sur ce exhibées; dont seroit provenu que ladite maison et bastiment en auroient esté entièrement ruinez et bruslez, et laquelle ruyne seroit depuis arrivée par la prinse de à présent défunct frère Jacques Veinet, leur abbé, par ceulx de Hollande, qui leur auroit cousté et fait frayer par emprunt de leurs bons amys, et engagemens de leurs petiz revenuz, en fraiz de poursuytes et aultrement, plus de dix mille florins. Toutesfoiz, nonobstant toutes ces pertes et le petit revenu qu'il y a et qu'icelle maison est de grand passage et de frayeux entreténement, ilz auroient, par leur bon mesnage et frugalité à peu prez restably, et au mieulx qu'il leur auroit esté possible, la ruyne d'icelle maison, y faisans toute dilligence en chacune année et espéreroient par la grâce divine la parachever et faire couvrir les dortoirs et aultres bastimens, que jusques ores n'estoient couverts que d'estrain, de thieulles en telle manière souffissante et convenable et ce au plus tost cessant qu'ilz se sont trouvez forcloz et descheuz de leurs dites bonnes intentions par le nouveau feu de meschef et de cas fortuit et inopiné de rechef arrivé en ladite abbaye le mardy dix septiesme de mars dernier ; par lequel de nouveau tous les principaux bastimens qu'ilz avoient ainsi réparez à grands coustz, paines et travaux, sçavoir quatre chappelles, le dortoir ancien et nouveau réfectoire, le cloistre et la grande grange où ilz retiroient les bledz et despouilles qu'ils ont en chacune année par leurdis petitz revenuz sur les terres qu'ilz font labourer pour leur vivre et entretènement de leurs domesticques qui auroient esté entièrement ars et consonmez dudit feu avec les principaulx ornemens, croche, repositoire du Vénérable Saint Sacrament qu'ilz estoient constraintz retirer audit dortoir pour la meilleure conservation, à cause de la grande humidité qui est en leur église bastie d'ancienne pierre engendrant pouriture èsdis ornemens et choses sacrées selon qu'ilz ont trouvé et veu par expérience, les ayant occasionné et constraint de les retirer et mettre au lieu susdit. et par dessus ce tous les petiz meubles, libvres et petites nécessitez et mesnageries des religieux et d'abondant tous les bledz, sucrions, et telz autres grains qui estoient encore engrangez en la susdite grange en nombre de dix à douze mille jarbes rendant le fort au foible quatre stiers et demi le cent, sans y comprendre plus de cent et cincquante stiers de bled bastu quy estoit mis tant en greniers desdis réfectoires bruslez qu'au battage de ladite grange, revenant ensemble à sept cens stiers ou environ de bled qui ne peult estre moins estimé le fort portans le foible de seize florins le stier, faisant seize boittiaux et deux mencaulx de la meste d'Arras, sans y comprendre les jarbes et fourages qui en eussent provenuz pour la nourriture et entretien de leurs chevaulx de labeurs et aultres bestiaux dont ils ne peuvent à présent recouvrer à cincq florins le cent, qui les rencharge et intéresse en ce particulier plus de six cens florins; de plus vingt cincq à trente mille florins selon que de tout font ample foy les attestations et pièces pareillement sur ce exhibées; veu aussi que leur est du tout inexcusable de faire rebastir promptement lesdites chappelles et les endroictz de leur dite église principalle, ayans esté attaintz et grandement endommagez dudit feu, ensemble lesdis dortoir, réfectoir et cloistre pour y loger et retenir lesdis religieux pour obvier au quitement du saint service divin et d'envoyer les dix religieux faulte de moyens en aultres lieux et abbayes qu'ilz ne feront jamais qu'à leur grandissime regret et à la plus grande extrêmité, les constraindans prendre leur recours à nostre équité, suppliant très-humblement que, prennant favorable regard aux diverses ruynes et que les premières sont provenuz de leur fidélité, sincère affection et grand soing qu'ilz ont tousjours à l'advancement et bien de nostre service, les secourir et ayder en ceste leur grande et dernière extrémité, leur ordonnant pour Dieu et en aulmosne une somme de dix à douze mille florins ou telle aultre somme que trouveront convenir et à prendre sur ce qui nous reviendra du boni des confiscations des biens des françois durant ladite guerre; et sur ce que poursuyvent et présentent Antoine Andrieu et Jean Maillard, héritiers apparans de défunct Jacques Andrieu, et Antoine Regnault, cautionnaires de aussi à présent deffunct Jehan Regnault, jadiz receveur de nostre domaine et des dites confiscations au quartier dudit Hesdin et aultrement selon et ainsi que nous, par nostre prudence, équité et clémence accoustumée, jugerons convenir; prennant favorable regard à l'occurence de ceste extrème nécessité et ce pour subvenir à leur ayder au plus nécessaire d'achapt d'ornemens et restablissement inexcusable desdites chapelles, grande église et bastiment, pour éviter plus grande ruyne des voulsures et murailles et subvenir au maintenment et entretien des dis religieux et sur ce leur faire dépescher noz lettres patentes en tel cas pertinentes :

Sçavoir faisons que les choses susdites considérées, et sur icelles eu l'advis de nostre bien aimé Henry Hannedouche, recepveur de nostre domaine de Hesdin et conséquamment le vostre, nous, pour ces causes et aultres à ce nous mouvans, inclinans favorablement à la supplication desdis pauvres abbé et religieux de Saint-André-au-Bois suppliants, leur avons donné et accordé, donnons et accordons de grâce espéciale par ces présentes par forme d'aulmosne à l'effect icy requiz la somme de deux mille cincq cents livres, du pris de quarante groz monnaye de flandres, la livre une foiz, à en estre payez et contentez par les mains dudit Hannedouche et des deniers à procéder du payement des restatz de compte de feu Jean Regnault, en son vivant recepveur dudit Hesdin, non encore payez et lesquelz se pourront recouvrer à la charge de ses biens non encore incorporez à nostre domaine ou de ses cautionnaires. Si voulons et vous mandons par ces dites présentes que faisant lesdis supplians joyr de ceste nostre présente grâce, don et aulmosne, vous leur faites, par nostre dit recepveur de Hesdin et des deniers à procéder comme dit est, payer, bailler et délivrer ladite somme de deux mille cincq cens livres dudit pris une foiz ; auquel nostre recepveur de Hesdin mandons aussi ainsi le faire et en rapportant, avec ces mesmes originelles, quitance pertinente desdis suppliants, sur ce servanttant seulement, nous voulons ladite somme de deux mille cinq cens livres dudit pris une fois estre passée et allouée en la dépense des comptes et rabatue des deniers de la récepte de nostre dit recepveur de Hesdin par noz amez et féaulx les président et gens de nostre Chambre des Comptes à Lille, ausquelz mandons semblablement ainsi le faire sans aulcune difficulté, car ainsi nous plaitil, nonobstant quelzconques noz ordonnances, restrictions, mandemens ou défences à ce contraires. Donné en nostre ville de Diest le vingtneufiesme jour de may l'an de grâce mil six cens et vingt.

Au dos de cette pièce est la quittance de la somme de 2500 livres donnée par l'abbé de Saint-André-au Bois en mars 1634.

(*Archives du Nord ; fonds de Saint-André-au-Bois, original en parchemin.*)

XIII.

REQUÊTE PRÉSENTÉE AU ROI PAR L'ABBAYE DE SAINT-ANDRÉ-AU-BOIS.

Au Roy,

Remonstrent en toute humilité vos très-humbles et

obéissants serviteurs et subjets, les religieux, abbé et couvent de l'abbaie de Saint-André-au-Bois, ordre de Prémonstré, situé en la chastellenie de Beaurains, en votre comté de Saint-Pol, comme à l'occasion de la guerre d'entre votre majesté contre le prince de Béarne soy disant roy de France et de ce que lad. abbaye est assise en pays frontière aux François, près le chemin conduisant de Monstrœuil à Hesdin ; distante dudit Monstrœuil seulement trois petites lieues ; de la ville de Rue quatre lieues, et du chasteau de Brimeux aussy tenu par le mesme party une lieue. Icelluy abbé pour seureté de sa personne a esté contrainct soy réfugier avecq aucuns religieux en votre ville d'Hesdin par raison des menaces, courses, invasions et pillages desdits ennemis, lesquels ont ja sy avant empiété sur icelle frontière que lesdits remontrants ne pœuvent aucunement plus jouir de leur domaine ny d'aucune chose de leur revenu por estre le tout abandonné, délaissé en frices et les habitants aussy réfugiés ès bonnes villes après avoir enduré plusieurs pertes et pillages comme ont faict iceux remontrantz et leurs censiers, sy est la plupart dudit revenu situé au païs de l'obéissance dudit prince de Béarne quy le prend par confiscation avecq plusieurs autres quy en sont deubs portant plus de deux mils florins ; scavoir est leurs censes de Blauville, Bignaupré, rentes de Buire, Lespinoy, Brimeux, Escuire, Fay, Drionville, dixme du Val et leurs rentes sur censsières du Val-Restauld, combien que tous lesd. revenus leur fussent vaillables en temps de paix plus de huict mills cincq cens livres par an de sorte que, par ce moïen, iceux remontrants n'ont plus aucun revenu pour eux pourvoir, entretenir en ladite ville de Hesdin ny en lad. abbaye où se sont jusques à présent contenus douze religieux à grands frais et danger. Ils requèrent et supplient partant qu'aïant esgard à ce que dessus, il plaise à V. M. les voulloir récompenser de leurs dites pertes sur les biens et revenus que lesd. François ont en païs de votre obéissance à vous dévolus et confisqués par droit de lad. présente guerre à votre discrétion :

Assavoir : xxxviij couples de grains et xiii sols parisis qu'ils doibvent au Sr de Leanne, françois pour renvois.— iv sept. à messire Franchois Guérard.

xxi sols au Sr de Gouy et à un sien nepveu ;

xviii sols au Sr de Jumet.

Item la dixme d'Ames appartenant à l'abbaye de Corbie.

La dixme et cense de Vuavier à l'abbaye de Saint-Eloy-lez-Noyons.

Les dixmes que a lad. abbaye au village de Hardinghen et païs à l'environ quartier de Lille.

Une dixme que ladite abbaye a à Quiévrin-lez-Tournay

Item la dixme de Halloy à l'abbaye de Saint-Josse-sur-la-mer.

Une rente de iiii^{xx}iiii livres sur Saint-Omer aux religieux de Saint-Ricquer.

Une dixme aux religieux de Corbie à Tienne et Havesquerque.

Une dixme à Soteghem et à l'environ lez Gand appartenant aux religieux du Mont-Saint-Martin en France.

Et la Seigneurie et cense que les religieux de Saint-Quentin ont au village de Senghien, chastellenie de Lille, pour de tout en jouir par lesdits remontrants depuis l'ouverture de ladite guerre jusques en fin d'icelle et de ce leur en faire despecer vos lettres en tel cas pertinentes et en orme dœub ; ce faisant, feres œuvre de mérite et lesdits

suppliants prieront Dieu pour la très noble prospérité de
V. M. (1630)

(LÉDÉ, *chron. f° 289*)

XIV.

ACTE DE PROFESSION.

1656. — moy frère Louis Poullain, admis à l'estat des frères convers, me donne moy mesme a lesglise de Saint André au Bois et promets la conversion de mes mœurs, amendement de ma vie et stabilite dans ce lieu. Je promets aussi la pauvreté, la chasteté et l'obéissance en Jésus Christ, selon son évangile et la règle de S. Augustin, à vous mon révérend père, Nicolas Ledé, abbé de ce lieu, à vos successeurs que le couvent de cette église aura canoniquement eslu et ce en suivant la forme de l'ordre.

Fait en cette abbaye de Saint André au Bois, le trentième d'apvril mil six cent cinquante six, signé par moy, Louis Poullain.

(*Arch. du Nord, fonds Saint-André.*)

XV

LISTE DES OUVRAGES DE L'ABBÉ NICOLAS LÉDÉ.

Outre les chroniques ci-dessus mentionnées, l'abbé Nicolas Lédé est l'auteur des ouvrages suivants :

1° Obituarium sancti Andreæ in nemore, in-4, qu'on lisait au réfectoire.

2° Copia et auctuarium obituarii, Dom Baillet renovati, an. 1478, in-4.

3° Extrait des obituaires de beaucoup d'abbayes de l'ordre et de leurs chartes, in-4.

4° Catalogus seu fundationes abbatiarum ordinis Præmonstratensis, in-folio.

5° Fundationes monasteriorum Artesiæ, in-4.

6° Fundationes variæ plurimarum abbatiarum nostri ordinis cum earum privilegiis, ordine abbatum, etc., in-folio.

7° Anglica monasteria ordinis Præmonstratensis, in-folio.

8° Index circariarum ordinis Præmonstratensis item archiepiscopatûm ejusdem ordinis, in-folio.

9° Protocole ou modèles de pièces d'écriture qui regardent les affaires de l'ordre, in-folio.

10° Calendrier historique des saints et bienheureux de l'ordre de Prémontré, in-folio.

11° Historia miscellanea de ordine Præmonstratensi, Cisterciensi, etc., in-folio.

12° Corrolarium variarum rerum et annalium ordinis Præmonstratensis, in-folio.

13° Historica pontificalis et imperialis, in-folio.

14° Recueils d'histoires sacrées et profanes, depuis l'an 1100 jusqu'en 1558, in-folio.

15° Remarques politiques, in-folio.

16° Selectæ de magiâ, in-folio.

17° De veteribus morinis et miscellanea varia, in-folio.

18° Annotationes bullæ pontifice et pro reformatione ordinis nostri et aliorum regularium, in-4.

19° Mémoires et recueils alphabétiques pour le droit civil et canonique, 2 volumes in-4.

20° Des renouvellements de terriers et de cueilloirs pour les censives de l'abbaye et remarque de ses renvois, in-folio, 1 vol.

21° Un terrier, *dit de M. Lédé*, in-folio, achevé en 1644. travail considérable qui comprend généralement tout le domaine, toutes les censives de l'abbaye, depuis son origine jusqu'en l'année 1516.

22° Un autre terrier, également in-folio, terminé en 1636, ou fondations, dot et érection de l'abbaye de Saint-André et abrégé des chartes, amortissements, priviléges, acquisitions, franchises et exemptions d'icelle.

23° Quantité de renseignements sur les censives de l'abbaye, et remarques sur les renvois pour éviter les procès, in-folio.

(*Biographie de Nicolas Lédé par l'abbé Robert, brochure in-8, Amiens, 1864, page 36.*)

XVI

ÉTAT DES RELIQUES OBTENUES AU TEMPS DE NICOLAS LÉDÉ.

St. Gilbert. — Don du prieur de Saint-André les-Clermont-en-Auvergne, apporté à Saint-André-au-Bois par Pierre du Teil, écuyer, seigneur du Peschier, major au régiment du comte de Lannoy, gouverneur de Montreuil, 1644.

St. Blaise. - Don de Jacques Basset, prieur de Chambrefontaine, 1646.

St. Siart. — Don de l'abbé de Tonguerloo, 1650.

St. Maurice. — Don de Demoiselle Anne d'Illies, 1665.

St. Victor. — Don de de viselle Thérèse de la Houssoye, épouse de Messire de Pigneranda, auditeur des gens de guerre de la province d'Artois, 1665.

St. Eloi. — (Parcelles du cierge miraculeux de) 1666.

SS. Martyrs de Gorcum. — Don du R. P. Basile, gardien des Récollets à Hesdin, 1666.

SS. Macaire, Georges et Florent. — Don de l'évêque de Saint-Omer, 1668.

Ste. Cordule. — Don de l'abbé de la Vicogne, 1669.

SS. Erasme, Euphémie, Honorine. — Don du Sr Crépin qui les tenait du Sr Norwod, gentilhomme anglais. Celui-ci les avait rapportées de Rome, 1676.

SS. Honoré, Olympien, Théodore, Victor, Pauline. — Don du cardinal de Carpin, vicaire général du pape au prieur des Carmes de Montreuil qui les donna lui-même à Lédé, 1680.

St. Primitif. — Don de l'abbé de Clairmarais.

(*Livre rouge*, T. II, p. 158 *et suivantes*).

XVII

ESTAT LE PLUS EXACT QU'ON A PU FAIRE DES REVENUS ET DES CHARGES DE L'ABBAYE DE SAINT-ANDRÉ-AU-BOIS. — 1750.

Revenus. — La ferme que cette abbaye fait exploiter avec le moulin de Maresquel et le bois qu'elle vend en tout . . . . 3600 l.

Le produit annuel de la cense de Bignaupré tant en grains qu'en argent . . . . . 4000 l.

A reporter. . . . . 7000 l.

Report.	7000 l.
Le produit annuel de la cense de Blauville.	2500 l.
Le produit de la ferme du Val-Restaud. .	800 l.
Le produit de la ferme de Jumet. . . .	700 l.
Quelques rentes sur des maisons à Hesdin environ	100 l.
Les censives perçues annuellement sur les villages des environs tant en argent qu'en plumes	700 l.
Les censives en grains valent environ . .	1100 l.
Total des revenus. . .	13500 l.

Charges. — L'abbaye paie annuellement à MM. de Soubise, de Croy et autres en prestations de blé et avoine, environ . . . . . 2000 l.

Pour moine lay, séminaire, décime, annuellement . . . . 400 l.

Pour centièmes, fermes de vin et bière, rachat du X° denier. . . . . 1000 l.

Pension au P. Porlier imposée par le brevet de nomination de Boubert . . . . 1000 l.

4400 l.

Déduction faite des charges, il reste donc seulement 9100 livres pour l'abbé et les 21 ou 22 religieux qui sont ordinairement à Saint-André, pour l'entretien des bâtiments et les abondantes aumônes nécessitées par la misère des temps.

(F. CRÉPIN, *Chronique*.)

XVIII.

INVENTAIRE DES BIENS, MEUBLES ET IMMEUBLES, DES REVENUS ET CHARGES DE L'ABBAYE DE SAINT-ANDRÉ-AU-BOIS, DRESSÉ LE 7 JUIN 1790, EN PRÉSENCE DE CHARLES FRANÇOIS TESTART, ÉCUYER SEIGNEUR ET MAIRE DE CAMPAGNE, LA NEUVILLE, RAMECOURT, ETC...

Extrait publié par M. Testart de la Neuville dans la revue, la Picardie, années 1871-72, p. 429, 499 et suiv. et année 1873, p. 265 et suiv.

L'an mil sept cent quatre vingt dix, le sept juin, sept heures du matin, en vertu des lettres patentes du roi, du 26 mars dernier, données sur les décrets de l'assemblée nationale les 20 février, 19 et 26 dudit mois de mars, à la réquisition et accompagnés de François Poussart, procureur de la commune du hameau de Maresquel, paroisse de Saint-André-au-Bois, pour l'exécution de l'article 5 desdites patentes et décrets sanctionnés par le roi, lus, publiés et affichés, même transcrits sur le registre du greffe de la municipalité de Saint-André-au-Bois.

Nous maire et officiers municipaux de la paroisse de Saint-André-au-Bois ; nous, assistés de Jacques Dannel, demeurant au hameau de Maresquel, paroisse et municipalité dudit Saint-André, que nous avons pris pour secrétaire greffier ad hoc, à cause de l'empêchement du secrétaire greffier ordinaire de cette municipalité, et duquel avons reçu le serment de bien et fidèlement s'acquitter des fonctions de ladite place, nous nous sommes transportés au couvent de l'abbaye de Saint-André-au-Bois où étant introduits dans la salle de ladite abbaye, nous y avons trouvé :

M. Allart, abbé dudit couvent ; MM. Choisy, prieur et Detève sous-prieur ; Philippot, Tramecourt, Bocquet, procureur ; Boidin, receveur ; Charles, desservant la paroisse ; Delpouve, professeur ; Warenghem, Henneron, Goudemand, Herlemont, Louis Fontaine, de Wailly, Fache, Lebrun, desservant la paroisse de Bignopré.

Et après leur avoir fait connaître le sujet de notre transport par la lecture que nous leur en avons fait faire des lettres patentes sus-datées, avons procédé en leur présence et de leur consentement aux opérations ordonnées par icelles.

Messieurs Boidin, receveur et Bosquet, procureur, ayant présenté les registres, nous en extrayons les renseignements suivants :

L'abbaye possède, en amazements occupés par lesdits sieurs religieux, cinquante mesures ; terres arables y attenantes, cinq cent quatre vingt quatre mesures soixante-neuf verges ; deux bois tout près de l'abbaye, dont la contenance totale est de deux cent cinquante neuf mesures, aussi exploités par les moines.

Deux moulins à eau, à Maresquel ; de plus, dix huit mesures de prairies ; enfin, une petite maison bâtie sur une demi-mesure.

La ferme de Bignopré louée par nouveau bail du 17 mai 1785 à Bernard Fauconnier et à Catherine-Victoire Durlin, son épouse, à la charge de payer annuellement la somme de trois mille six cents livres en quatre termes égaux : à la Noël et à Pâques, à la Saint-Jean-Baptiste et à la Saint-Remy.

Et pour rendages en grains, fourniront dans nos greniers : vingt septiers de froment, cent quarante septiers et quatre boisseaux de blé, vingt septiers d'escourgeon dont la première livraison à la Saint-André ; fourniront de plus : cent septiers d'avoine par chaque terme et dont première livraison à la Saint-André ; en outre les fermiers payent pour charges et pour prestations de grains, la somme de treize cent sept livres douze sols et dix deniers,

Ferme de Bloville, par nouveau bail du 3 décembre 1783, louée au sieur Augustin Leblond et à Charlotte-Antoinette Leblond, son épouse, à la condition de payer tous les ans la somme de trois mille cinq cents livres, en quatre termes égaux ; de plus, les preneurs rendront à la Saint-André de chaque année quatre-vingts septiers de bled, mesure d'Hesdin ; enfin, en décharge de ladite abbaye, pour prestation de grains, la somme de treize cent quatre vingt douze livres seize sols.

N. B. Dans le prix du susdit bail se trouve compris une branche de dîme sur les terres de la ferme du Val attenant à Bloville, que l'on peut estimer deux cents cinquante livres de revenu.

La ferme du Haut-Jumel louée à Jean-François Denis et à Marie-Célestine Sueur, sa femme, qui sont entrés en jouissance le 17 juillet 1782, au rendage annuel de sept cents livres ; ils devront, chaque année, quatre septiers de froment pur et propre à semer, et vingt six septiers de blé.

Au hameau de Jumel, a en rentes, plumes et espèces métalliques comprises : soixante huit livres, dix sols et six deniers ; encore audit lieu, un bois contenant vingt-quatre mesures.

Ferme de Valrestaud, par bail du 26 mars 1788, à sieur Dufay et à Marguerite Dufay, sa femme, moyennant un rendage annuel de quinze cents livres payables à la Noël et à la Saint-Jean ; de plus, et sans augmentation de prix, lesdits preneurs profiteront d'une demi-mesure de bois.

L'abbaye de Saint-André possède aussi audit Valrestaud, trois bois contenant ensemble cinquante mesures.

Cette abbaye jouit au village de Campagne de : cent vingt quatre septiers de blé méteil, cent trente deux septiers et six boisseaux d'avoine ; en argent, deux cent quatre livres et dix huit sols ; en plumes et chapons, cent cinquante poules, deux cent cinquante œufs ; en outre, de deux mesures de terre affermées à Nicolas Bouchard.

Au village de Gouy, l'abbaye a de rentes et de cens : deux cent sept livres ; aux villages d'Aubin et d'Ecquemicourt : quatre vingt quatre livres huit sols ; au terroir dudit Ecquemicourt : six mesures affermées à Pierre Marque, moyennant cinq septiers de blé, mesure d'Hesdin, et à fournir à la Saint-André ; au village de Contes : une dîme de cent dix huit livres ; au village de Verton : une autre dîme affermée au curé, de trente livres.

Une prestation de grains, sur l'abbaye de Dommartin, montant à deux septiers de blé méteil et autant d'avoine, mesure ancienne de Montreuil ; aux villages de Maresquel et de Ricquebourg, a de rente : trente trois livres dix sept sols ; aux villages de Gouy, Campagne et Dourrier, en censives et en rentes, cent deux livres quatorze sols ; sur le château et la ferme du Valivon, trente trois septiers, huit boisseaux de blé méteil, autant d'avoine, et en argent, cinquante sept livres.

Aux villages de Beaurainville et Beaurain-Château, blé et plumes estimés trente et une livres, douze sols et six deniers; au village d'Hesmond, en rentes et censives, blé, plumes et avoine : quatre vingt une livres quinze sols. Dans le même endroit l'abbaye possède deux bois contenant quarante-sept mesures, ainsi qu'une dîme de trois pour cent au rendage de cent trente-sept livres payables à la Saint-André; aux villages de Merlimont et de Capelle, grains et plumes: vingt-deux livres; à la ville de Montreuil et à Ecuires, en rente surcencière, vingt-quatre livres, treize sols et six deniers; au village de Buire-le-Sec, en grains, cinquante septiers de blé et autant d'avoine, de plus, dix-huit livres, quatre sols et six deniers oboles; aux villages de Lespinoy et de Brimeux, dix-sept septiers, quatorze boisseaux de blé et autant d'avoine, quatre chapons et cinq éteufs? à Equires-lès-Thiembronne, soixante-huit livres, y compris deux paires de gants et quatorze poules.

De plus l'abbaye a une rente à Paris de quatre vingt-treize livres, quatre sols, dix deniers sur les tailles et finances d'Artois; une autre rente sur les Etats d'Artois, de deux cent vingt livres; une rente sur le clergé de France, de cent soixante-quatre livres; une autre rente sur une maison d'Hesdin, appartenant aux héritiers Mathieu Détaille, de soixante-six livres; enfin une maison de refuge dont l'abbaye ne tire aucun profit.

Dettes immobilières. — L'abbaye de Saint-André doit chaque année, au terme de Noël, aux héritiers du prince de Soubise, huit septiers de blé et autant d'avoine; à Madame la marquise de Lède, dame de Beaurain et autres lieux, chaque année, quarante et un septiers de blé méteil et quarante septiers d'avoine, ainsi qu'un cens de rente en argent de cent sept livres, neuf sols et neuf deniers ; au sieur Lefebvre, marchand à Montreuil, pour prestations de grains, trente-huit septiers de blé et autant d'avoine, mesure ancienne de Montreuil.

Aux chanoines de Boulogne, dix-huit septiers de blé et autant d'avoine ; à l'abbaye de Saint-Josse-sur-Mer, six septiers, six boisseaux de blé méteil et autant d'avoine ; à l'Hôtel-Dieu-Saint-Nicolas, en la ville de Montreuil, vingt-cinq septiers, sept boisseaux de blé ; aux chanoines de Saint-Firmin de ladite ville, trente-trois septiers et six boisseaux de blé ainsi que vingt-neuf septiers et six boisseaux d'avoine et enfin une rente foncière en argent de trois livres, seize sols et dix deniers.

Au curé de Gouy, trois septiers et six boisseaux de blé, autant d'avoine ; au curé de Ricquebourg, vingt-quatre boisseaux de blé et seize boisseaux d'avoine, au seigneur dudit Ricquebourg, deux septiers, huit boisseaux de blé et autant d'avoine ; au seigneur de Lyanne, pour rente seigneuriale, deux livres, cinq sols et trois deniers ; à M. Danvin, de Gouy, sept sols et dix deniers oboles ; à M. le baron de France, vingt-deux sols et six deniers ; au sieur Delahetroy, deux livres et un sol ainsi que trois deniers ; aux religieux de Saint-Georges, neuf sols ; aux dames de Sainte-Austreberthe de la ville de Montreuil, dix-neuf sols et un denier obole ; à l'église de Ricquebourg, treize sols et quatre deniers.

Au Seigneur Roi, à cause de son château d'Hesdin, trente-trois sols et neuf deniers ; au marquis de Renty pour semblable rente, trois livres ; au sieur Dhérouval, deux sols et trois deniers ; à l'hôpital de Coqempot-de-Beaurainville, sept sols et neuf deniers.

N. B. L'abbaye de Saint-André, à cause de ses fiefs et seigneuries, est tenu d'avoir et d'entretenir des siéges de justice aux villages de Campagne, d'Hesmond, de Valrestaud et à la propriété de Bignopré, pour l'exercice desquels elle fait chaque année des honoraires fixes aux officiers desdites justices, officiers tels que: grands baillis, procureur d'office et greffier. Leurs honoraires consistent tant en argent qu'en grains.

Enfin aux quatre gardes, pour la conservation des bois ainsi que pour exploiter dans lesdites justices, une somme de deux cent dix-huit livres est affectée annuellement.

Fini la séance à sept heures et demie du soir. Avons signé: Testart de Campagne, maire; F. Poussart, procureur; Foconnier, officier municipal; P. A. Leblond, officier municipal; Jacques Dannel.

Le lendemain, huit dudit mois de juin à sept heures du matin, nous nous sommes représentés, disent les magistrats, à l'abbaye de Saint-André et y avons procédé, en présence et du consentement des religieux, à l'inventaire des objets mobiliers.

L'argenterie ci-dessous désignée, pesée et vérifiée par le sieur Gobert, marchand orfèvre à Montreuil-sur-Mer, dont le total des pesées porte soixante deux marcs, six onces et quatre gros.

Cette argenterie consiste en quatre calices, une crosse d'abbé, une croix de procession, deux bâtons de chantre, deux encensoirs, un ciboire et de plus un autre surmonté d'un ostensoir.

De suite avons procédé, comme dessus, à la nomenclature et à la description des effets de la sacristie, où se trouvent trois garde-robes et trois armoires contenant: trois ornements blancs complets, un drap d'or, un de damas et un autre de calmande...., douze chasubles de la même couleur, quatre en satin et les autres en damas : trois ornements rouges complets, dont l'un en damas cramoisi, le deuxième en velours et le troisième en damas : huit chasubles de même couleur, les unes en damas et les autres en satin; deux ornements verts complets, l'un en damas et l'autre en satin ; quatre chasubles de la même couleur; deux ornements violets complets, l'un en damas et l'autre en satin; huit chasubles de la même couleur; deux ornements noirs complets l'un en panne et l'autre en damas; cinq chasubles communes de la même couleur ; deux douzaines d'aubes, autant d'étoles et autant de purificatoires et autres linges sacrés.

Nota. Il est à remarquer que les galons et les ornements ci dessus ne sont pas tous d'or vrai.

Cela fait, nous sommes passés à la bibliothèque, composée ainsi : vingt-trois volumes *in-folio ;* quatre cent quatre vingt un *in-folio* moins grands ; six cent quatre-vingt douze *in-quarto ;* six cent trois *in-octavo ;* seize cent quatre *in-douze ;* huit cent dix *in-seize,* reliés tant en veau qu'en parchemin, dont plusieurs sont dépareillés et incomplets ; le tout renfermé dans une grande place qui fait le corps de la bibliothèque.

Le peu de manuscrits qui s'y trouvent sont modernes et de peu de valeur.

Il se trouve, de plus, dans ladite place un globe terrestre et un céleste, un médailler composé de vingt quatre tablettes sur lequel il se trouve de trente six à quarante six médailles ; presque toutes ces médailles sont fort communes.

De la Bibliothèque, nous sommes retournés dans la salle de compagnie où nous y avons trouvé : un canapé, une demi-douzaine de chaises et la même quantité de fauteuils en velours cramoisi, une table de marbre, un trumeau avec huit tableaux de marbre.

De suite nous sommes passés dans une chambre d'hôte, au rez-de-chaussée, où se trouvent : un trumeau, une cheminée de marbre, un lit garni, deux fauteuils, six chaises et une table.

A côté, un cabinet tapissé de papier, avec un lit garni. Suit une autre chambre avec cheminée de marbre, une glace, un lit garni, une tapisserie de papier sur boiserie à hauteur d'appui, un canapé, quatre fauteuils, cinq chaises, un miroir, à côté : un cabinet et un lit garni, une table et trois chaises.

Une autre chambre et un autre cabinet où se trouvent trois lits pour domestiques, et une cheminée de marbre.

De là, nous sommes montés dans une chambre d'hôte où se trouvent une cheminée de marbre, une glace, une tapisserie de toile peinte, un lit garni, quatre chaises et quatre fauteuils.

A côté, un petit cabinet de toilette avec une table et une chaise.

Dans la suivante chambre, sur le même rang, une cheminée de marbre, un lit garni, une tapisserie de papier, quatre fauteuils, six chaises et une table de bois.

A côté, un cabinet avec un lit garni, une table et deux chaises.

Dans la première chambre, sur le cloître : une cheminée de marbre, une glace, une tapisserie de siamoise, un lit garni, une table et quatre chaises.

Dans la chambre suivante, une cheminée de pierre de Marquise, un lit garni, une table, deux chaises et deux fauteuils.

Plus loin, il y a encore trois chambres dans lesquelles nous n'y avons rien trouvé.

Il y a dans le même quartier un petit cabinet et deux entre-deux sols, dans l'un desquels existe un lit de domestique.

Du quartier des religieux, nous sommes passés dans la basse-cour, et de là dans une écurie, où se trouvent vingt-deux chevaux.

Dans une vacherie, vingt bêtes à cornes ; dans la bergerie, cent trente moutons.

Dans une petite cour, plusieurs étables aux porcs au nombre de trente.

Au bout de la basse-cour, se trouve une brasserie où il y a deux chaudières, une cuve, des ustensiles pour faire la bière.

A l'autre bout de la ferme, se trouve un pavillon à usage de pressoir à cidre, avec tous les meubles et tous les ustensiles nécessaires à cet usage.

De ladite ferme, nous nous sommes tranportés à des hangars dans lesquels il y a cinq charriots montés, quatre charrues, dix binots, douze herses, un rondeloir, un petit charriot pour conduire le fourrage, quatre charrettes, trois tombereaux et un diable ou voiture employée dans le Nord pour transporter des arbres.

A l'extrémité, et derrière les bâtiments d'exploitation, se trouve une boutique de maréchal contenant une enclume, un soufflet et autres ustensiles nécessaires à cet état. (*Enumération revue sur le manuscrit même, par M. de la Neuville.*

Enfin, aux moulins de Marcsquel, où nous nous sommes transportés, spécifient encore lesdits magistrats, existe une maison qui consiste en une cuisine et une petite salle.

A côté, une écurie avec cinq chevaux et un charriot.

Une autre étable, avec trois vaches.

Une buerie et une boulangerie avec les auxiliaires nécessaires à ces deux usages.

Les choses, ci-devant décrites, se trouvent former le mobilier le plus précieux ; nous les avons laissées à la garde et possession de Messieurs les religieux qui s'en sont chargés pour en faire la représentation, quand et à qui il appartiendra. En foi de quoi, ils ont signé avec nous. Suivent les signatures.

XIX

CHARTE DE DONATION DES MARAIS DE LA COMMUNE DE BEAURAINVILLE.

Ego Willelmus castellanus de Sancto Audomaro et dominus de Bello ramo, notum facio omnibus præsentibus et futuris quod cum homines ecclesie sancti Martini de *Belloramo villâ* et de *Belloramo castro*, ab antiquo liberam pasturam habuerint *à Spineto* (Lépinoy) usque ad *Contes*, in totis mariscis insum et sursum contentis inter Spinetum et Contes et liberas habuerint assidias aque, inter dicta loca, excepta piscaria mea, dictis hominibus ne ab heredibus meis in futuris temporibus valeant molestari et ne per consuetudinem curie Gallicane dictorum hominum libertas in dictis mariscis et aquis possit in aliquo derogari, de voluntate meâ et uxoris meæ ex una parte et dictorum hominum ex altera, dictos mariscos et aquam, excepta piscaria mea, constituimus censuales in hac forma, quod dicti homines de me et heredibus meis, censu annuo sex librarum cere annuatim mihi et heredibus meis reddendo, et ego et uxor mea in subsidium animarum nostrarum et antecessorum nostrorum, dictas sex libras cere ob reverentiam sancte Dei genitricis donamus perpetuo ecclesie sancti Martini de *Belloramovillâ*, in hunc modum : quod unus cereus dictarum sex librarum cere, in nativitate beate Marie virginis, dicte ecclesie annuatim, in honorem ejusdem Dei genitricis offeretur. Insuper rogo venerabilem patrem meum Morinensem episcopum ut dicte ecclesie suprà omnibus prenominatis litteras suas confirmatorias ad petitionem meam exhibeat, et ut hoc ratum et firmum permaneat, presentem cartam sigilli mei munimine roboravi. Actum anno Domini millesimo ducentesimo tricesimo quarto, mense januario.

(*Archives municipales de Beaurainville.*)

FIN DE L'APPENDICE.

TABLE ALPHABÉTIQUE
DES
PRINCIPAUX NOMS PROPRES.

A

ABBEVILLE, 61, 65, 91, 119, 147, 176, 179, 182, 193, 210, 238, 268, 286.
— (Gérard d'), 31.
ADAM, abbé, 7.
AIGUILLE (l'), 118.
AILLY, 38.
AIRAINES, 250.
— (Raoul d'), 268.
AIRE, 75, 177, 206.
— (Philippe d'), 246.
AIX-EN-ISSART, 152.
ALBECOURT, abbaye, 114.
ALCONNAY, 13, 26, 245.
ALCUIN, 3.
ALENÇON, 152, 251.
ALESNE (Pierron d'), 267.
ALESTE (Hugues d'), 21.
ALEXANDRE III, Pape, 107.
ALLART (Mathieu), 213, 312.
ALOST, 23.
ALVERNOISE (l'Epine), 29, 30.
AMBRICOURT, 154.
AMIENS, 5, 11, 14, 19, 23, 31, 32, 36, 47, 50, 51, 64, 81, 105, 109, 111, 113, 116, 124, 140, 149, 150, 172, 183, 187, 195, 200, 204, 277, 279, 291.
— (Aléaume d'), 11.
— (Guy d'), 8.
— (Renaud d'), 30.
ANCHIN, abbaye, 148.
ANDRES, abbaye, 104, 110.
ANGLETERRE (l'), 18, 21, 114, 237.
ANSCHER, abbé de Dommartin, 8, 17.
ANSCHER, abbé de Saint-André, 103, 180.
ANSELME, moine, 7.
APPLAINCOURT, 68.
ARDRES, 146.
ARGENTEAU (Marguerite d'), 172.
ARGOULES, 68, 201, 267.
— (Anscher d'), 275.
— (Guy d'), 112, 263.
— (Hugues d'), 275.
— (Robert d'), 111, 113, 263.
— (Wiart d'), 6, 278.
ARGUEL. 268.
ARLINCOURT (d'), 157.
ARMAGNACS (les), 250.
ARNOULD, évêque, 121.
ARRAS, 3, 20, 68, 70, 72, 74, 82, 94, 151, 182, 203, 204, 216, 249.

ARRY, 56.
ARSCHOT (d'), 251.
ARTOIS (comtes d'), 29, 30, 125, 245.
— (Jean d'), 247.
ATHOS (Mont), 72.
AUBIN, 85, 115, 133, 146, 183, 199, 213, 231, 246, 253, 314.
AUCHY-LEZ-HESDIN, 39, 81, 117, 195.
AULDEMBOURG, abbaye, 142.
AULNOYE (l'), 103, 189, 216.
— (Guillaume de l'), 268.
AUMALE (Jean d'), 43.
AURENC, 35.
AUTHEUX (les), 11, 283.
AUTHIE, rivière, 2, 17, 26, 29, 30, 35, 42, 46, 49, 105, 193, 245, 261.
AUTRICHE (Albert d'), 164, 168, 298.
— (Ferdinand d'), 177.
— (Isabelle d'), 175, 298.
— (Juan d'), 150.
AUXI-LE-CHATEAU, 13, 60, 71, 261.
AUXY (Eustache d'), 268.
— (Jacques d'), 49.
AVERDOINGT, 168.
AVERHOULT (Jacques d'), 127.
AVESNE, 245.
AVION, 145.
AVRANCHES, 9.
AYALA (Philippe d'), 160.
AYMERIES, prieuré, 203.
AZINCOURT, 51, 135, 251.

B

BABEUR (Philippe), 43, 69, 180, 184.
BACHIMONT (Jacques de), 57.
BAILLET (Philippe), 137.
BAILLEUL (Bernard de), 15.
— (Catherine de), 45.
— (Eustache de), 109.

BAILLEUL (Hugues de), 25.
— (Robert I de), 124, 292.
— (Robert II de), 124.
BALES, 50, 135.
BAMIÈRES, 15, 42, 65, 66, 85, 87.
BARTHÉLÉMY, évêque, 4.
BASTILLE (la), 72.
BAYEUX, 238.
BAZUELLES, 213.
BEAULAINCOURT (de), 208.
BEAUMERY (Gérard de), 32.
BEAUMONT (François de), 65.
— (Thibaut de), 268.
BEAUPRÉ, abbaye, 195.
BEAUQUESNE (Richard de), 115.
BEAURAIN, 5, 10, 12, 26, 66, 110, 117, 122, 125, 126, 129, 169, 172, 181, 184, 210, 213, 231, 237 et seq., 321
— (Adam de), 266.
— (Aélis de), 266.
— (Aléaume de), 36, 268.
— (Baudouin de), 115.
BEAURAIN (Elisabeth de), 269.
— (Enguerran de), 8, 103, 111, 263, 266.
— (Eremburge de), 107, 266.
— (Frodon de), 114.
— (Gaultier de), 266.
— (Guillaume de), 266, 267.
— (Hugues de), 5, 104, 105, 107, 266.
— (Oston de), 112.
— (Raoul de), 105, 266, 267.
— (Renaud de), 266.
— (Robert de), 105.
— (Sigebrand de), 266.
BEAUSSART (Guillaume de), 268.
BEAUVAIS, 9.
BEAUVAL, 260, 262.
BÉCOURT (Bruno), 79.
BECKET (Waulthier), 284.

Bellacourt (de), 256.
Bellebrune (de), 179.
Belleville, 104, 256, 266.
Bellozanne, abbaye, 180.
Bellevalet (de), 256.
Benoit XIII, pape, 133.
Berchin (Pierre de), 264.
Berck, 238, 240, 252, 255.
Bernard (Saint), 6, 14.
Bernieules, 41.
Berry (duc de), 250.
Bertronval, 30.
Béthencourt, 59.
Béthune, 132.
Bezencourt, 68.
Biencourt, (prieuré,) 38, 126.
— (Marie de), 56.
Biez (le), 231.
Biez (Antoine du), 137.
Bignicourt, 293.
Bignon (intendant), 73, 74, 191.
Blaise (Saint), 308.
Blanchelande, abbaye, 9.
Blangy, abbaye, 205.
Blankes (Pierre), 32.
Blasel (Girard), 47.
Blayrie (Jacques), 172.
Bléquin, 124.
Blois, 250.
Blondel (Jean), 51, 54.
— (Marguerite), 67.
— (Pierre), 51.
Blondel de Roquétoire, 206.
Bloville, 30, 106 et seq. 117 et seq. 123, 135, 144, 149, 158, 174, 180, 182, 199, 200, 216, 294, 304, 313.
— (Seigneurs de), 106, 111, 112, 117, 123.
Bocquel (le), 86.
Boffles (de), 61.
Boisjean, 106, 216.

Bommy (Guillaume de), 23.
Boniface VIII, pape, 128.
Boubers (Nicolas de), 28.
Boubert (Antoine), 77, 195.
Boudot, évêque, 172.
Boves (Enguerran de), 277.
Boufflers (Bernard de), 11, 284.
— (comte de), 71.
— (Hawide de), 119.
— (Henri de), 123, 292.
Bouillon (Godefroy de), 266.
Bouin, 146, 213.
Boulogne 18, 42, 109, 117, 158, 292, 316.
Bourbon (duc de), 250.
Bourgogne (ducs de), 50, 53, 137, 250.
Bournel (Louis), 140.
Bournonville (de), 71, 265.
Bours (Nicolas de), 140.
Bouthors, historien, 12, 252.
Boyle, (le), 85.
Brahic, 1.
Brailly-Cornehotte, 79.
Brandicourt (André de), 26.
Braquehaye, doyen, 16.
Brémart (Thomas), 77.
Bresle (la), rivière, 259.
Breteuil (de), 186.
Brienne (Raoul I de), 130.
Brimeux, 113, 125, 158, 159, 201, 210, 213, 304.
Brimeu (Agnès de), 113.
— (Asson de), 33.
— (Elisabeth de), 109.
— (Enguerran de), 109, 111, 113.
Brimeu (Euphémie de), 113.
— (Eustache de), 109, 113, 118, 292.
— (Hugues de), 109, 113, 118.
— (Ide de), 113.

BRIMEU (Jehan de), 35, 122, 123, 269, 292.
— (Lamberte de), 140, 254.
— (Marie de), 131.
— (Pierre de), 109, 113.
— (Raoul de), 106.
BRION (de), 148.
BRISEBARRE, templier, 243.
BROGLIE (Marie-Thérèse de), 54.
BRUGES, 165, 166.
BRUNION (Charles et Claude), 203.
BRUXELLES, 125, 155, 159.
BRYAS (de), 184.
BUGNY (Eustache de), 44.
BUIMONT, 122.
BUIRES-AU-BOIS, 27, 30, 37, 38, 158.
BUIRES-LE-SEC, 119, 158, 213, 251, 265.
BUREUILLE, 120, 122, 206, 240, 252.
BURES (comte de), 143.
BURNEHAUTPRÉ OU BRUNEHAUT-PRÉ, 106 et seq. 123, 125, 129, 144, 154, 158, 170, 180, 182, 189, 199, 201, 214, 294, 297, 304, 313.
BUS (David du), 59, 60.
— (Guillaume du), 134.
— (Jean du), 59.
— (Mathieu du), 264.
— (Pierre du), 59.
BUSCAILLE (la), 65.
BUSQUET (le fol), 147.
BUZANVAL (de), 161.

C

CADEROUSSE (duc de), 71.
CALAIS, 164, 259.
CALÈTES (les), 259.
CALDERON (Baudouin de), 283.
CALONNE DE COURTEBOURNE (marquis de), 71.

CALOTTERIE (la), 23, 259.
CAMELIGNEUL, 77.
CAMBRAI, 148, 156, 249, 293.
CAMIERS, 159.
CAMPAGNE-LEZ-HESDIN, 85, 106, 117, 126, 136, 146, 158, 173, 184, 199, 213, 240, 252, 264, 314.
CAMPAGNE (Enguerran de), 264.
— (Isaac de), 252.
— (Jacques de), 161, 172.
CAMPDAVAINE (Hugues), 260 et seq.
CAMPIGNEULLES, 123.
CAMPMARTIN, 36, 40.
CANADA (le), 191, 193.
CANAPLES (Renaud de), 247.
CANCHE, rivière, 17, 105, 120, 132, 147, 193, 201, 209, 240, 259, 260.
CANLERS (Adrien de), 194.
— (Baudouin de), 143.
— (H. de), 253.
CANTERAINE, 183.
CANTORBERY (abbaye de), 19.
— (Saint Thomas de), 18, 21, 32, 53, 72, 97, 176.
CAPELLE, 13, 85.
— (Jehan de la), 264.
— (Thomas de la), 41.
CAPET (Jean-Baptiste), 88.
CARNIN (de), 71.
CARPIN (de), 309.
CASTILLON (Hugues de), 268.
CATIGNY 59,
CAUMONT (Guy de), 11, 107, 284.
— (Henri de), 11, 107, 111, 266.
— (Hugues de), 24.
— (Ursus de), 11.
CAURROY-LES-CRÉCY, 87.
CAVRON, 174, 257.

CAYEUX (Anselme de), 8, 278.
— (Arnould de), 54, 278.
— (Baudouin de), 6, 11. 278.
— (Guillaume de), 268.
— (Helfroid de), 11.
CÉCILE (Sainte), 97.
CERCAMPS, abbaye, 59, 174, 259, 263.
CHAISE (de la), 186.
CHAISE-DIEU, abbaye, 188.
CHAMBREFONTAINE, abbaye, 308.
CHARLEMAGNE, empereur, 3.
CHARLES V, roi, 47, 248.
CHARLES VI, roi, 130, 133, 256.
CHARLES VII, roi, 53.
CHARLES-QUINT, empereur, 143, 197.
CHARNY (de), 147.
CHATILLON (Marie de), 248.
CHAULNES (de), 208.
CHAUVELIN (de), 71, 76, 77, 195.
CHELERS-EN-ARTOIS, 73.
CHIÈVRES-EN-HAYNAUT, 158.
CHIRIENES (Henry de), 283, 284.
CITEAUX, 14.
CLAIRMARAIS, abbaye, 195, 298, 309.
CLÉMENT VII, pape, 133.
CLERMONT, 262.
CLERMONT-EN-AUVERGNE, 140.
CLERY (de), 267.
COCQUELLE (de la), 65, 160, 166.
COCQUEVILLE (François de), 60, 149.
COCQUEMPOT (le), 257, 316.
COLBERT (de), 70, 73.
COLEMBERT, 265.
COLET (les), 98, 241, 258 et seq.
— (Aélis), 264.
— (Agnès), 11, 114.
— (Barthélémy), 263.
— (Enguerran), 263.

COLET (Eustache), 10, 15, 34, 106, 263, 270.
— (Gualdric), 263.
— (Guillaume), 123, 245, 264.
— (Hugues), 24, 111, 114, 263.
— (Liégearde), 263.
— (Pierre), 264.
— (Tassette), 264.
COLROY (les), 28, 37, 38, 114, 132.
COMBELONGUE, abbaye, 188.
COMBERMONT, commanderie, 126.
COMMINES (J. de), 6.
CONCHY (Gérard de), 37.
CONRAD, empereur, 267.
CONTES, 118, 144, 146, 184, 199, 213, 231, 244, 252, 256.
— (Agheline de), 118.
— (Eloi de), 121.
— (Eustache de), 247.
— (Henri de), 121.
— (Jacquemet de), 121, 292.
— (Jehan de), 118.
CONTEVAL (de), 155.
CONTEVILLE, 205.
COCQUEREL (de), 11.
CORBEAU (Jacques), 172.
CORBESSEAU (bois de), 11, 91.
CORBIE, abbaye, 144, 148.
CORBLET, (M. l'Abbé), Hagiographe, 4, 61.
CORENTIN ET CONOKEN (Saints), 135.
CORMONT, 142.
CORNAILLE (Florent de), 65.
COSSÉ (de), 61.
COTRON (dom), 259.
COUCY, 4.
— (Enguerran de), 249.
COURONNEL (Hues), 133.
COURTEVILLE (Antoine de), 142.
— (Jacques de), 142.
COUTANCES, 9.
COUTURE (de la), 82, 205.

CRAMONT, 87.
CRECQUES OU CRÉSECQUES (de), 252.
CRÉCY, 39, 40, 42, 51, 57, 87, 97, 242.
CRÉNY (de), 206.
CRÉPIEUL (Antoinette de), 142.
— (Catherine de), 154.
— (Jacques de), 55, 136.
CRÉPIN (Ignace), 200.
CRÉQUI-CANAPLE (de), 143.
CRÉQUI (Antoine de), 150.
— (Baudouin de), 122, 248, 292.
— (Charlotte de), 54.
— (François de), 67, 145.
— (Philippe de), 246.
— (Raoul de), 54, 267.
CRESSONNIÈRE (Norbert de la), 202.
CROMONT (Guillaume de), 39.
CROTOY (le), 51.
CROY (Adrien de), 254, 255.
— (Albert-Claude de), 257.
— (Antoine de), 251.
— (Claude de), 169, 256.
— (Eustache de), 257.
— (Ferry de), 140, 252.
— (Jehan de), 250, 256.
— (Lamoral de), 257.
— (Robert de), 13.
CUCQ, 253.
CUGNY (Hermanfroid de), 6, 278.
CUIMONT, 37, 87.
CUISSY, abbaye, 9, 114, 115.

D

DAMMARTIN (Simon de), 30, 119, 268.
DANEL (Firmin), 153.
DANVILLE (de), 249.
DANVIN (de St-Pol), 70.
DANVIN (Charles Marie, de Gouy), 206, 316.
DARGNIES (Simon de), 268.
DAVIAUX (Denis), 140, 151.
DELGOVE (M. l'abbé), 78.
DEVIENNE (Dom), 246.
DIDIER (Evêque), 109.
DIÉPEMBECK, peintre, 7.
DILIGHEM, 135.
DOMART, 35.
DOMINOIS, 68, 201.
DOMMARTIN, abbaye, 1 et seq., 109, 115, 120, 125, 129, 133, 134, 136, 170, 176, 180, 186, 195, 216, 243, 245, 260, 263, 279, 285.
DOMPIERRE, 25, 33, 44, 51, 54, 62, 66, 75, 87, 91, 183.
DONQUEUR (Simon de), 25.
DOROBERNIE, (Douvres), 18.
DOULLENS, 31, 45, 68, 158.
DOURIEZ, 5, 13, 30, 33, 34, 35, 44, 51, 54, 62, 66, 75, 87, 91, 183, 199, 231, 245, 278.
— (Eudes de), 13.
— (Gérard de), 41.
DOURNEL (Martin), 43, 64, 172.
DUCANDAS (Charles), 20, 43, 64, 176.
— (Noël), 20, 172, 176.
DUHAMEL (Martin), 175.
DUNKERQUE, 182.
DUPUIS, (Jehan), 54.
DURCAT (Guillaume de), 268.
DURLIN (Jehan), 70, 290.

E

EAULNE (l'), rivière, 240.
EBRON, 59.
ECLUSE (l'), 159.

Ecquemicourt, 15, 135, 136, 146, 183, 199, 213, 231, 240, 252, 314.
— (Aléaume d'), 115.
— (Guillaume d'), 115.
— (Jeanne d'), 127.
— (Simon d'), 118.
Ecuires, 117, 240, 304.
Edesse, 266.
Edouard 1, roi, 39, 237.
Egmont (comte d'), 160.
Eloi (saint), 43, 309.
Embry, 182.
— (Jehan d'), 129.
Enguinehaut (Jean d'), 43.
Enlart de Grandval, 276.
Epagne, abbaye, 41.
Erasme (Saint), 309.
Ergnies, 268.
Ermenonville, 247.
Espagne (Jean d'), 247.
Espaigni (Jehan d'), 126.
Esperlecque, 144.
Esquignecourt (Arnould d'), 292.
Essarts de Maigneulx (des), 154 et seq.
Estaires (comte d'), 175.
Estourmel (Anne d'), 169.
Estranliaus, 268.
Estrée, 41.
Estréelles, 39.
Estréville (Adrien d'), 253.
Etaples, 42, 159, 211.
Eu (comtes d'), 130, 247.
— (Geoffroy d'), 291.
Eugène IV, pape, 50.
Eustache (abbé), 8. 123.

F

Fargues (Balthasard de), 181.
Fauconnier (Bernard), 305.
Fauquembergue, 110, 245, 246, 253, 292.
Favières (Hugues de), 284.
Fay (le), 304.
Fayel (le), 112, 114, 203.
Fère (la), 158, 249.
Fermont (de), 256.
Ferrières, abbaye, 3.
Fienne (de), 54.
Fienvillers, 45.
Fillièvres, 182.
Flahaut (Isaac), 136.
Flandres (comtes de), 6, 17, 22, 30, 110, 115, 245.
Fleury (de), 80, 198.
Flexicourt, 31.
Floreffe, abbaye, 9, 140, 171.
Florent, abbé, 24, 113.
Florent (Saint), 309.
Foconnier (Charles), 274.
Fondeval, 75, 87.
Fontainebleau, 163.
Fontainès (Aléaume de), 268.
— (Hugues de), 25.
Fontenilles (marquis de), 71.
Forceville de Merlimont (Vicomtes de), 68, 172.
Fordins (Reniers), 111.
Forestmontier, abbaye, 134, 296.
Fosse (de la), 135.
Foucarmont, abbaye, 109.
Foucaumont, 39.
Fraisne (Bernard de), 284.
Framezelle (Enguerran de), 36.
France (de), évêque, 177.
France (le baron de), 316.
Franchilde, 7.
François 1er, roi de France, 143.
Fresnoye (Jehan de), 126.
Fressin, 93, 146, 181.
Frévin-Capelle, 70.
Friville, 59.

Frohen, 29.
Fromentin, avocat, 206.
Fromessent (de), 252.
Fruges (Enguerran de), 134.
— (Hugues de), 120.
— (Jacques de), 134.
— (Jean de), 122.
Fuentès (comte de), 156.
Furne, 18, 166.

G

Gallet 91.
Gaillonnet, 86.
Gard (le), abbaye, 109, 113.
— (du), 71.
Gargan-Rollepot (de), 205.
Gascogne (la), 188.
Gaspènes (Guy de), 11, 283.
Gaultier Ier, abbé, 8.
Gaultier II, abbé, 29.
Gennes-Ivregny, 125, 140, 252.
Geoffroy, abbé, 28.
Geoffroy, évêque, 119.
Gergy (comte de), 206.
Ghiers (Michel de), 62, 290.
Gilloc (Philippe), 172.
Godart (Antoine), 186.
Godart de Beaulieu, 105.
Golaffre (Hugues), 284.
Gombert, abbé, 11, 16.
Gomicourt (comte de), 155, 297.
Gorcum (martyrs de), 309.
Gosselin, abbé, 110.
Gossumetz, 104, 117.
Gottigneux, (de Tortefontaine), 88.
Gourdin (le père), 185.
Gourguechon (Arnould de), 283.
Gouy, 75, 106, 116, 118, 135, 146, 157, 158, 191, 199, 213, 216, 231, 240, 252, 314, 316.
— (Colais de), 132.
— (Erembaut de), 115.

Gouy (Eustache de), 111, 114, 120, 247, 292.
— (Hugues de), 111.
— (Pierre de), 136, 252.
Grandsart (Dreux de), 32.
Granges (baron des), 71.
Gremecourt, 104 et seq. 117, 135, 266.
Grenier (Pierre), 130.
Greuet (Pierre), 256.
Grilly (de), 79.
Grospré (de), 173.
Groult, archidiacre, 208.
Gruson, 169.
Guarin, évêque, 14.
Gueschart (Henri de), 283.
Gueulezin (Agnès de), 249.
Guillaume I, abbé, 22.
Guillaume III, abbé, 24, 25.
Guillfman, moine, 275.
Guines (comte de), 104, 123, 247.
Guise (duc de), 147.

H

Hallencourt (Gaultier de), 250
Halluin, (François de), évêque, 59.
Hamel (du), 154.
Hamelet (le), 154.
Hanchies, 37, 87.
Hannedouche (Henry), 302.
Haravesne, 201.
Harchies (de), 23, 169.
Harcourt (Blanche d'), 265.
— (Jacques d'), 51.
— (Jean d'), 135.
— (Maréchal d'), 74, 193.
Hariulfe, chroniqueur, 259.
Harold, comte de Kent, 237.
Hastings, 240.
Hautecloque (Adam de), 122.

HAVRINCOURT (Marquis d'), 74, 77, 195, 206.
HAWESKERQUE, 144.
HAYE (de la), 9.
HAYMON (le comte) 1, 40.
HAZEBROUCK, 144.
HÉBECOURT, 13.
HEILLY (Thibaut d'), 19, 23.
HÉNENCOURT, 265.
HENRI II, roi d'Angleterre, 9.
HENRI II, roi de France, 144, 146.
HENRI III, id. 62, 250.
HENRI IV, id. 156 et s.
HÉRENT, 89.
HERMIÈRES, 176.
HERSIN, (Baudouin de), 56.
HESDIN, 20, 28, 30, 33, 34, 52, 65, 72, 74, 76, 80, 83, 88 et seq. 115, 146, 149, 155, 156, 160, 165, 168, 171, 173, 176, 182, 189, 193, 198, 205, 206, 210, 231, 246, 256, 258, 294, 298.
HESECQUES (de), 47, 140.
HESGHES ou HECQUE, (Jean de), 60, 149.
HESMON, 141, 146, 177, 189, 199, 252, 316.
— (Guy de), 114.
HETRUVAL, 38, 87.
HESTROYE (de la), 316.
HESTRUZ, 13.
HILLE (Barbe de), 68.
HOCQUÉLUS (Guillaume de) 130, 247, 264.
HOCQUINCOURT (Marquis d'), 183.
HOIRS (des) 297.
HOLLANDE et HOLLANDAIS, 58, 141, 153, 160, 175.
HONORÉ (Saint), 309.
HONORIUS, Pape, 116.
HORNOY, 86.
HOURDEL (le), 239.

HOUSSOYE (Thérèse de la), 29. 109, 308.
HUBY, 205.
HUGUES, abbé, 89.
HUMETZ, chroniqueur, 89, 273.
HUMIÈRES (d'), 157, 267, 298.
HUPPY, 36, 111, 266, 269, 292.

I

ILLIES (Anne d'), 308.
INCOURT, 203.
INNOCENT Ier Pape, 121.
INNOCENT II, Pape, 262.

J

JEAN XXII, Pape, 49, 130.
JEAN-LE-BON, roi, 132, 248.
JEHAN Ier, abbé, 26.
JEHAN II, abbé, 34.
JÉRUSALEM, 260.
JÉSUITES d'Hesdin, 81, 169, 187.
JOIGNY (de), 154, 179.
JOSEPH (Saint), 97.
JOSNE-CONTAY (le), 50.
JOSSE (Saint), 1, 16, 40, 57, 66, 97.
JUMEL, 11, 114, 183, 199, 213, 240, 257, 292, 305, 313.
JUTPIENNE, (Jehanne de), 169.

K

KAISNOY, 11, 37, 280.
KERRIN ou KERRIEU, 13.
KIÉRET, (Adam), 35, 114.
— (Aquiline), 33.
— (Henri), 44.
— (Hugues), 13, 30, 33, 114.
— (Milessende), 54.
— (Robert), 13.
— (Thomas), 34.
KILIEN, (Saint), 135.

L

Labroye, 30, 31, 126, 181, 205.
La fontaine-Solare, (comte de), 66.
Lagache (Augustin), 197.
Lagrenée (Nicolas), évêque, 59.
Lalain (Pontus de), 293.
Lambersart (de), 125, 127, 133, 135, 245.
Lambert, évêque, 112.
Lambus, 65, 75, 85, 87.
Lameth (de), 54, 265.
Lancelot, gouverneur de Douriez, 51.
Lanche (Simon de), 49.
Languedon, abbaye, 129.
Lannoy (de), 71, 154.
Laon, 4, 7, 32, 138, 140, 193, 279.
— (Guy de), 46.
Laurent (Saint), 97, 99.
Lebon (Joseph), 92.
Leclercq (Jehan), 133.
Lédé (Nicolas), 68, 108, 177, 230, 306.
Léhéricourt (J. de), 292.
Lemaire, moine, 153.
Lemarchand, Jésuite, 205.
Lemoine, cardinal, 42.
Lempereur (Jacques), 46.
Lenglet (Antoine), 57.
Lépinoy, 158, 201, 244, 304.
— (Guillaume de), 140.
— (Hugues de), 292.
Leroy (Pierre), abbé, 53.
Lheureux (Thomas), 48.
Lianne, 258 et seq. 305, 316.
— (Baudouin de), 264.
— (Enguerran de), 126, 264.
— (Guillaume de), 126, 292.
— (Hugues de), 264.
— (Jehanne de), 264.
— (Yolande de), 265.
Liessies, abbaye, 203.
Ligescourt (Jean de), 131.
Lignon (de), 255.
Lille, 165, 208, 298.
Lisle (Jean de), 122.
Lisques, abbaye, 110, 129, 136, 180, 183.
Liuncourt (les), 108, 132.
Lochère (de), 276.
Loison, 117, 231, 243, 257.
Longpré-les-Saint-Josse, 23.
Longuépée (Guillaume), 122.
Longueville (duc de), 154, 156,
Longvilliers, abbaye, 113, 134, 137, 179, 195.
— (Seigneur de), 54, 122.
Loos (Béatrix de), 244.
Lorette (N.-D. de), 171.
Lorisse (Jehan), 122.
Lorraine (duc de), 251.
— (Marguerite de), 251.
Lorris (Jehan de), 248.
— (Robert de), 131, 247.
Louis VII, roi de France, 267.
Louis VIII, id. 28, 115.
Louis IX, id. 29, 35, 42, 119.
Louis XI, id. 137.
Louis XII, id. 59, 138.
Louis XIII, id. 66.
Louis XIV, id. 69, 73, 182, 257.
Louis XV, id. 198, 205.
Louvain, 149.
Loys (Pierre), 52.
Lucheux, 181.
Luzerne, (la), abbaye 9.
Lyon, 121.

M

Macon, 51.
Magdebourg, 184.

MAIGNEULX (Henri de), 20, 58, 154.
MAINTENAY, 12, 13, 119, 132, 265, 278.
— (Clémence de), 31, 35, 245.
— (Simon de), 268.
MAINTENON (de), 190.
MAISNIÈRES (Guillaume de), 13, 31 245.
MAISNIL (le), 39, 85.
— (Guy du), 118, 119.
— (Hugues du), 36.
MAISONCELLE (Eustache de), 15.
MAISTRE (Sohier le), 138.
MALBRANCQ, Historien, 258.
MALEMAISON (la), 115.
MALMESBURY (Guillaume de), 237.
MALPLAQUET, 193.
MALREPAST, 27.
MARCHEROUL, abbaye, 8, 115, 120. 158.
MARCHEVILLE, 24, 87.
— (Enguerran de), 115.
MARCY (Milon), 76.
MARENLA, 210.
MARESCOT, 154.
MARESQUEL, 104, 111, 120, 122, 123, 125, 134, 138, 140, 157, 183, 189, 199, 213, 216, 240, 251, 256, 305, 311,
— Seigneurs de, 105, 111, 114, 115, 123, 246, 292.
MAREUIL (de), 94.
MARLES, 122, 211.
— (Eloi de), 292.
MARMOUTIERS, abbaye, 10, 12, 126, 242, 281.
MARQUENTERRE (le), 268.
MARSILLE (Jehan), 66, 177, 180.
MARTHONYE (Geoffroy de la), 64, 152.
MARTIN V, Pape, 135.

MAUBEUGE, 203.
MAULDE (de), 265.
MAURICE (Saint), 308.
MAUVILLE (Hélène de), 169.
MAYE (la), 39.
MAYOC, 268.
MÉANDRE (le), 267.
MEAUROUX (de), 194.
MEILLERAYE (de la), 178.
MELUN (Claude de), 255.
MERLIMONT, 172, 238, 240, 252.
MERVILLE, Architecte, 203.
METZ, 7.
MEZEROLLE, 160.
MEZOUTRE, 14.
MIDDELBOURG, 165.
MILLENCOURT (de), 71.
MILON Ier, abbé, 1 et seq., 43, 103.
MILON II, abbé, 37.
MILON II, évêque, 7.
MIREPOIX (de), 200.
MOLINEL (le), 87.
MOLLIENS, 54, 247.
MONCHY (de), 41, 49, 70, 85, 87, 183.
MONS (de), 71.
MONTAIGU (N.-D. de), 169.
MONTAUBAN (Henri de), 125.
MONTBRUN (de), 70.
MONTCAVREL, 150, 181.
— (Enguerran de), 36, 39.
— (Guillaume de), 264.
— (Jehan de), 49.
— (Michel de), 39.
— (Nicolas de), 39.
MONTDEJEU (comte de), 68.
MONTDIDIER, 79.
— (Foulques de), 284.
MONTFELON (Jehan de), 131.
MONTIGNY, 36, 38, 56, 85.
MONTLAUET (de), 205.
MONSTRELET (Catherine de), 44.

MONTREUIL, 5, 16, 32, 33, 55, 63, 69, 85, 91, 115, 124, 133, 136, 139, 140, 143, 146, 154, 157, 174, 176, 178, 182, 185, 189, 211, 216, 238, 248, 252, 254, 286, 294, 298, 299, 309.

MONTREUIL-MAINTENAY (Enguerran de), 56, 248, 278.
— (Guillaume de), 109, 245.

MONT-SAINT-MARTIN, abbaye, 59, 145, 175, 190.
MORBAU (Etienne), 3.
MORET (comte de), 181.
MORINIE (la), 259.
MORTLAY (de), 106, 292.
MOSENCH (bois de), 13.
MOTTE (de la), évêque, 65, 77, 78, 82, 198, 204.
— (Emon de la), 249.
MOTTE-AU-BOIS (la), 22.
MOUILLART (Mathieu), évêque, 150.
MOULINEL, 75.
MOURIER, 11, 16, 29, 31, 75, 83, 85.
— (Jehan de), 284.
MULLER, avocat, 208.

N

NANTES, 70.
NAPLES, 297.
NÉDONCHEL (de), 133.
NEMPONT (Élisabeth de), 34.
— (Foulques de), 284.
— (Marguerite de), 34.
— (Robert de), 26, 34, 36.
— (Vaultier de), 35.
NEMPONT-VERS-BUIRES, 34, 35.
NEMPONT-VERS-MONTREUIL, 13, 35, 56.
NEUVILLE, 252.

NEUVILLE (TESTART de la), 104, 206, 311, 317.
NEVERS (comte de), 249.
NICOPOLIS, 249.
NIÈPE, 22.
NINOVE, abbaye, 114, 115, 120.
NOAILLES (de), 191.
NOILETTE (Robert de), 284.
NORBERT (Saint), 4, 6, 17, 43, 97, 105, 184.
NORMAND (Thomas), 149.
NORMANDIE (la), 48, 140, 237.
NOUVEAU-LIEU, 31, 35.
NOUVION, 27, 36, 40, 243, 293.
NOYELLES, 149, 268.
NOYON, 42.
NUNCQ, 256.

O

OBLIN (Joseph), 84.
OCCOCH (Perrotin d'), 49.
OFFIN, 177, 240, 252.
OIGNIES (Eustache d'), 169.
OIGNON (comte d'), 66.
OISEMONT (Jehan d') 41.
OISENCOURT (Hugues d'), 36.
ORANGE (le prince d'), 182.
ORIMONT, 27.
ORLÉANS (duc d'), 76, 250.
ORMESSON (d'), 182.
OSTREL (Gilles d'), 148.
— (Guillaume d'), 148.
— (Jacques d'), 62, 127, 143, 148, 165, 196.
— (Jeanne d'), 148.
— (Philippe d'), 148.
— (Pierre d'), 148.
— (Robert d'), 148.
OTTON, Templier, 243.

P

PALESTINE (la), 34, 112, 242, 266.
PARIS, 1, 70, 72, 78, 136, 192, 208, 249.

Parme (duc de), 63.
Partz de Pressy (de), 76.
Pasture (Robert de la), 140.
Pausardi (Guillaume), 133.
Payen (Hugues de), 242.
Pays-Bas (les), 150, 164, 177.
Péchot (les), 241.
Pellevé (Antoine de), 149.
Pen (le), 124
Penet (Claude), 183.
Péronne, 154. 179,
Petit-Chemin, 201.
Philippe-Auguste, roi, 22, 111, 114.
Philippe-le-Bel, roi, 126.
Picardie (la). 48, 51, 69, 76, 77, 140, 179.
Picot (Eustache), 174.
Picquigny (Gérard de), 268.
Pierre II, abbé, 23.
Pigneranda (de), 309.
Pinchemont, 27.
Pinte (Jehan), 142.
Plumoison, 169, 179, 231.
Poilagace, 26.
Poix (Sires de), 8, 243.
Pomera, 256.
Ponchel (le), 205.
Ponches (sires de), 5, 25, 28, 36, 245, 275, 278.
Pont (Hugues du), 6.
Pont-a-Mousson, abbaye, 105.
Pontchartrain (de), 192.
Ponthieu (comté de), 12, 13, 15, 21, 24 et seq, 35, 38, 109, 119, 180, 237, 245, 260, 268, 288, 292.
Ponthoiles, 268.
Pont-Remy (Enguerran de) 35.
— (Eustache de), 268.
Pont-Rohart (Jeanne de), 30.
Porlier, Trinitaire, 195.
Porte (Guillaume de la), 254.

Portes (les), 11.
Postel (Jehan), 247.
Potelles, 109.
Préhaut, 109.
Prémontré, abbaye, 4, 8, 9, 17, 23, 29, 50, 68, 74, 80, 81, 109, 115, 136, 168, 176, 190.
Prévost (Jacques le), 253.
— (Jehan), 61.
— (Jérome), 80.
Prouville, 31, 71, 86.
— (Eloi de), 43.
— (Thomas de), 35.
Pruetis (J. de), 149.
Prune (de la), 182.
Pruny (Guillaume de), 132.
Pyrénées (Traité des), 178, 182.

Q

Québec, 191.
Quesne (Hector de), 62.
Quesnoy (le), 54, 85, 87.
— (du), 193, 198.
Queux, 85.
Querlieu, 158.

R

Rachinette, 66, 75, 85, 87.
Rambures (de), 11, 65.
Rancé (de), 189.
Raoul (abbé), 187.
Rapechy, 13, 75, 83, 201.
Rapoye, 24.
Raye, 75, 201.
Reims, 6, 32, 104, 277, 279.
Rekin (Foulques), 284.
Rémont de Modènes (de), 205.
Reninghes (de), 123.
Renolin (abbé), 32.
Renty, 250.
Renty (de), 131, 147, 245, 249, 316.
Resne (Jean de), 119.

Reyswich (le capitaine de), 168.
— (Claude de), 157, 168.
— (Jean de), 168.
Rhodoan (de), 166.
Ricouart (Charles), 53, 71, 74.
Riderfort (Gérard de), 243.
Rimogne (la), 203.
Ricquebourg, 66, 126, 136, 209, 213, 247, 252, 316.
Rimac, 1.
Robert, abbé, 112, 177.
Robert, abbé de Marmoutiers, 284.
Robert (M. l'abbé), 308.
Robespierre (de), 82, 92.
Roche (Olivier de la), 117, 293.
Rocheffay, 30.
Rochepierre (de), 71.
Rocquevert (de), 81.
Rœulx (comte de), 143 et seq. 166, 184, 252, 255.
Rogier (Augustin), 154 et seq.
Roi (Mathias le), 178.
— (Pierre le), 43, 53.
Rollart (Jean), 165.
Rollencourt, 181.
— (Richard de), 15, 263.
Rome, 1, 29, 51, 171, 186.
Romont, 113, 158.
Ronanville (de), 71.
Rouen, 8, 240.
Roussent (Guillaume de), 293.
Rouvroy, 41.
Roye (Mathieu de), 268.
Royval, abbaye, 41.
Rue, 42, 68, 268, 304.
Rue (Michel de la), 55, 138.
Ruholt (comte de), 22.
Ruisseauville, abbaye, 67, 16, 198, 205, 212.
Runiac, 1.

S

Sabatier (Pierre de), 74.

Sailly (de), **43, 54.**
Sains-les-Fressin, 182.
Saint-Acheul, abbaye, 14.
Saint-Amant, abbaye, 82.
Saint-André-au-Bois, abbaye, 8, 23, 30, 44, 50, 59, 62, 68, 73, 74, 76, 78, 81, 103 et seq. 218 et seq. 243, 246, 256, 263, 266.
Saint-André-les-Clermont, abbaye, 140.
Saint-Augustin, abbaye, 117, 172, 180, 205.
Saint-Bertin, abbaye, 18, 20, 126, 172.
Saint-Bris (de), 66.
Saint-Denis-de-Reims, 279.
Saint-Etienne-d'Alconnay, 13,
Saint-Firmin-de-Montreuil, 293, 316.
Saint-Florentin (de), 208.
Saint-Follian, abbaye, 114, 170.
Saint-Fuscien, abbaye, 109.
Saint-Georges, prieuré, 81, 113, 316.
Saint-Germain-en-Laye, 71.
Saint-Ghislain, abbaye, 150.
Saint-Hilaire (de), 34, 36.
Saint-Jean-d'Amiens, abbaye, 8, 12, 18, 23, 25, 59, 105, 113, 114, 120, 133, 180, 279.
Saint-Jean-de-Falaise, abbaye, 9.
Saint-Josse-au-Bois, abbaye, 1, et seq. 85, 87, 104, 274.
Saint-Josse-sur-Mer, abbaye, 3, 18, 23, 25, 42, 108, 113, 134, 137, 174, 193, 268, 316.
Saint-Just, abbaye, 9, 12, 23, 284.
Saint-Lucien-de-Beauvais, abbaye, 105.
Saint-Martin-aux-jumeaux, abbaye, 293.

SAINT-MARTIN-DE-LAON, abbaye, 9, 115, 129.
SAINT-MAXENCE (Gaultier de), 268.
SAINT-MICHEL-DE-DOULLENS, abbaye, 125.
SAINT-NICOLAS-DE-FURNE, abbaye, 152, 279.
SAINT-OMER, 20, 37, 124, 143, 145, 154, 168, 172, 177, 180, 182, 193, 206, 298.
— (les châtelains de), 26, 104, 110, 118, 120, 122, 124, 242 et seq, 293, 321.
SAINT-PIERRE D'ABBEVILLE, prieuré, 38,
SAINT-PIERRE - DE - SELINCOURT, abbaye, 8, 12, 24, 25, 75, 78, 109, 129, 137, 174, 175, 179, 284.
SAINT-POL, 112, 124, 130, 208, 240, 252.
— (comtes de), 246, 247, 260.
SAINT-QUENTIN, 144.
SAINT-REMY, 13, 16, 30, 75, 231.
SAINT-RIQUIER, abbaye, 10, 144, 260, 305.
SAINT-SAUVE, abbaye, 5, 23, 32, 113, 124, 135, 141, 174, 185, 205.
SAINT-SILVIN-D'AUCHY, abbaye, 39, 81, 117, 205.
SAINT-THIERRY, abbaye, 148.
SAINT-VALERY, abbaye, 61, 211, 238.
SAINT-VAAST, 252,
SAINT-WINOC, abbaye, 142.
SAINT-WULFRAN, collégiale, 77.
SAINT-WULMER, abbaye, 110.
SAINTE-SEGRÉE, 154.
SALÉ (Claude), 109, 218 et seq. 275.
SALPERWICK (de), 205.

SANSON, archevêque, 104.
SAULCHOY, 13, 30, 75, 231.
SAULTY (de), 60.
SAXE (Maurice de), 162.
SCELLERS, (Philippe), abbé,, 76.
SCHULEMBERG (de), 68.
SEÉZ, 9.
SELINCOURT (les Sires de), 4, 6, 278.
SELLES (abbé), 73.
SENARPONT (de), 71, 146.
SENAUD, abbé, 115.
SÉNÉCHAL (Jehan), 50.
SENINGHEM, 250.
SERINCOURT, 86.
SERQUES, 192.
SERVAIS DE LA RUELLE, 105.
SERY, abbaye, 8, 109, 133.
SÉVIGNY, 105.
SIART (Saint), 308.
SIENGHEM, 145.
SILLY DE LOUVIGNY (de), 77.
SIMON, abbé, 136.
SIMON-LE-VÉNÉRABLE, 38.
SOISSONS, 20, 32, 249.
— (Péronne de), 252.
SOITBERMEZ (de), 5, 13, 21.
SOTTINGHEM, 145, 305.
SOUVRÉ (de), 54.
SOYERMONT, 120.
STRABON (Guillaume), 56.
SUBLIGNY (A. de), 9.
SURAINVILLERS, 84.
SURÈNES (J. de), 267.
SUSSEX, 237.

T

TALLONVILLE, 123.
TANCARVILLE, 47.
TEIL (du), 308.
TERNOISE (la), 209.
TESSON, abbé, 116.

TESTART DE CAMPAGNE, 206, 311, 317.
THÉROUANNE, 6, 7, 8, 20, 51, 103, 109, 112, 114, 145, 146, 249, 293, 294.
THIEMBRONNE (les sires de), 110, 114, 119, 123, 124, 126, 127, 133, 134. 293.
THIERRY, évêque, 11, 14, 105, 107, 279.
THOLLIEZ (Joseph), 81, 205.
THOMAS (André), 26, 108, 127.
THUILLE (Jean de la), 47.
TIEULIER (Jean le), 136.
TIGNY, 24, 25, 28, 38, 47, 49, 59, 85, 86, 104, 105, 149.
TOLÈDE, 177.
TOLLENT (Eudes de), 104, 105.
TONGUERLOO, abbaye, 309.
TORTEFONTAINE, 12, 13, 20, 31, 75, 83, 86, 246, 276.
— (Eustache de), 5.
— (Guillaume de), 128.
— (Jean de), 31, 36, 38.
— (Marie de). 38.
— (Roirgon de), 5, 6.
TOUR D'AUVERGNE (de la), 94.
TOURNAY, 45, 174, 186.
TRASEGNIES (comte de), 208.
TRICTOC (Renaud de), 29.
TRONCHINES, abbaye, 170.
TURPIN, historien, 105, 260.
TYR (Guillaume de), 260.
TYREL DE POIX, 8, 106, 107, 243.

U

ULRIC, abbé, 8.
UNION-AU-BOIS (l'), 216.
URBAIN VIII, pape, 111.

V

VAINET (Jacques), 149, 152, 299.
— (Liévin), 165.
VAL (le), 304.
VALCHRÉTIEN, abbaye, 188, 193.
VALENCAY (de), 164.
VALIVON (le), 110 et seq. 125, 132. 135, 157, 173, 180, 216, 244, 314.
VALLOIRES, abbaye, 14, 21, 25, 26, 27, 37, 81, 109, 112, 119, 150, 198, 203, 243, 263.
VALRESTAUD (le), 110 et seq. 123, 131, 135, 140, 144, 174, 189, 294.
VALSERY, abbaye, 144, 180.
VANDERNOOTE (de), 165.
VANVUINET (Gossuin), 171.
VARCHONVAL, 113.
VAREMBON (de), 157.
VARENNES (de), 267.
VARLET, Ingénieur, 206.
VAUDRICOURT (de), 56, 253.
VAUX (J. de), 65.
VENDÔME (duc de), 146.
VERLINGUE (M.), 16.
VERMANS, abbaye, 136.
VERSAILLES, 80, 86, 200.
VERTON, 24, 115, 240, 245, 252, 256.
VERVINS, 65, 159.
VICOGNE, abbaye, 114, 120, 170, 309.
VICQ (de), 164.
VILAIN DE GAND, 174.
VILLARS (de), 74, 193.
VILLEBON (de), 143.
VILLEPEAUX (de), 71, 73, 186, 194.
VILLEQUIER (de), 181.
VILLEROY (de), 160.
VILLERS-CAMPSART, 86.

VINTIMILE DE LASCARIS (de), 206.
VIS, 85.
VUATENNE, 144.

W

WABEN, 24, 25, 36, 71, 114, 120, 264, 268, 284.
WAGHENAERE (Pierre de), 153.
WAILLES (J. de), 292.
WAILLY, 25, 30, 59, 85, 245.
WALKENAER, géographe, 259.
WALLON-CAPELLE, 251.
WANDONNE (Baudouin de), 293.
WASCOGNE (Gilles de), 134.
WAUDRIGHEHEM (Enguerran de), 293.
WAUWRANS (J. de), 35.
WAURIN (Robert de), 54.
WENEMER, 245.
WERCHIN, 21, 43, 85, 86.
— (Enguerran de), 252.
WERWICK, 200.
WESCOUTÈRES, 144.
WIBIÈRE (Jehan de), 35.
WIGNACOURT, 31.
WISSANT, 135.
WUISGERMONT, 268.
WULGAN (Saint), 135.
WULPHY (Saint), 64.

Y

YPRES (Jehan d'), 123, 293.

FIN DE LA TABLE ALPHABÉTIQUE.

TABLE DES MATIÈRES.

	Page
AVANT-PROPOS.	
Histoire de l'Abbaye de Saint-Josse-au-Bois ou Dommartin	1
Description de l'Abbaye de Dommartin et règlement des Moines.	95
Histoire de l'Abbaye de Saint-André-au-Bois.	101
Nombre des Abbés de Saint-André-au-Bois, mis en rymes, par le F. Claude Salé, Prieur du Valrestaud	218
Prière du Bourguignon contre l'Espagnol . . .	228
Estrenne de l'an 1666, présentée au R. P. Abbé Lédé, par le F. Claude Salé.	230
Les Châtelains et Seigneurs de Beaurain-sur-Canche, fondateurs des Abbayes de Dommartin et de Saint-André-au-Bois.	245
Les Culet	258
Les Sires de Beaurain, surnommés Péchot. .	265
Appendice et Pièces justificatives.	273
Table alphabétique des principaux noms propres.	323

INDICATION

DES

PLANCHES DESSINÉES

PAR

M. Clovis NORMAN

MEMBRE DE LA COMMISSION DES ANTIQUITÉS DU PAS-DE-CALAIS.

1° Vue de l'entrée de l'Abbaye de Dommartin.

2° Pierre tombale, de l'époque romane, trouvée dans les manoirs de Saint-Josse-au-Bois, et actuellement conservée dans l'Église de Tortefontaine.

3° Deux Sceaux et Contre-Sceaux de Guillaume de Cromont, abbé de Dommartin (1271-1285).

4° Tombeau de Henry Kiéret, Seigneur de Douriez, et de Catherine de Monstrelet découvert en 1870, sous les décombres de l'Église de Dommartin.

5° Plan de l'Abbaye de Dommartin.

6° Plan de l'Abbaye de Saint-André-au-Bois.

7° Ruines de la Tour des Lianne, à Beaurainville.

ERRATA.

Page 34,		Jehan Ier	lisez : Jehan II.
Page 63, ligne 20,	quinze cent	lisez : quinze cents.
Page 71, ligne 5,	fondé	lisez : fondées.
Page 85, ligne 16,	fut rachetée	lisez : furent rachetés.
Page 112, ligne 13,	*adere*	lisez : *adire.*
Page 128, ligne 22,	for intérieure	lisez : for intérieur.
Page 153, ligne 21,	obligaient	lisez : obligeaient.
Page 166, ligne 21,	*docuisi*	lisez : *docuisti.*
Page 215, note	*Testurt*	lisez : *Testart.*

www.ingramcontent.com/pod-product-compliance
Lightning Source LLC
Chambersburg PA
CBHW050257170426
43202CB00011B/1723